まえがき｜岡本佳子

　本書は、科学研究費助成事業基盤研究C「ヨーロッパ音楽劇上演の変遷と伝播：言語と地域の横断的研究」（19K00150、2019年度〜2024年度、代表者：岡本佳子、分担者：荒又雄介、大河内文恵、神竹喜重子、小石かつら、坂部裕美子、辻昌宏、平野恵美子）の成果報告書である。本研究チームはこの期間中、主に歌劇場の上演演目分析を通して、音楽劇文化の歴史的変遷および地域的伝播の状況を明らかにすることを目的として活動してきた。今日の主要レパートリーを構成する18世紀から20世紀初頭の作品について主要歌劇場の所蔵資料やデータベースから上演演目等の調査を行い、その調査結果を用いて、上演演目の変遷や歌手・演者の移動の傾向について分析、比較、考察を行った。

　執筆者である研究参加者は、これまで文学、音楽学、舞台芸術学、統計学などの分野を背景に、その方法論を用いながら各々音楽劇研究を行ってきた。音楽劇研究は言語的な理由から各国の研究者によって個別に行われてきた経緯があるが、実際の劇場文化においては、指揮者として活躍したマーラーを筆頭に、演者や作曲者は頻繁にその活動拠点を変え、さらに遠征によって公演ごとにも移動している。さらに出版譜の流通もあいまって、音楽的要素という一種の「共通語」によって、原語と上演地域の言語が異なる場合でも聴衆と演者は共通の楽曲を共有・想定することが可能であったと思われる。そのため、地域や言語を限定して研究する方法は音楽劇研究にはふさわしくなく、本研究課題のような共同研究によって、より適した形で比較できるように思われる。

　各々でバックグラウンドとなる専門研究分野も異なるため、本書が取り上げた対象はそれぞれの関心に合わせて18世紀から20世紀までのヨーロッパを中心とした多岐にわたるものとなったが、作品や作曲家についての記述だけでなく、同時に、方法論や研究参画の仕方についても試行錯誤を行ってきた。これが本研究チームの特徴であり、結果として本書は、

ヨーロッパや日本も含めた様々な言語・地域を横断した視野の広い地域文化研究ともなっている。本書が今後の音楽劇研究発展の一助になれば幸いである。

目次

まえがき　岡本 佳子 ——————————————— 2
本書の射程　岡本 佳子 ——————————————— 6

第一部　劇場とその運営方針

第一章 上演を記録しようとする意志の長い不在
　　——シエナ初のオペラ上演を中心に
　辻 昌宏 ——————————————————————— 20

第二章 グスタフ・マーラー　宮廷歌劇場監督の一年
　　——ANNO収録の文書資料から
　荒又 雄介 ————————————————————— 48

第三章 リストのオラトリオ《聖エリーザベトの伝説》にみる歌劇場の機会上演
　岡本 佳子 ————————————————————— 74

第二部　レパートリーと上演傾向

第四章 都市を横断するオペラ
　　——18世紀後半から19世紀初頭にかけてのドイツ諸都市におけるオペラ上演演目
　大河内 文恵 ———————————————————— 102

第五章 私立マーモントフ・オペラの上演分析
　　——上演数、チケット収益などから見出される受容傾向
　神竹 喜重子 ———————————————————— 124

第六章 19世紀末から20世紀初頭の帝政ロシアにおけるヴァーグナー受容についての覚書
　平野 恵美子 ──────────────── 154

第三部　デジタルアーカイブの活用
第七章 上演演目データの整理・分類における諸課題
　──18〜20世紀のオペラ公演を例に
　岡本 佳子、坂部 裕美子、神竹 喜重子、荒又 雄介、辻 昌宏、
　大河内 文恵、平野 恵美子、小石 かつら ─────── 176

第八章 日本におけるオペラ公演の演目選定の現状
　坂部 裕美子 ──────────────── 190

第九章 近年の音楽劇データベースの公開状況と活用
　大矢 未来、岡本 佳子、大河内 文恵、荒又 雄介 ─────── 202

あとがき　岡本 佳子 ──────────────── 214

編者紹介 ──────────────── 218
執筆者紹介 ──────────────── 219
索引 ──────────────── 221
　作品名別 ──────────────── 221
　人名別 ──────────────── 225

本書の射程
岡本佳子

1．研究対象と方法

　欧州で古くからある著名な劇場やコンサートホールに行ってみて、日本の公共劇場での鑑賞体験との違いに驚く人は少なくないだろう。威風堂々たる建築物に圧倒されながら足を踏み入れると、正面の両階段が二手に分かれて左右に伸び、その先には迷路のような廊下が続いている。ビュフェで行き交う人々の歓談と息遣いが聞こえ、有料で利用必須のクロークがあり、ぼうっとしてその辺にある扉からむやみに入ろうとすると、自席まで辿り着けないこともしばしばだ。ようやく座席近くにある「正解」の扉に辿り着いて観客席に入ると、さらに別世界のまばゆい空間が広がっている。天井を見上げれば、シャンデリアや天井画をはじめとする煌びやかな内装に目がくらむ。上演が開始されれば、舞台上で繰り広げられる感情表現のぶつかり合いに否が応でも非日常感は高まり、ホールやロビーを取り囲むようにずらりと並ぶ彫像の作曲家たちがそれを見守っている。ボックス席で楽しそうに話している人々を脇目に、自分が一人取り残されたような不安すら感じてしまう――。「音楽によって最大の快楽が得られる」場、町のサロンで社交場であり、「うぬぼれた男たちの根城」とスタンダールが称した世界[1]が、現代にもまだ残っていることを強く実感することができるのだ。

　もっともこれは筆者自身の経験をもとにした情景なので、ただの一例であり、もちろん時期や地域によって大きく異なってはいる。他方で日本であっても、歌舞伎座や宝塚大劇場に対して同じような感覚を持つ人も多いだろう。本書が対象とするのはそのような場としての「劇場」である。場といってもここでは、建築や内部空間を指しているのではなく（残念ながら本書は建築を中心に扱う論考は収録していない）、観客や演者などの

1　ジュゼッペ・ピントル編『スタンダール　スカラ座にて』西川長夫訳（音楽之友社、1998年）28-29、58頁。

人々、財政や組織運営、作品やその上演といった場を形成する要素を広く含んだ総体のことを指す。それは逆に言ってしまえば、後述するようにたとえ作品であっても数ある劇場体験を構成するうちの一つの要素「でしかない」。しかしそれでいて何でもよいわけでもない、という絶妙な匙加減が存在している。

　ではそのバランスとは何によって成り立っているのか、つまりそれぞれの構成要素の塩梅とはどのような力関係で決められているのだろうか。上演作品一つとっても、新作か再演か、支配人、監督、指揮者、歌手の状態、予算、支援者、興行的な実績、作曲家、何らかの記念上演機会の有無など、際限なく存在する変数のなかで何が決定に対して影響を及ぼしているのかを断定することは非常に難しい。それらを多少なりとも解明しようという試行錯誤を記録したのが本書である。収める論考は主に18世紀から20世紀初頭のヨーロッパでのオペラやオペラ上演という非常に広い期間・地域を対象としており、さらには現代日本のオペラ上演についてや、資料収集や整理の方法に関する実践的な論文、それだけではなくデータベース集などもあり、内容は多岐にわたる。ここでは本書の核をなす2つの視座を、各論考を読む際の補助線として提示することで、それぞれの内容へとつなげたい。

1.1　上演データをはじめとする様々な情報（データ）の利用

　ひとつめの視座は、「場としての劇場」を具体的にどのように対象化して調査するかという方法論に関するものであり、本書は特に、近年急速に進展しているデジタルアーカイブと、その基盤となる学問分野であるデジタルヒューマニティーズに注目した。上述したように、「場としての劇場」を構成する様々な要素がある中、どこを拾ってどのように記述すればよいのか。

　デジタルヒューマニティーズは従来の人文科学で情報学的な手法やツールを使って取り組む学問分野であり、同時にそれは人文科学そのものを改革し新たに考案していくことも意味する。この「デジタルヒューマニ

ティーズ」という用語自体は2000年代半ばに生まれた比較的新しいものであるが、分野における諸課題へのコンピュータを用いた取り組みはすでに1950年代から行われており、演劇研究などのパフォーミング・アーツに関しては1960年代には始まっていた。その方向性は大きく二つに分けられ、一つは脚本をデジタル化することによるテキスト分析の手法であり、もう一つはデータベースの構築という、どちらもテキストを中心とする文学や歴史学的な取り組みであった。

　近年は上演形態の多様化によって、作品自体がデジタルアートを取り入れる事例もあり、当然のことながらそれらを論ずる場合はテキスト中心ではなく、イメージや記録動画なども対象になってくる。そのためテキストだけではなく上演そのものの映像化や創作過程の記録も含めたデジタルアーカイブ化は盛んに各地で取り組まれているのだが、一方でそれらの蓄積を研究にうまく使えていないということも指摘されている。実際のところ、広く歴史、文学や美術も扱うデジタルヒューマニティーズにおいては演劇やオペラなどのパフォーミング・アーツを研究対象として扱うことは主流ではなく、遅れを取っているという。[2]

　もちろん近年のオペラ演出では、メディアアートとの融合など様々な上演の事例があり、これらのデジタルアーカイブ化や研究への利用については今後の進展が期待されるところではある。そういう意味では本書は比較的「保守的」かもしれず、主にポスターなどに書かれたり、公開されたデータベースに収録されたりしているテキストによる上演記録を対象として分析しようとする、以前から取り組まれてきた歴史研究的なアプローチをとっている。しかしながら同時に、上記で指摘された課題（蓄積を研究に使えていない）を解決するべく、データベースを用いて積極的に研究をしていく取り組みを引き受けているとも言えるだろう。それぞれの劇場の上演プログラム決定ひとつをとっても劇場特有の事情が大きく左右するため、劇場で

---

[2] 本項の記述は、演劇や上演に特化した研究である Clarisse Bardiot, *Performing Arts and Digital Humanities : From Traces to Data*（London : Wiley-ISTE, 2021）97-112 を参照した。

働く力学を捉えるには個別の研究が欠かせない。しかし、個々の劇場だけではなく、比較を通じて「都市全体」の傾向や「国や地域全体の傾向」などが見えてくることもある。音楽劇研究でもインターネット上のデータベースの形で公開が進み、個々の研究・収集成果をつなぎ、共有・比較することにより、より大規模な研究を実施できる素地は整いつつある。

とりわけ質的な検証に重きをおく人文科学系分野においては「データベース」を利用すること自体に懐疑的な意見（収録されたデータ自体の正確さの担保、文化的事象の量的な検証に対する軽視）がしばしば聞かれ、また、得られた結果がこれまで言説として繰り返されてきた「直感」により近いものであればあるほど、数値として実証的に得られたものであったとしてもその価値がやや低く見られがちである（これについては第 8 章でも言及がある）。しかしながら、利用可能なデータを積極的に活用して様々な切り口から当時の音楽劇文化の側面を切り取り、歴史学研究や従来の音楽学研究、演劇研究との学際交流との組み合わせを行えば、それまで可能ではなかった複数言語・地域の横断的比較による多層的な分析につながるだろう。

本書に収めた論考は様々な対象を持ち、多くは歌劇場の上演演目（プログラム）や新聞記事等の劇場関係のデジタルアーカイブの利用を行っているものが大半であるが、それだけでなく、記録すること自体の意味、記録することによる恣意的な選択、記録化する際のデータの真正性の問題などに言及している論考もある。これらはまだ十分にデジタルヒューマニティーズにおける議論を踏まえて論が展開できているわけではないが、今後、音楽劇やオペラ研究とデジタルヒューマニティーズを接続し、議論をいっそう深めていくことができるものと思われる。

1.2　「イベント」としてのオペラ

ふたつめの視座は、「場としての劇場」の意味を具体的に捉えるための概念である。冒頭で煌びやかな様子を強調して描写したが、これらの情

景はどこに由来するのだろうか。音楽劇には実に多様な形態があるが、オペラは古くは王侯貴族の宮廷と強い関わりを持ち、結婚や祝祭といった何かしらの「機会」と結びつきながら創作、受容されてきた。そのような機会においては、会場となる劇場はたんなる上演のための場ではなく、それが上演される催事全体の場として機能しており、実際仮面舞踏会などの上演以外の行事も行われた。19世紀に劇場が「ブルジョアを中心に新旧の上層階級やそれ以外の比較的広範な層のための文化施設、娯楽施設へと再編成され[3]」、さらにはフランスの劇場自由化（1864年）に象徴されるように劇場開設や上演作品選択の制約がなくなってからも、何らかの特定の機会と結びついている／結びつきやすい音楽劇の性質が形を変えて残っている。再び現代日本の例を出すが、皇族列席の公演において彼らが姿を見せるやいなや会場で拍手が湧き起こるのを見るにつけ、日本でもこの片鱗が残っていることがわかるだろう。

　こうした劇場で働いている力学について、ティル（2012）の記述をもとにまとめたい。彼によれば、通常、音楽劇作品そのものとしてみなされがちな楽譜は上演のためのプレテクスト（前提）であり、また舞台上で実現されるオペラ上演ですらも、劇場という場で行われる「イベント（催事）」のためのプレテクストである[4]。劇場とはスペクタクルやフェスティバル、サーカス、公の会議など、あらゆるパフォーマンスイベントを催すための包括的な場なのだ。ここで筆者（岡本）が注意しておきたいのは、決してそれぞれの催事が互いに連関せず、目的や意味を共有しないような「多目的」な場ではない、ということだ。そもそも王侯貴族を中心とした観劇は、個人的な芸術鑑賞というよりは社交的意味合いを強く持っており、自身が社会的構成員であることの確認を行う場であった。

　このことは鑑賞者の観劇方法にも影響を及ぼす。劇場において、観客は

3　丸本隆『パリ・オペラ座とグランド・オペラ』（森話社、2022年）、33頁。
4　Nicholas Till, "The Operatic Event: Opera Houses and Opera Audiences," *The Cambridge Companion to Opera Studies,* ed. Nicholas Till (Cambridge University Press, 2012), 70.

互いに、さらには舞台上の演者とも見る・見られるという関係性を保っている。明るい劇場内で会話やタロットなどのカードゲームに注意をそらしながら、ここぞという場面で集中して耳を傾ける聴取の方法は、選択的不注意（聴取）（selective inattention）と称される。貴族文化において劇場は君主が臣下に自らを見せる場であったように、観客にとってもまた自己表現と社交の場としての公の場であった。その後、ヴァーグナーのバイロイト祝祭歌劇場での公演や、彼の理念に賛同したマーラーが劇場監督・指揮者として各地で実践していったように、19世紀後半から20世紀初頭にかけて鑑賞の仕方が徐々に変容していく。劇場内は上演中に照明が落とされ、個人が感情的な体験を得るために作品と対峙し、作品と内面的な関係性を結ぶという聴取の形態が主流となっていった。このような聴取は、選択的に対して集中的（没入的）聴取（absorbed listening）と称される[5]。

ここで例として、2点の絵画を参照されたい（図1[6]、図2[7]）。これらは19世紀のオペラ座における、選択的不注意と集中的聴取の並列もしくは移り変わりを対照的に示す絵画である。いずれも、19世紀アメリカの画家メアリー・カサット（1844–1926）[8]によって描かれたパリ・オペラ座の観客席、より正確に言えばロージェ（桟敷席）にいる女性の姿である。図1では亜麻色の髪を頭にまとめた女性が薄いピンク色の肩出しドレスを着て、赤いソファのような椅子にもたれかかっている。彼女の表情は明るく口元は開いて、頬は紅潮し、誰かと談笑しているように見受けられる。首にはぴったりとした白い真珠のネックレスがつけられ、髪留めと口紅、そしてドレスの左肩の白と赤のコサージュ、肩の縁取りの白レースなど、薄いピンクと対照的に明るい白色と赤色も点々と配置される。薄い白手袋をした右手は少

5　Till, "The Operatic Event," 75–80.
6　Mary Stevenson Cassatt, *Woman in a Loge*,1879. 油彩、フィラデルフィア美術館蔵、81.5 × 59.5cm https://philamuseum.org/collection/object/72182（2025年3月6日閲覧）
7　Mary Stevenson Cassatt, *In the Loge*.1878. 油彩、ボストン美術館蔵、81.28 × 66.04cm https://collections.mfa.org/download/31365（2025年3月6日閲覧）
8　メアリー・カサット（Mary Cassatt, 1844–1926）、アメリカの印象主義の画家。カサットに限らず、ルノワールやドガなど多くの印象主義の画家たちが劇場や桟敷席の女性を描いている。

しだけ開かれた扇を持ち、所在無げに膝上に置いている。女性の後ろの壁は鏡張りになっていて、大きなシャンデリアと他のロージェにいる観客ら、そして彼女の後ろ姿や椅子の背が映っている。全体として非常に明るい。

図2はどうだろうか。図1と同じようにオペラ座のロージェと見られる室内に座っている女性が描かれているが、彼女は図1とは対照的に口をつぐみ左側を見て横顔を見せている。女性は黒い帽子と長袖の黒い服を身に纏っていてロージェ内は暗い印象であり、左耳の白い真珠のイヤリングが光っているものの、反対側のロージェの装飾的な壁の眩しさが目立つ。彼女は右肘をついて、その右手のオペラグラスを覗き込んで何かを熱心に見ている。左手には図1と同様に扇があるが、それはかたく閉じている。一方で反対側のロージェには、オペラグラスを手に身を乗り出し、彼女を凝視する男性の姿が小さく見えている。女性が何を見ているのかについてはいくつかの指摘があり、幕間で他の誰かを見ているという解説もあれば[9]、舞台を注視しているとするものもある[10]。

図1 メアリー・カサット『ロージェの女性』（1879年）

図2 メアリー・カサット『ロージェにて』（1878年）

女性たちはどこを見ているのか。描かれた通りに受け取るのであれば、鏡に映ったロージェの並びの角度や、通常は観客席の天井中央にあるシャンデリアの位置を考えるに、図1は舞台とは逆方向（舞台と対角線上にあるロイヤルボックスがある方向）を見て誰かと談笑しているように見えるし、図2はロージェから見える右側の壁の湾曲の鋭い角度から考えるに、彼女が見ている方向は中央の舞台方面であるように思われる。そして19世紀半ばにはまだ上演中も劇場が明るかったことを考えれば、図2の女性が舞台上の上演を熱心に見ていることは十分考えられるだろう。つまり、男性による社交としての視線（選択的不注意）を女性が拒否し、没入的聴取に耽っているということになる。

　このような社交場としての劇場においては上演作品が絶対的存在なわけではなく、相対化されうる。それだけではない。オペラ上演はその規模からして、一人の大作曲家の自己表現としての作品という性格よりは複数の創作者、すなわち台本作者、作曲者、支配人、演出家、美術家、衣装担当などによる協働作業を大前提とすることも見逃してはならないだろう。つまりそれは、様々な人の思惑や意図によって上演のありようが決定されるということでもあるため、作曲者の思う通りにはならないこともある。もちろんどんなに著名な作曲家でも、特定の作品の初演までのいきさつを詳細に調査すれば、関係者との折衝の記録や、劇場から上演計画を却下されたといった逸話はよく出てくる。しかしそれらを「周囲から理解されなかった苦悩のエピソード」として例外のように片付けてしまうのも、やはり早計だろう。

　クックは現代での映画やテレビ、ビデオゲームといったメディア作品の音楽言語や創作の起源は、19世紀から他のメディアとの統合関係を作品に用いていたヴァーグナー作品に依拠すると述べている。このようなマル

9　Elliot Bostwick Davis らによるボストン美術館ウェブサイトの作品解説から。
　https://collections.mfa.org/objesta/31365/in-the-loge/（2025年3月6日閲覧）
10　アリソン・エフェニー『カサット（岩波世界の巨匠）』松本透訳（岩波書店、1996年）、62頁。

チモードの芸術においては「創造上の着想は常にアーティストのあいだを行き交」い、「こうした協働的文脈では作曲家の個人様式や自己表現、あるいは美学的意識を伴う作曲家のオーセンティシティーは周縁に追いやられる」のだ[11]。つまり、創作や上演までのプロセスにおいて作曲家の意思が持つ影響力や決定権が相対的に弱くなるということである。ただし、このクックの言うオペラ作品創作の協働性については、一人で多くを担っていたヴァーグナーよりも、元々共同作業を必要とするオペラ全般の伝統として捉えた方がふさわしい。もっともヴァーグナー自身、『未来の芸術作品』（1849年）において、未来では芸術家の組合による総合作業で創作されることになり、公衆つまり民衆によって芸術の営みがなされると予言しているのであるが[12]。

　作品のみを特権化しないこうした研究上の視座は、1960年代以降、演劇（劇場）研究においてテクストや作品やその作者とされる作曲家中心から、上演やパフォーマンスイベント中心へ対象が転換して以来主流になっている。この転換は社会・歴史人類学、エスノグラフィーからの影響によってもたらされたものであるが、スモールが『ミュージッキング』（1998年）[13]で主唱したように、今日の音楽研究においても音楽文化の構成者や要素を作者だけでなく全体として捉える潮流があることから、劇場とそこで上演されるオペラは、演劇（劇場）研究と音楽研究の接点となっている[14]。

　以上のように、元々劇場の性格がそもそもパフォーマンスイベントの場であり、その場に居合わせる観客にとって公の空間であったこと、そしてその創作には複数の人間が携わることから、作曲家本位の自己表現的主張が薄れる可能性もある。本書のカバーイラストには一見して何の関係もない

11　ニコラス・クック『音楽とは：ニコラス・クックが語る5つの視点』福中冬子訳（音楽之友社、2022年）、122頁。
12　吉田寛『ヴァーグナーの「ドイツ」：超政治とナショナル・アイデンティティのゆくえ』（青弓社、2009年）、132頁。
13　クリストファー・スモール『ミュージッキング：音楽は〈行為〉である』野澤豊一、西島千尋訳（水声社、2011年、原書1998年）。
14　Till, "The Operatic Event," 70–71.

人物たちが何人も描かれている。実際、彼らの接点は皆無と言ってよいのだが、劇場を中心としたさまざまなステークホルダーを一気に描き出しているこの絵は、本書の射程そのものを示しているのだ。

2. 本書の構成と編集の方針

　本書の構成は、3部9章からなる。第1部「劇場とその運営方針」は、広く劇場での運営に関わる人々（具体的にはパトロン、歌手、指揮者、上演機会となる劇場にとっての重要人物）と作品上演の関係性について記述している。

　第1章「上演を記録しようとする意志の長い不在——シエナ初のオペラ上演を中心に」（辻昌宏）は、イタリアのシエナでの初めてのオペラ上演のいきさつを、パトロンであるマッティアス・デ・メディチや歌手のアット・メラーニらの複数の視点から記述することによって、そもそも劇場で記録をすることの価値は何か、そして記録が残っているものこそが、その時代における当時の関係者たちの関心事であること、さらには時代によるそれら関心事の推移を考察している。第2章「グスタフ・マーラー　宮廷歌劇場監督の一年——ANNO収録の文書資料から」（荒又雄介）はデジタルアーカイブで公開されている新聞記事の本文とカリカチュアの記述をもとに、グスタフ・マーラーがどのようにウィーンの宮廷歌劇場を「改革」していったのか、特に「サクラ排除」や「遅刻厳禁」、さらにメディアや上演者との関係性などに焦点を当てて、作曲者の伝記において繰り返し（しかし実際は具体的な例示はほとんどなく）語り継がれている「伝説」の実際を詳らかにしている。第3章「リストのオラトリオ《聖エリーザベトの伝説》にみる歌劇場の機会上演」（岡本佳子）は、創作者や運営者としての作曲者やパトロンではなく、上演する「機会」としての人物に着目する。具体的には記念祭で注目される作曲者フランツ・リストや、追悼公演が開催されることで歌劇場に定期的にプログラムに掲載されることになるオーストリア皇后／ハンガリー王妃エリーザベトなどである。提供側でもなく、観客でもない、「機会」

としての人物が存在し、それが劇場の場の重要な構成要素になっていることを示すものだ。

　第2部「レパートリーと上演傾向」は、各劇場のレパートリーや上演作品の伝播、またそれぞれの地域での上演傾向を読み解こうとする論考を集めている。第4章「都市を横断するオペラ――18世紀後半から19世紀初頭にかけてのドイツ諸都市におけるオペラ上演演目」（大河内文恵）では、ドイツ語圏の複数都市で上演されたオペラを多く持つ作曲家を抽出し、彼らの主な活動場所や、初演から再演にいたる場所の傾向などの比較を行っている。その結果18世紀の宮廷楽長中心のいわば「地域密着型／地産地消」の作曲と上演のあり方から、次第にその土地とは関わりのない作曲家による作品上演のあり方へと、変化していることがわかるのである。第5章「私立マーモントフ・オペラの上演分析――上演数、チケット収益などから見出される受容傾向」（神竹喜重子）は、19世紀末から20世紀初頭のロシアの私立歌劇団に着目し、そのレパートリーの傾向にとどまらず、人気歌手のどの作品によってどの程度の収益が得られたのかという「傾向」の考察を行い、会計的な側面から裏付けしている。第6章「19世紀末から20世紀初頭の帝政ロシアにおけるヴァーグナー受容についての覚書」（平野恵美子）は、第5章が私立歌劇団だったのに対して、帝室劇場を対象としている。特にヴァーグナー作品の受容に着目することで、ロシア作曲家による評価は割れていながらも、バイロイト歌劇場からの客演公演などを経て一気に広まったこと、そしてサンクトペテルブルクとモスクワの都市間での比較によって差異があることを示した。

　第3部「デジタルアーカイブの活用」は、特に1.1で射程として挙げたデータ活用に関する内容である。第7章「上演演目データの整理・分類における諸課題――18〜20世紀のオペラ公演を例に」（岡本佳子、坂部裕美子、神竹喜重子、荒又雄介、辻昌宏、大河内文恵、平野恵美子、小石かつら）は、実際にデータを共有してデータベースを構築しようとする中で発生する諸課題や「利用しやすいデータベース」のありようについて、

それぞれの執筆者から得られた個別の事例とともにまとめた実践的な論文である。第8章「日本におけるオペラ公演の演目選定の現状」（坂部裕美子）は、日本における音楽劇の上演状況について分析を行っている。取り上げられるのは、歌舞伎や宝塚歌劇、そしてオペラである。これらのジャンル間を比較することで、すでにレパートリーが古典で占められている歌舞伎（日本の伝統芸能）や、意欲的に新作とあて書きを続けている宝塚歌劇、そして歌舞伎と同じく古典化されていても日本では海外からの「異質な」作品でもあるオペラの、それぞれの違いが浮き彫りになってくる。第9章「近年の音楽劇データベースの公開状況と活用」（大矢未来、岡本佳子、大河内文恵、荒又雄介）は、実際に公開されているデータベースを紹介する論考である。劇場に関するデジタルアーカイブや上演演目データベースのURLとその概略を掲載することで、利活用を促進するための実用的な内容を目指した。

　編集の方針としては、各論考の語りをできる限り尊重しつつ、書誌情報や作品表記、人物名等について最低限の統一を行った。ただし各論考に掲載されている表の言語や表記についてはこの限りではなく、独自に記述してあるものもある。これはデータベースの「項目立て」や「名寄せ問題」（ここでは異なるタイトルを持つが同じ作品とみなされる項目の情報をまとめること）にも通じるものがあり、例えば同一作品であっても内容が変更されている場合はどこまで同一とみなすのか、といった問題に直結するためである。これらについては、今後の課題とするところである。

第一部 劇場とその運営方針

上演を記録しようとする意志の長い不在
―― シエナ初のオペラ上演を中心に

辻　昌宏

はじめに

　現代の名高い劇場、たとえばミラノ・スカラ座やヴェネツィアのフェニーチェ劇場、ウィーンの国立歌劇場などにはアーカイブがあり、劇場での公演記録を知ることができる。演目名、作曲家、リブレッティスタ、指揮者、演出家、主要な歌手の名前などが記録から読み取れることを期待するであろう。

　しかし、オペラの歴史上、ある時点までは、そうした記録はあるとは限らず、あるとしてもきわめて恣意的に、少なくとも現在とは異なった観点から書きとどめられていた。それはそもそもオペラ上演に対する意識や関心のありかの相違を反映して、何が言及されるべき事項なのかという意識が異なっていたのであり、記録された事項も異なっていたと考えてよいだろう。

　たとえば18世紀前半のペルゴラ劇場では、お金の出入りの観点から記録をしているので、劇場支配人にいくら支払ったとか、劇場の修理にいくら支払ったという出納録的な性質が強く、上演演目のタイトルは記されていても作曲家の名前もリブレッティスタの名前も記されていないことがしばしばあるのだ。記録を取る（取らせる）主体が、劇場運営者（アッカデーミア・デッリ・インモービリ）で、彼らにとって出納録が決定的に重要だからこういう形の記録になったのだと推測される。

　拙稿ではオペラの黎明期、17世紀前半のシエナに焦点を当て、オペラに関わる人々がどのような関心、意識を持ってオペラ上演に携わり、どんな事項に言及しているのかを、シエナ初のオペラ上演にいたるまでの詳細を確かめ、その後のシエナ上演では関わる人の意識や記録の仕方がどう変化していったかを辿ることで、上演記録に関する意識・関心の変化を

探りたい。

　そもそもオペラは1600年前後にフィレンツェで誕生した。それとほぼ同時期に、ローマでも実質的にオペラとみなすことのできる宗教的音楽劇が上演されるようになった。しかしその当時は、そしてそれからしばらくの間も、オペラおよびそれに類する音楽劇は、祝祭事や記念日のためのエンターテインメント即ち余興・スペクタクルとして催されることが多く、現代の歌劇場のようにオペラ・シーズンにオペラというものを設定して上演し、オペラそれ自体として鑑賞するということはほぼ無かったと言ってよい。

　それが大きく変化するのは、ヴェネツィアで1637年にテアトロ・サン・カッシアーノが商業劇場（teatro pubblico）として誕生してからである。ヴェネツィアでは、こうした商業劇場が次々に出来て、貴族がそこに出資したり、自ら経営したりするのであるが、経営がうまくいかないと数年でつぶれてしまうのであった。そのため各劇場の経営者・出資者はどうやったらお客を集められるかに知恵を絞ることとなった。ストーリーの面白さだけでなく、舞台装置にお金をかけて観客をあっといわせる仕掛けを作ったりもしたが、仕掛けが大掛かりになるとそれだけコストも増大するので経営的にはリスクも高まる。

　一方、各地の王侯がその宮廷の一室あるいは宮廷劇場を造って上演するオペラの場合は、目的が祝祭的なものであったり、社交・外交的なものを含んだりするので、客は招待客であり採算は考慮されていないのだった（予算に限りはあるであろうが）。

　そういった脈絡の中で、シエナにおける最初のオペラ上演とそれに関してどんな記録（公的なものであれ、私的なものであれ）が残っているのか、その残った情報から、当時の人の上演（記録）に対するどんな意識がうかがえるのかを考察してみたい。

1. シエナにおけるオペラの始まりとマッティアス・デ・メディチ

　シエナで初めてオペラが上演されたのは1647年のことだった。上述の

例に挙げた宮廷での上演でもなく、商業劇場での上演でもなかった。その点でフィレンツェやヴェネツィアとは性質の異なる事例であり、上演にいたる事情も詳しく取り上げることにする。

周知のようにシエナは中世から16世紀前半にかけては、独立した共和国、都市国家であったが、1550年代にフィレンツェ・スペイン連合軍との数年にわたる戦いを経て、フィレンツェの統治下に入ることになった。シエナの独立は失われ、フィレンツェ公国（のちのトスカーナ大公国）の一部となったが、フィレンツェの統治者のやりたい放題というわけではなく、一定の配慮がシエナ側に対してなされていた。

1627年からメディチ家の一員がシエナの支配者として乗り込んでくる[1]。前述のようにフィレンツェではすでに1590年代にオペラが誕生しているわけだが、シエナで最初にオペラが上演されたのは記録に残る限りでは1647年のことだった。そこからなぜか20年間上演はなく、1669年から再びオペラが上演されるようになる。

最初にシエナでオペラ上演を企画したのは、マッティアス・デ・メディチ（1613－67）である（図1）[2]。サーラ・マモーネによりマッティアスとその兄弟（兄はトスカーナ大公）の間で交わされた膨大な書簡が編纂・出版されたおかげで、彼が1630年代から1660年代にかけてフィレンツェの宮廷およびシエナで文化、美術、演劇にわたり重要な役割を果たしたことが明らかになっている。特に彼は歌手のグループを念入りに統括

図1　マッティアス・デ・メディチ（1613－67）

1　Colleen Reardon, *A Sociable Moment—Opera and Festive Culture in Baroque Siena* (Oxford University Press, 2016), 2.
2　Studio of Justus Sustermans, *Mattias de' Medici*, c. 1660, National Gallery of Art, Washington D.C., online collection. https://www.nga.gov/collection/art-object-page.37632.html

していたので、オペラとの関わりが深いのである。

　マッティアスは、コジモ二世とマリーア・マッダレーナ・ダウストリア（神聖ローマ皇帝フェルディナント一世の孫）の三男であり、のちのトスカーナ大公フェルディナンド二世の弟である。彼ら兄弟の間には膨大な書簡が交わされている。マッティアスは、幼い頃から聖職につかせるべく育てられたがこれに不向きなことが判明したので16歳で還俗した。叔母のカテリーナ・ディ・フェルディナンド・デ・メディチ（フランス王妃のカテリーナ・デ・メディチの孫、マントヴァのゴンザーガに嫁いだが夫が早逝し未亡人となった。彼女の舅はモンテヴェルディのオペラ《オルフェオ Orfeo》を上演させたヴィンチェンツォ一世であった）がシエナの統治者であったが、天然痘のためシエナで1629年4月12日に亡くなった。マッティアスは翌月の5月28日に兄フェルディナンドからシエナの統治者に任命され、8月26日にシエナに赴任した。この時わずか17歳であった。マッティアスは様々な陳情を毎日聞くことになるのだが、それにはすぐに飽きてしまったこと、何より興味を抱いているのは文化的な物事、とりわけ劇場であったことが、母や兄弟への手紙から見て取れる[3]。この時点では劇場というのはオペラではなくて、通常の演劇であった。しかし、次第に音楽の混じった劇にも興味はかきたてられていく。

　マッティアスは、シエナに劇場を建て、シエナ初のオペラを上演することを思いつく。先述のカテリーナ・ディ・フェルディナンド・デ・メディチの舅ヴィンチェンツォ一世も、マントヴァに1000人以上収容できる当時としては大劇場を建設してモンテヴェルディ作曲、アレッサンドロ・ストリッジョのリブレットによるオペラ《オルフェオ》を上演したのである。残念ながら、1630年のマントヴァ掠奪の際、ドイツ人傭兵により劇場は破壊されてしまったのだが。

　シエナでのオペラ上演の企画は、マッティアスただ一人で事を進めたの

3　Erminio Jacona, *Il teatro di corte a Siena—Il Saloncino, cultura e istituzioni (1631-1827)*. (Siena: Betti, 2007), 4-6.

ではなく、兄ジョヴァン・カルロと弟レオポルドが共に活動して彼を助けたのだった。彼らは、幼い時から音楽教育を受けていたが、オペラへの情熱に火が灯ったのは、マッティアスが1641年のカルネヴァーレ（カーニヴァル）にヴェネツィアに滞在した時だった。そこで彼はオペラ上演を観ただけではなく、興業の実際をつぶさに知ることができたのである。彼は在ヴェネツィアのフィレンツェ公国大使に依頼して、ヴェネツィアのグリマーニ家が所有するサンティッシミ・ジョヴァンニ・エ・パオロ劇場の図面と木造モデルを入手する。なぜこの劇場の情報を手に入れたのかと言えば、サンティッシミ・ジョヴァンニ・エ・パオロ劇場は、1639年にオープンし、1678年にサン・ジョヴァンニ・グリゾストモ劇場が開くまではヴェネツィアで最も重要な劇場であり、それをモデルにしたかったのだと思われる。さらにはグリマーニ家一族から実際に劇場を建設する際のアドバイスを受けた[4]。

　当初マッティアスは、政庁舎パラッツォ・ププリコの演劇空間に手を入れるつもりだった。しかし実際には本格的な劇場造りまでつき進んでしまった。それと並行してピエトロ・サルヴェッティにリブレット制作を依頼し、ミケーレ・グラッセスキというメディチ家お抱えの歌手が作曲をした。

2. リブレッティスタは誰か
2.1　2つの説
　シエナ最初のオペラのリブレッティスタが誰か、という問いへの答えには2つの説がある。シエナのオペラに関して画期的研究書を著したコリーン・リアドンはピエトロ・サルヴェッティであるという説を唱えており、その根拠は1645年12月19日のピエトロ・サルヴェッティからマッティアス・デ・メディチに宛てての手紙で「グラッセスキが私の書いたものに音楽をつけています」とあることを拳げている[5]。ただしこれが何という曲なのかは書かれていないので、シエナ初演のオペラであったかどうか決定的とは言えない。

4　Reardon, *A Sociable Moment*, 11.
5　Reardon, *A Sociable Moment*, 12-13.

リアドンによれば、マッティアスはピエトロ・サルヴェッティにリブレット執筆を依頼し、メディチ宮廷おかかえの歌手ミケーレ・グラッセスキがそれに曲を付しているというのが1645年12月の状況だった。リハーサルは1646年7月には開始されていたが、初演は翌年まで延びた。優れた歌手を集めることに困難があったのが遅延の最大の理由かもしれない。マッティアスはメラーニ兄弟（詳細は後述）の起用を想定していたからだ。

1647年3月にはマッティアスはフランスのマザラン卿に歌手アット・メラーニをイタリアに戻す（この時点でマッティアスは歌手をいわば貸し出していたのである）よう求める手紙を書いている。その時点では5月9日が初演の予定だった。しかし4月になって、グラッセスキが病気になってしまいマッティアスは途方にくれる。4月末にメラーニ兄弟の起用が不可能とわかると、彼は初演の延期を決断する。グラッセスキの快復を待つためである[6]。

しかしこのリアドンの説には、異論があり、それを看過することはできない。ローマのサンタ・チェチーリア音楽院の教授テレーザ・キリコがあるリブレットを発見して、それに基づいてリブレッティスタはジュリオ・ロスピリオージであるという説を立てているのだ[7]。

2.2　テレーザ・キリコが発見したリブレット

テレーザ・キリコはいかなるリブレットを発見したのか。手書きのリブレットであるが、スポレートの国立文書館のスポレート伯フランチェスコ・マリア・カンペッロ文庫に所蔵されているリブレットである。珍しいことに、この作品のリブレットはこれが唯一で他の写本は見出されておらず、同じストーリーを持った他の作品も見つかっていなかった[8]。このリブレットに関してリアドンは、他に少なくとも2つ、ローマでリブレットが発見されたというがそれらがどんな形態なのか詳細には触れていない[9]。ではストーリーはどんな

6　Reardon, *A Sociable Moment*, 12-13.
7　Teresa Chirico, "*La Datira: un drama ritrovato di Giulio Rospigliosi*"*Rivista italiana di musicologia* 47, nos.1-2, 2012, 62-63.
8　Chirico, "*La Datira*," 61-62.
9　Reardon, *A Sociable Moment*, 14.

ものなのか紹介しよう。簡単に言えば、10世紀後半のスカンディナビア半島の王や王妃たちの歴史にフィクションを交えたものだ。もう少し詳しく言うと、このオペラのタイトルは《ラ・ダティーラ La Datira》といい、10世紀の北欧の王、女王たちの生涯に基づいたもので入り組んだストーリーを持つ。デンマーク王、スウェーデン王、ノルウェー王や王女たちが往来し、領土争いと恋愛が絡むのだが、ハッピーエンドで締めくくられる。タイトルのダティーラはデンマーク王の妹の名である。メディチの兄弟はオペラ上演の準備期間に複数の書簡を交わしているが、誰がどの役を歌ったかについては記していないし、リブレッティスタ、作曲家が誰であったかも明言していない。だから専門家の間でもリブレッティスタおよび作曲家の同定について、意見・解釈の生じる余地があるのだ。言い換えれば、メディチ兄弟にとって、シエナの新たな支配者がメディチであることを示すために劇場を造り、壮麗なオペラを上演することは重要なことと考えており、そのリブレットの内容がそれにふさわしいかには関心があるが、台本を誰が書き、作曲を誰がするかについてはさほど重きが置かれていなかった、それよりは世間に名を知られた歌手が歌うかどうかの方が彼らにとっては重要であったと推察されるのである。

　リアドンは、このリブレットを書いたのが、ピエトロ・サルヴェッティであると主張するし、唯一の手書きリブレットを発見したテレーザ・キリコはジュリオ・ロスピリオージだとしている。キリコの説は、かなり入り組んでいるのだが、要約しつつ紹介しよう[10]。ジュリオ・ロスピリオージはのちに教皇クレメンテ九世（クレメンス九世、在位1667-1669）となった人物だが、オペラのリブレットを10本以上書いている。残念ながらそれらのリブレットは単独では出版されておらず、現在見ることのできるテクストは楽譜から復元したものである。時代が降ると、リブレットが初演前に単独で印刷され、初演の際には観客はそれを見ながら聴く・観るということが普通になってくるのだ

10　Chirico, *"La Datira,"* 61-65.

が、17世紀前半では必ずしもそうではなかったということだ。シエナ初演のオペラでも、リブレットが印刷され配布された形跡は見当たらない。

キリコが発見した手稿テクストには、テクスト作者の名前が記されておらず、なおかつ作曲者の名前も書かれていない。キリコは、スポレートのカンペッロ文庫にロスピリオージの唯一のオラトリオ《幼児虐殺 La strage degli innocenti》が収められていることが一つの裏付けだとしているが、これまたそれだけでは決定的ではないと筆者は考える。たしかにカンペッロ文庫には、珍しい手稿が収められており、アッカデーミア・デッラルカディアの周辺で生まれた曲が大半である。この文庫に所蔵されているテクストは、フランチェスコ・マリア・カンペッロ自身により写されたものが多いが、彼は枢機卿ピエトロ・オットボーニのもとで働いていた。キリコは、カンペッロがオットボーニ枢機卿所蔵であったものを入手したと考えている。さらに遡れば、教皇アレッサンドロ八世（在位 1689-1691）の所蔵で、その死後にピエトロ・オットボーニ枢機卿（アレッサンドロ八世は彼の大叔父にあたる）が譲り受けたのかもしれないし、それはひょっとすると元々スウェーデン女王クリスティーナの蔵書にあったものを彼女の死に際して教皇アレッサンドロ八世が譲り受けたのかもしれない。さらに、女王クリスティーナはロスピリオージ本人から譲り受けたのかもしれない。というのも、女王はロスピリオージ（クレメンテ九世）と友好的関係を持っていたし、この作品の主題である北欧の歴史に浅からぬ関心があったからだ[11]。こうした一連の所蔵と譲渡の連鎖は、彼・彼女らの人間関係を考慮に入れると十分にあり得ることではあるが、一方で推測に推測を重ねたものであり、今のところそれを裏付けるドキュメントは見出されていない。

2.3 《ラ・ダティーラ》のリブレットの詳細とキリコ説

《ラ・ダティーラ》の手稿のタイトルページには 'La Datira/ Dramma

11　Chirico, "*La Datira*," 76.

eroico rappresentato in musica/ nel nuovo Teatro di Siena il 26 Maggio 1647'（《ラ・ダティーラ》/ 1647年5月26日、シエナの新劇場で音楽付きで上演された英雄劇）と書かれている。この手稿が見出されたことにより、従来ロレンツォ・ビアンコーニとトマス・ウォーカーによって推定され唱えられてきたシエナ初のオペラは、諷刺オペラ《あるコオロギの死への嘆き Lament per la perdite d'un grillo》であったという説は事実上否定された。キリコが、このリブレットの作者をジュリオ・ロスピリオージとする最大の根拠は、1753年にジョヴァンニ・アントニオ・ビアンキが出版した『現代演劇の悪徳、欠点とその修正、改良の仕方 De i vizj, dei difetti del moderno Teatro e del modo di correggergli, e d'emendarli』という本に、《ラ・ダティーラ》がジュリオ・ロスピリオージの作品であると明記されていることだ。ビアンキは聖職者で、様々な論争をした人なのだが、この本では神学者ダニエーレ・コンチーナが劇場はすべての堕落の源であると断罪したのに対し、反論を加えている。世の中には、劇場を全面的に肯定する人と頭から断罪する人がいるが、自分は第三の道を取りたい、即ち、劇場とキリスト教道徳を和解・両立させる道である、と主張している。こういう趣旨の本の中で、ジュリオ・ロスピリオージの劇として4作を挙げているのだが、その1つが《ラ・ダティーラ》なのである。4作ひっくるめてキリスト教的ドラマとしているのは粗雑と言えば粗雑なのだが、今問題とすべきはそこではなく、《ラ・ダティーラ》がロスピリオージの作品として18世紀に出版された本に記述されていることだ[12]。ビアンキの本はグーグル・ブックスで閲覧でき、その78ページの脚註に《ラ・ダティーラ》への言及がある[13]。時代を隔てているとはいえ、作者とされたロスピリオージも、リブレットに言及しているビアンキも、教皇庁で働き、なおかつ文化・演劇に深い関心を持った人間であり、ここで言及されていることにより、リブレットの作者はロスピリオージ

12　Chirico, *La Datira,* 61.
13　Giovanni Antonio Bianchi, *De i vizj, dei difetti del modern Teatro e del modo di correggergli, e d'emendarli* (1753), 78. https://books.google.co.jp/books?id=rCvFxXEzi30C&printsec=frontcover&hl=it#v=onepage&q&f=false（2023年7月30日閲覧）

とまずは考えてよいのではないかと筆者は考える。

2.4 リブレッティスタの名を喧伝しない理由

ここまで資料の詳細や学説の対立や変遷を辿ることにより、当時のオペラのリブレット作者は大々的に宣伝されるものではなかったことが見て取れるだろう。リブレット作者を明示しない理由には、主に2つが挙げられる。1つはオペラの主催者・興行主・パトロンがリブレッティスタを重要と考えていないからであり、もう1つは何らかの事情で作者を伏せておきたいと考える場合である。18世紀以降で作者を伏せておきたい典型例は、ヘンデルのオペラのいくつかのリブレットである。この場合、ヨーロッパ大陸で上演されたオペラのリブレットを無断借用してレチタティーヴォを短くしているといった体のものであったので、作者というよりはアレンジをした人という程度の存在なので、盗作・剽窃の誹りを免れるためにも名を伏せているのだと思われる。

ロスピリオージの場合、マッティアスが兄弟との書簡ではっきり名前を拳げていない理由は、リブレット作者を重視していなかったからとも考えられるが、別の理由も存在するという説もあるので後述する。

3. 作曲者をめぐる諸問題
3.1 メラーニ兄弟とマッティアスおよびロスピリオージ

リブレットの作者がジュリオ・ロスピリオージだとすると、作曲者は誰だったのか？ キリコは、ドメニコ・アングレージとグラッセスキの可能性を検討し、彼らの作曲数が知られている限りではわずかなことから、当該オペラの作曲者としては考えにくいとし、むしろ可能性が大きいのはヤーコポ・メラーニ（歌手アット・メラーニの兄）であるとしている。

ここでメラーニ兄弟について少し述べておこう。彼らはロスピリオージとも、マッティアスとも親密な関係を持っている人物であり、カストラート歌手のアット・メラーニは単なる歌手ではなくて、社会的・政治的な役割を果

たしており、当時の君主にとってオペラ上演や優れた歌手の確保や貸し借りがどんな意味を持っていたかを考える格好の例となっているからだ。

メラーニ家はピストイアの家系だが、庶民から三世代で貴族に昇り詰めている。アット・メラーニの兄弟は7人とも聖歌隊に入った。7人のうち4人がカストラートになったのである。17世紀のカストラートは18世紀のカストラートとは異なり、ほとんどが職業としては教会で歌う歌手であり、教会の外で歌うことは稀だった。また、ピストイアはカストラートを輩出する中心地の一つであった[14]。

17世紀のヨーロッパにおいては、パトロネージが社会を動かすメカニズムの一つだった。公的機関の機能が弱いので、個人的恩顧関係がより重要になるのである。そしてそれは持続的で相互的な関係なのであり、メラーニ家の人々もそこに、即ち、有力なパトロンの恩顧を確保することに心を砕いていたことは想像に難くない。と同時にマッティアスの側でも優秀な歌手、画家などを自分の配下に抱えておくことに腐心しているのである。それが自分のステータスを高め、場合によっては、外交の駒になりうるからだし、アット・メラーニのように他国の情報を入手するエージェントにもなりうるからだ。こういう時代状況においては、オペラ上演を有力貴族が催す際に、演目名はともかく、リブレット作者や作曲家は枝葉の情報であり、それを記録しようという意志は薄かったであろうことにも納得がいく。

3.1.1　アット・メラーニのデビュー

アット・メラーニが公にデビューしたのは、1638年、ミケランジェロ・ロッシ作曲のオペラ《ヨルダン川のエルミーニア Erminia sul Giordano》であった。この作品のリブレットを書いた人こそ地元の貴族で高位聖職者のジュリオ・ロスピリオージ（後の教皇クレメンテ七世）だった。初演はローマのバルベリーニ宮で上演され、ピストイアではテオドーロ・チェッレージ

14　Roger Freitas, *Portrait of a Castrato—Politics, Patronage, and Music in the Life of Atto Melani* (Cambridge University Press: 2009), 29-30.

の館で上演された[15]。作曲者のロッシとリブレッティスタのロスピリオージはピストイアでの上演には立ち会わなかったが、ローマにいたロスピリオージは詳細な報告を兄弟から受けている。つまり、この機会がアット・メラーニとジュリオ・ロスピリオージの最初の芸術上の出会いであった――直接対面したわけではなかったけれども。このオペラの上演によって、アットはマッティアス・デ・メディチの注目を得ることになるのだ。

マッティアスは1641年初頭、カルネヴァーレのシーズンのヴェネツィアに出かけ、様々な催しを堪能したがその中にオペラがあった。5つのオペラを観たことが知られており、その中にはノヴィッシモ劇場の柿落としの《狂ったふりをした女 La finta pazza》というオペラがあった。アットはこのオペラに出演した可能性のあることが指摘されている[16]。ヴェネツィア・オペラはこの時期、様式として確立しかかっていたわけだが、マッティアスはこれにいたく興味を惹かれ、《狂ったふりをした女》の作曲家フランチェスコ・サクラーティとも、ノヴィッシモ劇場およびサンティッシミ・ジョヴァンニ・エ・パオロ劇場を差配していたグリマーニ家一族とも書簡を交わすようになった。

アットとマッティアスの関係が文書で裏付けられるのは1643年以降だ。1644年にはフィレンツェでメディチ家の人々のために歌ったことを、アットはシエナにいるマッティアスに報告している。このようにアットが自分の行動をマッティアスに手紙で個人的に知らせる関係は恒常化する。ここにも後世の聴衆のために華やかな技巧を駆使するスター歌手的存在となる以前の、パトロンにお仕えする歌手という存在のあり方がうかがえる。

マッティアスはマッティアスで、アットに目をかけ、アットが声楽の技巧に磨きをかけるべくローマで音楽経験を積むように手配している。アットは1644年6月7日のマッティアスへの書簡で、ルイージ・ロッシやマルカントニオ・パスクゥリーニのような優れた音楽家にはこれまで会ったことがないし、ルイージ・ロッシはこの夏アッカデーミアを開催しそこには卓越した歌

---

15 Freitas, *Portrait of a Castrato*, 34-35.
16 Freitas, *Portrait of a Castrato*, 36-37.

手たちが来るので、夏いっぱいローマに滞在することをお認め願いたいと懇願している[17]。アットが声楽技術に磨きをかけるのは、マッティアスも望むところだ。

3.1.2　アット・メラーニのフランスへの貸与

　ところがこの声楽修行は、1644年10月5日にアットがフランスへ旅立つことで中断されてしまう。なぜ中断されたのか。フレイタスの明快な叙述を要約しながら説明しよう。ことはフランス宮廷に関わっている。1642年にリシュリュー、1643年にルイ十三世が相次いで亡くなる。ルイ十四世はわずか4歳と幼かったので母アン・ドートリッシュが摂政となるが、彼女と親密だったマザラン枢機卿がルイ十四世の教育係となる。実質的にはマザランが宰相であった。マザランは周知のようにもともとイタリア人マザリーノだった。マザランの権力基盤は盤石とはほど遠く、後ろ盾となるのはアン・ドートリッシュのみだった。マザランは自分の立場を強化するためには、政治的に役に立つだけでなく、アンの心の友になろうと努めた。その手段として芸術・芸術家を用いたのである。アットのフランスにおける活動はマザラン枢機卿と密接に結びついているのである。マザランはかつてのパトロン、バルベリーニ家のもとで、芸術の政治利用の仕方、ソフトパワーの用い方を学んだのだった。こうした目的のもとに、マザランはローマの画家、建築家、装飾家を招き、自分の屋敷をバロック芸術のショウケースとした。同僚の貴族にこれらを誇示するのみならず、太后摂政アンを喜ばせ、心を捉えることが目的でもあった。ルイ十三世とリシュリューが亡くなり、喪が明けると、マザランは1643年秋から積極的に動き出した。つまり、イタリアにいるエージェントに命じてイタリアオペラ上演にふさわしい人材をリクルートさせたのだ。

　マザラン卿がマッティアスにアットの貸与を申し出た時点で、アットは政

---

[17] Sara Mamone, Mattias de' *Medici serenissimo mecenate dei virtuosi.* (Firenze: Le Lettere, 2013), 109.

第1章 上演を記録しようとする意志の長い不在
——シエナ初のオペラ上演を中心に

治の複雑な網の目に絡め取られていくことになる。この当時のイタリア半島の諸国（国家統一をなしとげたフランスやスペインと比較すると相対的に小国ばかりである）は、フランスとハプスブルク（スペインおよび神聖ローマ帝国）の間でどうバランスを取って泳ぐかに腐心していた。メディチ家は表向きはハプスブルクのグループで、だからこそマッティアスは30年戦争で神聖ローマ帝国軍の将軍を務めたわけだ。リュッツェンの戦いで彼はスウェーデン軍と戦っており、この戦役に加わっていたことが、シエナで最初のオペラの題材が北欧の物語であったことと深く関わっていると考えられている。つまり、北欧を題材に取ったこと自体が、マッティアスへのオマージュになっているわけだ。彼はたしかにスウェーデン軍と戦った。とは言うものの、メディチが独立を維持し続けるには、フランスとハプスブルクの力関係がどう転んでもよいように手を打っておいた方がよい。つまりフランスとも何らかの友好関係を維持しておいた方が得策なのだ。上述の芸術家の貸し借りは、最高レベルでの外交の一部なのである[18]。こうした観点からマッティアスは、兄弟姉妹の反対にもかかわらず、半年だけならという条件をつけてアットがフランスに赴くことに同意した。

　1644年10月5日に出発したアットは途中兄ヤーコポと合流し、10月19日にフランスに着き、11月にはフランス宮廷に入った。アットはたちまち摂政アン・ドートリッシュのお気に入りとなった。翌年春にはマザランはイタリア歌劇団を解散し、アットは5月10日パリを発ち、マザランはマッティアスに礼状を書いている。ところが、作曲家ルイージ・ロッシがパリに1646年6月に到着する。彼はバルベリーニ家との関係で教皇の不興を買ってローマを離れたのである。ロッシはアットと知己の間柄であり、ここで再びアットが招聘される。1647年1月には、パリを発ってから2年足らずで再びアットはフランスに戻ったのだった。

　そこでフランチェスコ・ブーティのリブレット、ルイージ・ロッシ作曲のオ

18　Freitas, *Portrait of a Castrato*, 46.

ペラ《オルフェーオ》が上演された。リブレッティスタのブーティは、もともとローマで枢機卿アントニオ・バルベリーニの秘書をしていたが、パンフィーリ家出身のインノチェンツォ（イノケンティウス）十世が教皇になって不興を買い、フランスに移ったのであり、そこでマザランの信頼を得る。こうして見ると歌手だけでなく、作曲家もリブレッティスタも国際政治の利害関係の磁場の影響下で恩顧の網の目を行き交う存在であることが明白だろう[19]。

幾度かの《オルフェーオ》上演の後、歌手たちはちりぢりになっていったが、アットは摂政アンに引き留められた。アットがすぐにイタリアに帰国しなかったことにマッティアスは怒った。1647年というのは、マッティアスがシエナに新たな劇場を造り、シエナ初のオペラ上演を企てていた年であり、そこにマッティアスお抱えの選りすぐりの歌手を登場させる予定だったからだ。しかし結果的には、あと2年アットはフランスに居続けることになる。その2年の間にアットはマッティアスに手紙を書き続け、彼の依頼に応じて楽譜や帽子、目覚まし時計などを調達したりしていたが、やがて彼が提供するのはパリの宮廷の内部事情という情報に変わっていく。

1649年にはフロンドの乱が起こり、フランスは貴族、王族の内乱状態となる。アットはマザランの贅沢を極めた生活の一部とみなされ、危険が差し迫ったが、なんとか難を逃れる。フロンドの乱に一旦区切りがついた秋になってようやくアットはイタリアに帰ってきたのである。

3.2 シエナ初のオペラの作曲家

ここでシエナのオペラに話を戻そう。キリコは、シエナ初のオペラ（1647年5月26日上演）の作曲を担当したのはヤーコポ・メラーニ（アットの兄）であると推定している。ヤーコポはこれより後の1657年にフィレンツェのペルゴラ劇場の柿落としのオペラ《コロニョーレの権力者 Il potestà di Colognole》を作曲しており、メディチ家との関係からも十分ありうる説かと

19　Mamone, Mattias de' *Medici serenissimo mecenate dei virtuosi*, 184.

第1章　上演を記録しようとする意志の長い不在
——シエナ初のオペラ上演を中心に

思う。この時代のオペラ作曲家は、その多くが歌手を兼ねており、ヤーコポもその例に漏れない。ヤーコポがシエナ初のオペラに曲をつけたとしても違和感はないのだが、ただしマッティアスの書簡にそれを裏付けるものがないのが難点だ。

　ここまでの議論を整理しておくと、次のようになる。

　シエナ初のオペラ《ラ・ダティーラ》のリブレット作者には2人の候補者がいることにつき、それぞれの根拠を紹介した。2人の候補者のそれぞれに傍証がある。一方の候補者ピエトロ・サルヴェッティ（その場合、作曲者はグラッセスキ）は、マッティアスに宛てた1645年12月19日付の手紙があり、そこに彼が書いたものにグラッセスキが曲をつけている、という記述があるのだが、それがシエナの初オペラであるとは書いていないし、そもそもどういう種類の作品かも書いていないし、どういう機会に上演・演奏するものかも書かれていない。一方、ジュリオ・ロスピリオージがリブレット作者であるという説には、前述のように、ジョヴァンニ・アントニオ・ビアンキの書にその記述があり、ロスピリオージの縁者（フランチェスコ・マリア・カンペッロ）の所蔵物の中から手書きのリブレットが発見され、そのリブレットにシエナ初演の日付が記されていることが有力な証拠である。この場合、作曲家は、推測の域を出ないわけだが、ヤーコポ・メラーニが有力候補者である。筆者はリブレットに関しては後者、即ち、ロスピリオージがリブレッティスタだというキリコ説により強い説得力を感じる。上述のビアンキの書の記述が存在するからだ。

　ここから明らかになってくるのは、マッティアスにとって誰が作曲するのかというのは、シエナ初のオペラ上演にとって最重要な要素ではなかったということである。リブレットは、非常に長大で150ページを超えている。登場人物も15人プラス3つの合唱という大がかりなものである。12回も場面転換がある。つまりお金のかかる豪華スペクタクルなのである。それはマッティアスが望んだことであろう。その豪華スペクタクル上演に必須なものは、優れた歌手であった。だからこそ、アットが帰国しないことに彼は腹

第1部　劇場とその運営方針・35

を立てたわけだし、グラッセスキ（歌手でもある）の体調不良で公演延期を決めている。

4. シエナの劇場建設とLa Datira 上演

　シエナの総督マッティアス・デ・メディチは、シエナのパラッツォ・プブリコ内の Sala grande del Consiglio（大会議室＝かつてはシエナ共和国の最重要課題が決定される部屋だった）を全面的に改築して劇場を造り、それをアッカデーミア・デイ・フィロマーティに寄贈しようと考えていた。アッカデーミア・デイ・フィロマーティは、いくつかの町に支部を持つアッカデーミアで、フィレンツェ、チェゼーナ、ルッカ、シエナに支部があった。この寄贈にはシエナの統治機構が変化したことをシエナの住民に知らしめる象徴的な意味がこめられているだろう。かつてのシエナ共和国の最重要の部屋に手をつけて劇場を造るのであり、それはメディチの手によってなされるのだ。ただし、シエナの独立性を尊重する証しとして、地元のアッカデーミアに寄贈し、運営をゆだねている。シエナという町の中心に新たに劇場を造り、煌びやかでマッティアスのキャリアに連関した内容のオペラを上演するのだから、宣伝効果は言うまでもなく絶大なものがある。一方でメディチの御曹司が総督であることを世に広く知らしめるスペクタクルであり、その一方で、シエナ人のプライドを過度に刺激することのないように、劇場は地元のアッカデーミアに寄贈するという配慮は、メディチ家伝統のパトロネージの巧みな使い方、ソフトパワーによる支配強化戦略と言えよう。マッティアスは、同時代のヴェネツィアの豪奢な歌劇場を実際に観て刺激を受け、それをモデルにしてシエナの劇場を造ったのである[20]。実際の劇場の柿落としは1647年だが、劇場の構想やその下地づくりは1629年から始まっていた。フィレンツェとシエナで関係者のやりとりをする仕組みをつくったのだが、マッティアスが1631年に30年戦争に出征したため、計画は一時的

20　Chirico, "*La Datira*," 64.

第1章　上演を記録しようとする意志の長い不在
──シエナ初のオペラ上演を中心に

に頓挫した。彼は1641年までドイツにいて、その間リュッツェンの戦いに参加し、スウェーデン軍と交戦した。1641年にはシエナに戻ったのだが、今度は教皇庁とファルネーゼ家の争いであるカストロ戦争に巻き込まれ1643年から46年まで戦役にかり出された。先述のように、《ラ・ダティーラ》が北欧の歴史を扱い、その王、王妃が主人公なのは、北欧の国々と戦った戦役からのマッティアスの帰還を祝賀する意味合いもあっただろう。

　リブレッティスタとしてロスピリオージを選んだのは、おそらくマッティアスであろうが、そこには政治的背景が複雑に絡んでいるようだ。ロスピリオージは従来はバルベリーニ家とつながりが強かったが、バルベリーニ家出身のウルバーノ八世が亡くなった（1644年7月）のを機にメディチ家（バルベリーニ家と対立関係にあり、ファルネーゼ家とともに戦っていた）と関係を結ぼうとした。この状況がリブレットの作者名がないことの原因のようだ。つまりロスピリオージとメディチ家が接近したことは秘密にしておきたかったのだ。その秘匿性は、1654年にバルベリーニ家の追放がとけてローマに帰還すると一層強くなったことは明白だろう。バルベリーニ家の劇場が再開したし、ロスピリオージは再びバルベリーニ家のために作品を書いたからだ。1644年に話を戻すと、司教に任命されたロスピリオージは、教皇大使としてスペインに派遣され、1653年までその地に留まっていた。彼のローマ帰国を阻んだのはおそらくインノチェンツォ（イノケンティウス）十世（パンフィーリ家出身で、バルベリーニ家を弾劾した）で、教皇はロスピリオージがバルベリーニと近いのを嫌っていた[21]。キリコは、《ラ・ダティーラ》はローマに帰還する前にロスピリオージがリブレットを創ったと考えている。ここでわれわれの主題にとって重要なのは、マッティアスにとってシエナで劇場を建造し、壮麗たるオペラを上演することは人生のあるいはシエナ総督としての重大事だったが、リブレットを誰が書いたか、作曲をしたのは誰だったかは、麗々しく宣伝すべきことでもないと考えていたと想定できるこ

21　Chirico, *"La Datira,"* 66.

とだ——そこに政治的な配慮が絡んでいたにせよ絡んでいなかったにせよ。それは前述のように、オペラの題名、リブレッティスタ、作曲家の名前を明示した書簡が兄弟間のやりとりにないことからも推察されることだ。

　マッティアスの書簡の1647年5月から6月にかけては、シエナのオペラ関係者が頻繁に登場する。歌手もいれば、バレエのコレオグラファーもいる。メラーニ兄弟の名も出てくる。しかしこれらの名前は、一義的な目的は連絡や報告のためであり、記録のためではなかったところに注意が必要だ。メラーニ兄弟は、シエナ初のオペラ上演後も、この時の歌手仲間と共演している。1661年にコジモ三世（マッティアスの甥）の結婚を記念し、かつフィレンツェのペルゴラ劇場のお披露目をかねて《テーベのヘラクレス Ercolem in Tebe》を上演したのだが、その時もメラーニ兄弟、チェスティ、グラッセスキが共演した[22]。

　シエナで初のオペラ上演となった《ラ・ダティーラ》は1647年5月26日に初演され、続けて何度か再演された。マッティアス・デ・メディチとその兄弟が臨席したのは言うまでもない。上演および劇場の美しさの評判は、同年6月1日にはジェノヴァにまで届き、マッティアスはその地の貴族フランチェスコ・マリア・スピノーラから祝意の手紙をもらっている。こうした芸術的成功にもかかわらず、その後、シエナでは20年以上オペラは上演されなかった。原因は主として経済的なものと思われる。マッティアスは上演後にメディチ本家に1万5,000スクード（10万5,000リラ）の借金を申し込み、一族を当惑させている。無論、この中には劇場建設費も含まれているはずだが、オペラ上演の経費が途方もないものであったことも間違いない。ちなみに17世紀後半のシエナ大聖堂の歌手や楽器奏者の月収が14から24リラ。オルガニストが33リラ、楽長が56リラであった。楽長は他の仕事もかけ持ちしたので年収は700リラほどあったらしい。シエナの最も裕福な貴族（上位5パーセント）の年収が14,000リラ以上だった[23]。しかし、

22　Chirico, "*La Datira,*" 67-68.
23　Reardon, *A Sociable Moment*, 9.

マッティアスの申し込んだ借金は、裕福な貴族の年収の7倍を超えていたのだ。大半の貴族は年収3,500リラ以下だったのである。こうしたあまりにも高額な出費に懲りたということもあったかもしれないが、上演が途切れた理由をもう一つ挙げることができる。それは、シエナにおけるマッティアスの孤立である。シエナの貴族たちが彼にすりよってきた形跡はない。彼は歌手、劇場の仕上げなどに直接指示を出したが、シエナの貴族たちは積極的に参加する役割を与えられなかった。

5. マッティアス死後のシエナのオペラ
5.1　キージ家によるシエナのオペラ上演

　マッティアスは1667年に亡くなるのだが、メディチ家はシエナの統治に熱心ではなかったようで、次のメディチ出身の統治者フランチェスコ・マリア・デ・メディチは15年後の1683年にやっと赴任する。しかしその3年後に彼は枢機卿に任ぜられ、ローマでほとんどの時間を過ごすようになってしまう。そうしたメディチの熱意がシエナにそそがれない期間に、シエナ出身でローマに本拠地を移していたキージ家がシエナのオペラ上演に関わるようになってくる。キージ家の場合は、もともとがシエナ出身で、征服者であったメディチ家とは異なり、シエナの他の貴族と親しい関係を結びやすかったのである。実際、キージ家はシエナの有力家系と婚姻を通じて縁戚関係を結んでいたのだった[24]。

　キージ家はもともとシエナ出身であったが、1655年にファビオ・キージが教皇に選ばれアレッサンドロ七世となった。ニポティズムの例に漏れず、彼は甥の二人フラーヴィオとシジスモンドを枢機卿にした（シジスモンドが枢機卿となるのは教皇没後ではあるが）。もう一人の甥アゴスティーノはローマで最も裕福な家系のボルゲーゼ家と縁を結ばせた。一族の中で、ローマの音楽シーンで最も活躍したのはフラーヴィオ枢機卿だった。フ

24　Reardon, *A Sociable Moment*, 45.

ラーヴィオはローマでアリア集やモテットや器楽曲の楽譜を集めマッティアスに送っている。

フラーヴィオ枢機卿、シジスモンド枢機卿、アゴスティーノは1667年にキージ家出身の教皇が亡くなって以降、頻繁にシエナを訪れるようになる。とりわけフラーヴィオがそうであった。フラーヴィオは、シエナ滞在中、喜劇の上演に情熱をそそぎシエナ郊外のチェティナーレに戸外のステージを作り、アッカデーミア・デイ・ロッツィのメンバーが彼らの喜劇を上演できるようにした。

キージ家出身の教皇アレッサンドロ七世とマッティアスが奇しくも同じ年1667年に亡くなり、キージ家の二人の枢機卿とアゴスティーノは、シエナの貴族たちを巻き込んで20年以上放置されていた劇場を改修して再びシエナでのオペラ上演を目指す。

彼らの進め方は慎重で、まず劇場の改修に乗り出したのは、アッカデーミア・デッリ・イントロナーティだった。メディチ家は1683年まで一族の者を総督としてシエナに送り込んでこなかった。イントロナーティの背後にキージも絡んでいるであろうことは、劇場修復の建築家がカルロ・フォンターナであることからもうかがえる。フォンターナはローマのキージ宮殿の建設にすでに関わっていたのだ。劇場の大々的修復の話は1668年に持ち上がっている[25]。2人の枢機卿がシエナに集まり、機運は盛り上がる。キージ家のアゴスティーノ、フラーヴィオ枢機卿、シジスモンド枢機卿はそれぞれ100スクード（700リラ）ずつ供出している。アゴスティーノとフラーヴィオはさらに追加して桟敷席を購入しているのだ。こういった動きに応じてアッカデーミア・デッリ・イントロナーティも300スクード（2,100リラ）を提供しているし、イタリア初の女性によるアッカデーミアと言われるアッカデーミア・デッレ・アッシクラーレは、劇場の天井画を負担することとなった。シエナの他の貴族たちも相応の負担をした。こうしてU字型の平土間と四

25　Reardon, *A Sociable Moment*, 72.

第1章 上演を記録しようとする意志の長い不在
——シエナ初のオペラ上演を中心に

階建ての桟敷席を持ち1500人を収容できる劇場が出来上がった。イタリアでも有数の美しさを誇る劇場であった。

次に問題となったのは、どんなオペラを上演するかだった。多くの議論がなされた末に、選ばれたのはアントニオ・チェスティ作曲、フィリッポ・アポッローニ台本のオペラ《アルジア L'Argia》だった。このオペラはスウェーデン女王クリスティーナが自ら廃位し、ローマへ向かう途中のインスブルックで正式にカトリックに改宗した際に上演された、カトリック世界では特別な位置づけを持つオペラだった。大々的な改修を終えた劇場の柿落としにふさわしい演目だったと言えよう。1669年のはじめシエナの関係者は、当時トスカーナ大公に仕えていた作曲者チェスティが自らシエナ上演の監督をしてくれるという知らせを聞く。1669年5月末に新たに修復なった劇場でオペラが上演される。上演は大変好評で、5月27日の初演から6月16日までに六回上演された。少なからぬシエナ人が毎晩観にいったという。好評ではあったがチケット代だけではまかなえず大きな赤字が出て、劇場設置委員は各自が1,400リラ以上の負担を余儀なくされたようだ[26]。

続く1670年には当時評判だったオペラ《ラ・ドーリ LaDori》がフィレンツェでの上演後、シエナでも上演される予定だった。これも前年の大好評だった《アルジア》と同様、チェスティ作曲、アポッローニ台本であるので観客に受けることが期待できたからだ。今回、前年と異なっているのは女性歌手のエレーナ・パッサレッリが夫とともにインプレサリオ（興行主）の役割を果たしていることだ[27]。しかしこの公演は、トスカーナ大公の逝去により中止となってしまった。

次の機会は二年後の1672年だった。アゴスティーノが初めて妻マリア・ヴィルジニア・ボルゲーゼをシエナに連れてきた。彼らの娘アンジェラ・フランチェスカ・マリアが7歳になり、シエナの修道院に入れる年齢に達したことも一つの契機であった。こうした一連の行為を通じて、キージ家

26　Reardon, *A Sociable Moment*, 75-79.
27　Reardon, *A Sociable Moment*, 83.

は出身地のシエナとの結びつきを確実なものとしたのだと考えられる。この1672年には3つのオペラ、《ラ・ドーリ》と《イル・ティート Il Tito》と《イル・ジレッロ Il Girello》が上演された。《イル・ティート》はニッコロ・ベルガンの台本、チェスティ作曲で《イル・ジレッロ》はフィリッポ・アッチャイオーリの台本、ヤーコポ・メラーニ作曲である。このヤーコポは、前述の如くマッティアスにお仕えしていた歌手アット・メラーニの兄である。

　キージ家を中心としたシエナの貴族グループおよびアッカデーミア・デッリ・イントロナーティが中心となってオペラを上演したのは、1669年を皮切りに、1672年（三作）、1673年、1676年、1676-77年、1677年（二作）、1680年、1681年、1682年、1683年と続く（1676-77年のみ年がまたがっているのは、チェスティの《オロンテア L'Orontea》は年越しで複数回上演されたからだ。他の上演は一回上演か同じ年に複数回上演されている）。上記の上演は、ほとんどが、キージ家のメンバーの誰かがシエナを訪れるのを契機としている。1683年は、メディチ家からフランチェスコ・マリア・デ・メディチがシエナの総督として赴任したのが契機となっている。メディチ家の人がシエナの総督になると、キージ家はオペラ上演から手を引いてしまい、1690年までオペラ上演がなくなる。キージ家がメディチ家の総督に対して配慮したのであろう。というのも、フラーヴィオ・キージは1687年から1691年まで毎年シエナ郊外のチェティナーレを訪れてはいるのだ[28]。

5.2　アッカデーミア・デイ・ロッヅィと劇場

　1690年からシエナのオペラを担ったのは、アッカデーミア・デイ・ロッヅィであった。これがなぜこれまでオペラに関与してきたアッカデーミア・デッリ・イントロナーティでなかったか、筆者は次のように考える。イントロナーティは、シエナの貴族たちのアッカデーミアである。それに対し、ロッヅィはつい最近まではアッカデーミアを名乗らない庶民中心の集会で、正式に

28　Reardon, *A Sociable Moment*, 66-67.

アッカデーミアになったのは1690年あるいは1691年のことだった。キージ家主体で他の貴族を巻き込んで上演していたオペラを、庶民のグループにゆだねたことになる。つまり、それまでキージ家が中心になって毎年か1年おきに上演していたオペラというものを、メディチ家から総督が来ると、総督が赴任した年は歓迎式典として上演したがその後は7年のブランクがあり、1690年に再開する際には、アッカデーミア・デイ・ロッヅィが中心になってオペラ上演を再開したのである。この意味するところは、キージが手を引くのなら、我々もというのがシエナの貴族たちのコンセンサスだったと推定することができる。シエナの人々は、メディチにすりよることはしたくなかった、あるいは貴族仲間からそう見られるのをよしとしなかったのだと筆者は考える。そこで、これまでは言葉による喜劇を広場や路上で上演していたロッヅィにオペラ上演をゆだねてしまったのだ。

　アッカデーミア・デイ・ロッヅィは1690年に立派に《愛における貞節 L'onestà negli amori》（アレッサンドロ・スカルラッティ作曲）の上演をなしとげた。上演場所はシエナの政庁舎パラッツォ・プブリコの大劇場である。フラーヴィオ・キージは舞台衣装をロッヅィに与えており、表に出ることは控えたもののロッヅィの上演をサポートはしている。この成功を受けて、トスカーナ大公コジモ三世は、シエナ総督フランチェスコ・マリア・デ・メディチの同意を得た上で、ロッヅィに対してもう一つの劇場を使用する権利を与える[29]。この劇場は Teatrino（小劇場）とか Saloncino（小サロン）と呼ばれる。

　ここでシエナにおける2つの劇場を整理しておこう。1690年までオペラを上演していたのは、マッティアス・デ・メディチが建築した劇場を大々的に改修した、カルロ・フォンターナの設計による劇場（パラッツォ・プブリコの内部に存在）である。それに対し、今回ロッヅィがアクセス権を与えられたのは、大聖堂のそばの建物内にある劇場で、規模も小さく収容人

---

[29]　Reardon, *A Sociable Moment*, 159.

員は500人程度であった。形としては細長い長方形をしており上述のように Saloncino（小サロン）と呼ばれた。エルミニオ・ヨコーナによれば、この劇場を企画・建設させたのはマッティアスであると考えられる[30]。もともとはこちらではストレート・プレイ、主に喜劇をマッティアスの宮廷内での催しとして上演していたようだ。ロッヅィはこの小劇場使用認可を得た記念に、オペラを上演した。アレッサンドロ・スカルラッティの《アルディミーロ L'Aldimiro, o vero Favor per favore》である。この時には珍しいことだが、4夜を Saloncino で上演した後に、パラッツォ・ププリコの大劇場で同じ演し物を上演した。それでわかるのは、大劇場と小劇場の照明代の相違である。小劇場は4夜で80リラかかったのだが、大劇場は5夜で444リラ、つまり一晩あたり4倍以上の費用がかかっている。

　ロッヅィがオペラ上演に乗り出した時に、シエナのオペラ界に登場したのがジローラモ・ジッリだった。彼は母方の叔父から財産を受け継ぐことで貴族の仲間入りをした人だった。

　彼はラシーヌやモリエールにならった芝居を書くだけでなく、リブレットも書き、オペラのインプレサリオ（差配人）としての役割も情熱的に果たした。彼の書いた《ラ・ディリンディーナ La Dirindina》というリブレットにはドメニコ・スカルラッティが曲を付しており、女主人公が歌手でカストラートも登場人物として出てくるメタシアター的性格を持ったリブレットの最初の一つである。

　ジッリがシエナのオペラと関わったのは1690年頃からと思われるが、ジッリがその責任者となったのは1695年からだった。アッカデーミア・デイ・ロッヅィとしては、ジッリにインプレサリオの役割を担ってもらうことにより、赤字から脱却したいという思いがあったのだろう。以前と同様にシエナの貴族たちに経済的支援をあおいだが、ビジネスとして利益を得ることも期待していた。その方針を確固たるものにすべく、ロッヅィは、オペラ公演で

30　Jacona, *Il teatro di corte a Siena*, 12.

損失が出ないようにその定款を1695年に改めている[31]。そこで貴族たちからは1,500リラを供出してもらうことを想定している。500リラは無条件で、1,000リラはシーズン・チケットとして。作品上演のための出費は3,500リラと見積もっている。劇場の照明（蝋燭など）や舞台衣装のクリーニング代、その他で1,400リラ。シエナ外からやってくる歌手のため2,100リラといった具合だ。オペラ上演後にはロッヅィのメンバーからなる会計監査と借金の支払いにあたる委員会が設けられる。

おわりに：17世紀末における劇場記録の意味

　以上のことからも判るように、この時代の記録は、何の演目（作曲家、リブレッティスタは誰か）を誰が歌ったか、あるいは誰がどんな演出をしたか、という観点は記録の主たる関心ではなくて、誰が主催するのか、誰のために（それが明示的であれ、暗示的であれ）上演するのか。誰がどれだけ金銭的負担をし、そのお金は何のために（歌手のギャラであったり、劇場の照明費や舞台装置だったりする）いくら使われたかを記録、報告するためのものであったと言えよう。この時代、宮廷劇場あるいは帝立劇場は別として、アッカデーミアが運営する歌劇場が数多くあり、そこではアッカデーミアの資金がどう使われたかの会計報告に相当するものが記録として残ることになった。

　この点については、フィレンツェにおけるペルゴラ劇場の記録も同様である。ペルゴラ劇場は、1657年の創建時からアッカデーミア・デッリ・インモービリ（この時のアッカデーミアの長は、ジョヴァン・カルロ・デ・メディチ、即ちマッティアスの兄である）が管理・運営している。歴史的な記録文書もアッカデーミア・デッリ・インモービリの所有になるものであった。この劇場の18世紀における活動記録を見ると、それは上演演目や歌手を記録することに主眼があるのではなく、むしろ金銭的な出納に主眼があるもので

31　Reardon, *A Sociable Moment*, 168.

ある。ごく初期にはアッカデーミアのメンバーがインプレサリオを担当しているのだが、すぐにその方式は放棄し、外部からインプレサリオを雇い彼に年間いくらという形で契約して、インプレサリオはその範囲で上演の費用一切をまかなうという形になっている。

話をシエナに戻すと、ジローラモ・ジッリがアッカデーミア・デイ・ロッヅィとともにオペラ上演に尽力したのは1695年から1704年までで、ジッリとアッカデーミアの様々な工夫・努力にもかかわらず上演が黒字になることはなかった。

1705年にアゴスティーノ・キージが亡くなったこともあってか、シエナでのオペラ上演熱は冷めてしまったようで、その後は1717年までオペラ上演がない。1717年には新たにヴィオランテ・ディ・バヴィエーラ（マッティアス公の兄フェルディナンド二世の孫フェルディナンドの未亡人、ちなみに彼女の夫君はヴィヴァルディが『調和の霊感』を献呈した人である）がシエナに総督として赴任し、それを記念してオペラが、上演された。その後1720年と1721年にはなんとか小さな作品を上演したが、1730年になるとロッヅィが全員素人の音楽家を集めたり、旅回りの一座を起用したりして時たまオペラを上演するのみになる[32]。

大劇場は、その後1742年に火災にあう。莫大な被害を蒙った大劇場を様々な困難を乗りこえ再建し1750年7月に柿落としをするのだが、何ということか、翌1751年7月にまた火事にあってしまう。主たる原因は劇場の照明や効果のために用いる蝋燭だった（図2)[33]。

劇場の再建の設計は、バロック時代の劇場建築で有名なアントニオ・ガッリ・ビッビエーナに委ねられた。アッカデーミア・デッリ・イントロナーティはトスカーナ大公に財政的援助を乞うている[34]。

その後、アッカデーミア・デイ・ロッヅィは、Saloncino（小劇場）を

32　Reardon, *A Sociable Moment*, 255.
33　Pieter Barbiers and Cornelius Bogerts, *Toneel van de Amsterdamse Schouwburg bij het uitbreken van de brand, 1772*, Rijksmuseum, Amsterdam (RP-P-AO-25-77-2). https://id.rijksmuseum.nl/200411880

第1章　上演を記録しようとする意志の長い不在
　　　　――シエナ初のオペラ上演を中心に

1778年に譲り渡してしまい、自分たちの劇場を失ってしまう。

　その時期に登場するのが、アントニオ・フランチェスコ・バンディーニである。彼はシエナの裕福な家に生まれたのだが、1785年から1838年まで詳細な日記をつけ、かつ、シエナの町で催されたありとあらゆる種類のイベントのチ

図2　蝋燭火災で炎上するアムステルダムの劇場。このように、シエナに限らず各地の劇場では蝋燭による火災が多かった。

ラシ、ビラを収集・保存した。シエナの祭りパリオに関する催し、宗教的な行事、音楽行事等すべてである。1798年にシエナで地震が起こり劇場は被害を受けているのだが、それについても彼の日記が最も信頼に足る記録となっている。彼は当局から命ぜられたのでもなく、詳細な日記とチラシ、ビラの収集を実施し続けた。1785年から1838年のシエナにおけるオペラやバレエ（当時は、オペラとバレエが組み合わされたコンサートがしばしば催された）上演については、彼のこうした情報収集癖によってわれわれはつぶさに知ることができるのである。1817年にロッヅィはロッヅィ劇場（Teatro dei Rozzi）を建設するが、その初期の活動の記録もまたバンディーニが収集したビラ、チラシによって明らかになるのだ。シエナにおいては、バンディーニの広範な活動の一部が、劇場の上演に関する情報の網羅的収集・保存の第一歩であったと言うことができるだろう。

34　Letizia Galli, "Dal palazzo della campana al Teatro degli Intronati (1560-1798)", *Storia e restrauri del Teatro dei Rinnovati di Siena—Dal consiglio della Campana al salone delle commedie* (Siena : Pacini, 2010), 176-177

グスタフ・マーラー　宮廷歌劇場監督の一年
―― ANNO 収録の文書資料から

荒又　雄介

はじめに

　グスタフ・マーラー（Gustav Mahler, 1860-1911）がウィーン宮廷歌劇場[1]の劇場監督に就任しておよそ1年、『ウィーン新聞 Wiener Zeitung』に掲載された記事に、次のような一文がある。

> マーラーが短期間のうちに美的共同体へと育て上げた観衆は（中略）、彼に付き従って彼の上演に耳を澄ます。（Wiener Zeitung, 1898/09/05）[2]

　ハンガリー王立歌劇場やハンブルク市立劇場など、大きな歌劇場の楽長や劇場監督[3]を歴任したマーラーが、用意周到な就職活動の末にウィーン宮廷歌劇場監督のポストを得た経緯は広く知られている[4]。しかし、彼が着任早々に繰り出した新機軸についてはどうであろうか。サクラを禁止

1　ウィーン国立歌劇場 Wiener Staatsoper の前身である帝室王室（あるいは帝立王立）歌劇場 k.k.Hof-Operntheater には幾通りかの訳語があるが、本稿ではウィーン宮廷歌劇場、あるいは単に宮廷歌劇場と表記する。
2　日刊新聞および週刊新聞からの引用は、本文のカッコ内に新聞名と発行年月日を記す。
3　劇場内の職位は、時代によっても個々の劇場によっても異なる。また訳語も様々である。本稿では、指揮台に立って上演の音楽面に責任を持つ Kapellmeister を楽長、演目の決定及び人事を含めた劇場の芸術面の責任者 Direktor を監督と表記する。監督の上には、劇場運営を差配する Intendant が配される。本稿ではこれを支配人と表記する。
4　その経緯を、浩瀚なマーラー伝を書いたイェンス・マルテ・フィッシャーは以下のように評した上で詳細に論じている。「マーラーが当代随一のオペラハウスのトップの座に上り詰めたのは、19世紀末のヨーロッパ芸術界で最も洗練された陰謀ともいうべき、戦術的な妙技の成果であった」。Jens Malte Fischer, *Gustav Mahler: Der fremde Vertraute: Biographie* (München: Dt. Taschenbuch-Verl. 2010), 346. 邦訳のあるものとしては、以下を参照。クルト・ブラウコプフ『マーラー　未来の同時代者』酒田健一訳（白水社、1974年、新装版1998年）、211頁以下、ヴォルフガング・シュライバー『マーラー』（大作曲家シリーズ1）岩下眞好訳（音楽之友社、1993年）、106頁以下、および村井翔『マーラー　人と作品』（作曲家・人と作品シリーズ）（音楽之友社、2004年）、92頁以下。

したこと、遅刻者の着席を許さなかったこと、上演中に客席の照明を落としたことが、いくつもの文献で紹介されているが、これらの改革は事実として数行記されるだけで、ウィーンの聴衆・観衆、さらには劇場の歌手やスタッフが、それをどのように受け止めたのかについての言及は見当たらない。

　大作曲家マーラーの音楽的側面を明らかにしようとするとき、彼の劇場運営は周辺的な事柄なのかもしれない[5]。しかし、本書が掲げる劇場研究の観点から見ると、新任監督マーラーによる歌劇場改革は一考に値するテーマである。冒頭の引用をもう一度ご覧いただきたい。たいへん好意的な文章であるが、これを裏側から読むなら、マーラーによって深いオペラ体験に目覚めた観衆がいた一方で、従来の劇場通いの習慣を乱されて、改革を不快に感じた観衆がいたことも想像できる。

　実際、従来の歌劇場に馴染んでいた観衆すべてがマーラーを手放しで支持していたわけではなかった。ウィーン宮廷歌劇場は、ハプスブルク君主国の公的な劇場である。ヴァーグナー崇拝者が集うバイロイトとは違う。極論するなら、宮廷歌劇場はオペラや音楽を愛好する人々のためだけの施設ではない。君主国直属の社交場であって、着飾ってホワイエやロージェ（ボックス席）で会話を楽しむ場所でもある。そこに乗り込んだマーラーは、先に言及した改革をもって、自分がオペラを愛する観衆にのみ奉仕する監督であることをはっきり示した。不満の声が上がっても不思議はなかろう。

　同じことは、歌手や劇場スタッフについても言えそうである。陣頭指揮を執るために、マーラーははじめの2年間で216回も指揮台に立った[6]。本稽古だけでなく、自ら歌手に稽古を付け、演出や装置に口を出し、上演作品の部分的な書き換えまでした。およそ尋常ならざる働き方である。これ

5　宮廷歌劇場監督就任後には、マーラーの芸術および人生に決定的な影響を与えることになるアルマ・シンドラーとの出会いがある。評伝の多くはこちらに紙数を割いている。
6　Therese Gassner, Peter Blaha et al., *Gustav Mahler: Mahlers Opernreform und die Wiener Moderne: Katalog zur Ausstellung* (Wien: Edition Wiener Staatsoper 2010), 30.

に鼓舞された劇場関係者もいたに違いない。しかし、マーラーの情熱に付き合いきれないと感じた者もいたはずである。マーラーが発したという有名な言葉「君たち劇場人が伝統と呼んでいるものは、君たち自身の怠惰と安逸に他ならない」[7]からは、マーラーの情熱と同時に、彼が直面したしぶとい抵抗も感じられるだろう。

　本稿は、オーストリア国立図書館に所蔵されている日刊紙や週刊新聞から典型的な記事をいくつか見繕って、新監督マーラーを歓迎した人々と、彼の改革を快く思わなかった人々双方の発言を見ながら、ハプスブルク君主国の頂点をなす劇場、ウィーン宮廷歌劇場におけるマーラーの奮闘を跡付けることを目標とする。

　なお、上記図書館所蔵の新聞記事は、ANNO（AustriaN Newspaper Online）と呼ばれるサイトにまとめられている[8]。かつては閲覧困難だった貴重な資料が、今では簡単に手に入るようになった。ウィーン発行の高級紙のみならず、地方紙や絵入り新聞なども気軽に読むことが出来る。しかも、縦横に検索可能である。ANNOに収録されている資料の分析から構成される本稿は、本書のテーマであるデジタルアーカイブから研究者が受ける恩恵の実例を示す試みでもある。

1. マーラーの宮廷歌劇場デビュー

　監督就任に先立つこと数か月、1897年5月11日にマーラーはウィーン宮廷歌劇場に指揮者としてデビューした[9]。演目はリヒャルト・ヴァーグナー（Richard Wagner, 1813-1883）の《ローエングリン Lohengrin》である（図1）[10]。新聞各紙は、この上演を挙って褒め称えた。以下、マーラーが書

7　村井『マーラー　人と作品』、96頁、およびシュライバー『マーラー』、124頁。
8　Österreichische Nationalbibliothek. ANNO. Historische Zeitungen und Zeitschriften. https://anno.onb.ac.at/（2024年4月30日閲覧）
9　1897年4月15日、監督ヴィルヘルム・ヤーンの署名と支配人ヨーゼフ・フォン・ベツェツニーの裁可によって、マーラーは宮廷歌劇場と一年間の契約を結んだ。この時のマーラーの身分は楽長であった。
10　ANNO, https://anno.onb.ac.at/cgi-content/anno?aid=wtz&datum=18970511&seite=1&zoom=33（2024年9月30日閲覧）

第2章 グスタフ・マーラー　宮廷歌劇場監督の一年
　　　――ANNO 収録の文書資料から

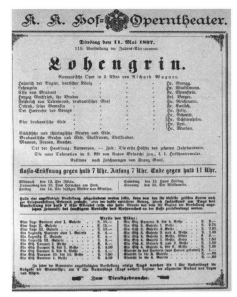

図1《ローエングリン》の上演ポスター

いた手紙の一節を引用する。複数の伝記によって日本の読者にもおなじみの一通で、名宛人は、当時の恋人でのちにブリュンヒルデ歌いとして有名になるアンナ・フォン・ミルデンブルク（Anna von Mildenburg, 1872-1947）である。

　我がいとしのアンネアル！[11] 昨日も一昨日も君に一言も言う暇が見つからなかった。歓迎や訪問等々のおそるべき大混乱！　ありがたい！　今やすべての気苦労は過ぎ去った!!　ウィーン中がまさに熱狂して僕を歓迎している！　来週には今度は《ヴァルキューレ》、《ジークフリート》、《フィガロの結婚》、そして《魔笛》。僕が近々監督になることに、もはや疑いの余地はない。[12]

　許されたリハーサルは、わずか1回であった[13]。演目も二転三転したという[14]。この悪条件を克服して見事に成功を収めたマーラーの有頂天が伝わってくる。とはいえ、この手紙からはそれ以上のことは分からない[15]。はたしてウィーンの観衆は新しい指揮者をどのような気持ちで待ち受け、ま

11　アンネアルは、アンナに縮小語尾をつけた愛称である。ちなみに、この手紙に添えられたマーラーの署名も、グスタフではなく縮小語尾付きのグストゥルとなっている。
12　1897年5月14日の書簡。Gustav Mahler, *Briefe*: Neuausgabe, erweitert und revidiert von Herta Blaukopf (Wien／Hamburg: Paul Zsolnay Verlag 1982), 220.
　　上記のマーラー書簡集には日本語訳がある。グスタフ・マーラー著、ヘルタ・ブラウコップフ編『マーラー書簡集』須永恒雄訳（法政大学出版局、2008年）、232頁。
13　ブラウコプフ『マーラー　未来の同時代者』、222頁、村井『マーラー　人と作品』、93頁以下。
14　中川右介『指揮者マーラー』（河出書房新社、2012年）、128頁。
15　実際には、マーラーは扁桃炎のため手紙で言及した多くの演目をキャンセルしている。

た受け入れたのであろうか。

　公演翌日5月12日の『新自由新聞Neue Freie Presse』を見てみたい。同紙によれば、劇場通を自認する人々は、マーラーの登場を手ぐすね引いて待ち構えていたらしい。新楽長のお手並み拝見といったところである。ところが演目を聞いてがっかりした。選りにもよって《ローエングリン》である。この落胆の背景は、宮廷歌劇場の楽長リストを一瞥すれば、おのずと知れよう。オペラに興味のある向きには言わずもがなかもしれないが、当時、宮廷歌劇場お抱えの楽長たちの中にはハンス・リヒター（Hans Richter, 1843-1916）がいたのである[16]。《ニーベルングの指環 Der Ring des Nibelungen》を初演した大指揮者が、ヴァーグナー作品の上演を引き受けていた。劇場きっての権威ある演目に新参者が手を入れられるような隙は、どこにもないように思えた。ところが

> こうした声は、すでに前奏曲のうちに部分的に、そして第一幕が進むにしたがって、ついには全く聞かれなくなってしまう。（Neue Freie Presse, 1897/05/12）

　懐疑的な評価から始める書きぶりは、マーラーの成功を劇的に表現するためのレトリックと解しても良かろうが、上演の水準が予想をはるかに上回っていたことは間違いなさそうである。一夜にしてマーラーはウィーンの観衆を味方につけた。

　さらにこの記事の向かう先に注目したい。記事は、マーラーが単に指揮者として優れているだけでなく、劇場における上演に精通していることを強調する。

> 彼の関心はオーケストラピットで終わるものではなく、むしろ、その先

16　村井『マーラー　人と作品』、94頁。

第2章　グスタフ・マーラー　宮廷歌劇場監督の一年
　　　　――ANNO 収録の文書資料から

で始まる。(Neue Freie Presse, 1897/05/12)

　記事によれば、マーラーはオーケストラだけではなくソリストや合唱団も掌握していた。しかも、力ずくのコントロールといった印象がない。前奏曲の後、熱狂的な拍手は容易には鳴りやまず、客席の興奮はおのずと舞台にも伝わって、歌手も合唱も最高の成果を見せたという。劇場人マーラーの手腕に向けた手放しの賞賛と言って良かろう。うがった見方をすれば、こうした評言は、楽長として指揮台に立ったマーラーが近々監督に就任することを見越しているようにさえ感じられる。クルト・ブラウコプフは、宮廷歌劇場によるマーラーの獲得劇に際して、ジャーナリズムが蚊帳の外に置かれていたと述べているが[17]、4月15日にマーラーの楽長着任が決まった後は[18]、適宜コントロールされた情報が、関係各所から記者に流されていたことも十分に考えられる[19]。歌劇場上層部とマスコミは、いわば共同してマーラーを歌劇場監督に押し上げたと言えるかもしれない。長らく劇場を率いてきた前任者ヴィルヘルム・ヤーン監督（Wilhelm Jahn, 1835-1900）は、この時すでに病身であった。
　ところで、この記事には重要な結語がついている。サクラ批判である。場にそぐわぬタイミングで突然湧き起こる拍手喝采について具体例を挙げたのち、記事は極めて強い調子でサクラを批判する。

17　ブラウコプフ『マーラー　未来の同時代者』、213頁。
18　マーラー招聘の第一報は1897年4月8日付の『ウィーン新聞』の夕刊である『ウィーン夕刊新聞 Wiener Abendpost』に掲載された。「グスタフ・マーラー氏が、宮廷歌劇場の楽長に就任する」という、わずか2行の記事であった。これを追う形で、翌日には複数の新聞が続報を流した。『新自由新聞』は、マーラーの人事が劇場関係者にもほとんど知らされていなかったことを伝えている。またマーラーの名前が「ハインリヒ・マーラー」と誤記されている箇所もあって、記事が大急ぎで書かれたことが窺える（Neue Freie Presse, 1897/04/09）。
19　ブラウコプフによる評伝の酒田健一訳では、これを新聞各紙による「渡し台詞」と形容している。ブラウコプフ『マーラー　未来の同時代者』、213頁。原文を直訳すれば以下の通り。「ジャーナリストたちは、即興的に書かれた記事を流すが、そこに慎重に埋め込まれたキーワードを少しも気取らせない」。Kurt Blaukopf, *Gustav Mahler oder Der Zeitgenosse der Zukunft*, Revidierte Fassung der 1969 in Wien (Fritz Molden) erschienenen Ausgabe (Kassel / Basel: Bärenreiter 1989), 135.

その他のいくつかの機会にも、サクラは図々しくも芸術家と観衆と芸術作品の間に割って入った。この粗野な行いを禁じることは出来ないものだろうか。(Neue Freie Presse, 1897/05/12)

　上の引用が記事の結語である。新楽長のデビューを寿ぐにはふさわしからぬ結語と言えよう。しかし、この一文は重要である。マーラーの劇場改革が、新聞報道にも下支えされていたことが分かるからである。マーラーは弱冠36歳（6月に37歳）。しかし、この若さにしてすでに多くの歌劇場で楽長職を歴任し、ブダペストでは劇場監督も経験していた。独断専行では劇場運営が務まらないことを、すでによく知っていた[20]。監督就任早々のサクラの排除に関しても、決して自分の芸術的信念だけで決断したのではなかったのである。

　19世紀末の文化状況は、マスメディアから少なからぬ影響を受けている。特に劇場関係者は、メディアの発信する情報に神経質にならざるを得なかった。人的にも金銭的にも大きなプロダクションである劇場公演は、失敗が許されないからである。ゆえに監督業は劇場内に鳴り響く音楽だけに注力していたのでは務まらない。劇場の人事と運営、劇場内外での評判、その延長でかしましく賑やかなマスコミの動向にまで目を配って、初めて施策を決定するのである。次節ではマーラーのサクラ排除の試みについて、少し詳しく見ていくことにする。

2. マーラーによるサクラの排除

　楽長として成功を収めたマーラーは、1897年10月[21]、念願の歌劇場監督のポストを手に入れた[22]。これを伝える『新自由新聞』1897年10月

20　ハンガリー王立歌劇場の監督時代（1888-1891）、マーラーは多国籍のスター歌手による多言語上演を廃して、舞台上の言語をハンガリー語に統一した。この試みは劇場内外から一定の評価を受けたが、他方でスタッフや歌手への大きな負担になった。結局、この不満が表面化して、マーラーの劇場運営は頓挫する。契約任期途中の退任に追い込まれたマーラーは、理想と現実のバランスを取ることの難しさを痛感したに違いない。

第2章 グスタフ・マーラー　宮廷歌劇場監督の一年
　　　——ANNO 収録の文書資料から

　11日の記事は、その半分をマーラー本人の署名入り文書の引用に割いている。この文書をもってマーラーは、劇場関係者にサクラの完全排除を求めた。また、同文書の新聞掲載を許すことで、自身の決意を観衆に向けても公にした。管見によれば日本語では初出のようなので、少し長いがそのまま引用する。

　　敬愛するオーストリア宮廷劇場のメンバー諸君！
　　サクラの忌まわしい所業に対処するため、劇場管理部はすでに繰り返し対策を取ってきました。もし、メンバー諸君の中の数人が、個人的な利益にかかわる品位なき誤った考えから公式の通達をかいくぐることがなかったならば、こうした狼藉を食い止めることにほとんど成功していたことでしょう。嬉しいことに私は、諸君との口頭による意見交換の中で、サクラが全面的に排除されねばならぬことについて諸君と完全なる意見の一致を見るに至りました。サクラは私たちの芸術的目的の実現を不可能にするばかりでなく、私たちの対外的な信用も落としてしまうからです。そこで私は、尊敬する諸君、サクラとの関係を、それがいかなる種類のものであれ放棄し、ついては無料チケットの譲

21　マーラーの監督就任については、伝記によって書き方に違いがある。ハプスブルク君主国の複雑な官僚組織の中で、署名、裁可、任命、さらには就任と、複数の日取りがあるためである。先行研究の情報をいくつか拾うと、マーラーの人事は10月8日に「正式決定」され、任期は10月15日に始まる（中川『指揮者マーラー』、133頁）。村井は10月8日を「監督就任の発表」の日、シュライバーは同日を皇帝による監督「任命」の日としている（村井『マーラー　人と作品』95頁、シュライバー『マーラー』110頁）。またガスナー/ブラハの前掲書には、この人事を確定させたとされるルードルフ・リヒテンシュタイン皇太子による1897年10月3日付の文書が紹介されている（Gassner / Blaha, *Gustav Mahler*, 27）。
　なお、歌劇場監督となるマーラーの直属の上司は歌劇場支配人ヨーゼフ・フォン・ベツェツニー男爵、その上が宮廷劇場総監督部（ブルク劇場と歌劇場の統括部）官房長官である宮廷顧問官エドゥアルト・ヴラサック、さらにその上が宮内長官アルフレート・モンテヌオーヴォ侯爵、そのまた上司が宮内大臣ルードルフ・リヒテンシュタイン皇太子である。リヒテンシュタイン皇太子のさらに上が、皇帝フランツ・ヨーゼフ一世である。先にも述べたように、宮廷劇場は帝室直属の文化施設である。
22　ウィーン宮廷歌劇場に奉職することを、マーラーは「南国の神のお召し」と称して積年の願望にしていた。ブラウコプフ『マーラー　未来の同時代者』214頁、シュライバー『マーラー』106頁、村井『マーラー　人と作品』92頁。なおこの独特な表現は、ブルーノ・ヴァルター（Bruno Walter 1876-1962）による伝聞の形で後世に伝わっている。ブルーノ・ヴァルター『主題と変奏　ブルーノ・ワルター回想録』（新装復刊版）白水社、2001年、138頁。

渡や心づけを停止することを諸君に要請し、また諸君の誓約を求めるものであります。この施策をもって宮廷劇場の尊厳と相容れぬ悪行に終止符が打たれることを期待します。私自身は、この試みにおいて諸君を最高度の熱意でもって支援するばかりでなく、手中にあるあらゆる手段をもって、私たちすべての関心事のために、諸君相互の合意に違反なきよう監視する所存です。

諸君を心より尊敬するグスタフ・マーラーより、心よりの挨拶をこめて
(Neue Freie Presse, 1897/10/11)

記事によれば、当時、サクラの元締め役は相当の利益を上げていたという。実際、舞台に立つ際の緊張をほぐすために、あるいは旺盛な虚栄心から、観客の拍手喝采を「予約」したいと望む歌手は少なくなかった。同記事は、劇場関係者のほとんどが誓約書に署名したと報告している。しかし、この「ほとんど」というところにこそ、注意が必要であろう。当然のこと、抵抗がなかったわけではないからである。ここで当時の絵入り新聞を参照したい。たとえば花形テノールのファン・ダイクは[23]、マーラーの施策に不満だった可能性が高い。図2[24]はその一例。週刊新聞『フロー Der Floh』からの引用である。以下のようなキャプションがついている。

図2　ファン・ダイクとグスタフ・マーラーのカリカチュア

23　エルネスト・ファン・ダイク（Ernest van Dyck, 1861-1923）は、ジュール・マスネ（Jules Emile Frédéric Massenet, 1842-1912）の《マノン Manon》のデ・グリューおよび《ウェルテル Werther》のタイトルロールを歌ってウィーンの観衆に愛されたテノール歌手。マーラーの監督着任後にウィーン宮廷歌劇場を去っている。

24　ANNO, https://anno.onb.ac.at/cgi-content/anno?aid=flo&datum=18971031&seite=5&zoom=33
（2024年9月30日閲覧）

第2章　グスタフ・マーラー　宮廷歌劇場監督の一年
——ANNO 収録の文書資料から

マーラー監督：聞くところによると、あなたは私の指示に従わず、サクラなしには劇場に来ないそうだね。
ファン・ダイク：そうですとも、監督さん。とはいえ、上演の後で、もう一つ会合のある時だけですがね。(Der Floh, 1897/10/31)

図3　歌手とパトロン

　折りたためるシルクハット、図2にあるような帽子をChapeau Claqueと呼ぶ。このClaqueはサクラを表す語でもあって、引用のカリカチュアからは、何かしら理由をつけてマーラーに従おうとしなかった歌手がいたことが読み取れる。上演後の晩餐に必要な帽子を持参しているだけであって、サクラを連れて来ているなんて誤解である。テノール歌手はそう主張しているわけである。

　もう一つ、女性歌手の例を紹介する。こちらも発行日は異なるが同じ絵入り新聞から (図3)[25]。キャプションは以下の通り。

　　伯爵様、一体全体、どうしたの？
　　たいしたことはありません。滑って転んで腕をちょっと脱臼したのです。私、今晩、歌う予定なのよ！　すぐに「不都合により」でキャンセルって言わなきゃ。(Der Floh, 1897/10/24)

25　ANNO, https://anno.onb.ac.at/cgi-content/anno?aid=flo&datum=18971024&seite=4&zoom=33
（2024年9月30日閲覧）

歌い終えた瞬間に、好意的な喝采を受けることは、花形歌手にとって極めて重要であった。図像のカリカチュアには誇張もあろうが、パトロンもまた積極的な拍手を期待されたのである。週刊新聞『フィガロ Figaro』が掲載した小噺の中では、テノール歌手が「監督だって、サクラなしで歌ってみるがいいさ、もし、歌えるんならね」と、うっぷん晴らしをしている（Figaro, 1897/10/23）。

　マーラーによるサクラ排除に迷惑したのは、歌手ばかりではない。新聞各紙には、サクラを商売にしている人たちが登場する小噺が多数掲載された。『フィガロ』掲載の小噺でサクラの元締めは次のように言う。「彼が本気で俺たちを排除しようとするなら、俺たちは反ユダヤ主義者になっちまうよ」（同上）。人種差別を含んだこうした小噺は、マーラーの監督就任時のウィーンの雰囲気を垣間見せてもいる。リベラルな市民の主導によって花開いたウィーン文化は、徐々に陰りを見せ始めていた。反ユダヤ主義者として知られるカール・ルエーガーがウィーン市長となったのは、マーラーの監督就任と同じ1897年である[26]。政治色の強いものを、もう一つだけ紹介する。著名な風刺新聞『グリューリヒター Glühlichtert』の記事。

> 噂
> 聞こえてくるところによれば、歌劇場監督によって排除されたサクラは、それでも食いっぱぐれはしなかった。ルエーガー博士に雇われて、ギャラはウィーン市持ちでキリスト教社会党の集会で活躍しているそうだ。（Neue Glühlichter, 1897/10/28）[27]

　歌手、サクラ業者に続いて、今度は観客をからかっている例をいくつか

26　キリスト教社会党のカール・ルエーガー（Karl Lueger, 1844-1910）は、ユダヤ資本に対する市民の反感を掻き立てて市長選を戦った政治家。当選の度に皇帝フランツ・ヨーゼフ一世に拒絶されるも、4度目の市長選出でウィーン市長に就任した。
27　1889年創刊の『グリューリヒター』は、引用の時期は『新グリューリヒター Neue Glühlichter』の誌名で発行されていた。

見てみよう。歌劇場には通うが、オペラにそれほど熱心でもない上流階級の会話である。

> それじゃあ、今度は自分たちで拍手しなけりゃならんじゃないか！（Der Floh, 1897/10/24）

　オペラの筋も知らず、どこが山場かも皆目分からぬロージェの観客たちは、自分に拍手の責任が回ってきたことを面倒に感じているのである。さらにはオペラに熱心な観客までもが、サクラ批判に便乗する。マーラー人気が面白くない守旧派は、喝采に応えるマーラーを見てうそぶく。「自分を持ち上げてくれたサクラは大好きなんだよね」（Figaro, 1897/10/23）。

　小噺やカリカチュアには遊びの要素が多分に含まれていて、すべてを額面通りに受け取る必要はない。カフェやホワイエで交わされる粋な会話の一コマと解釈しておけばよろしかろう。とはいえ、こうした記事は歌劇場を取り巻く人々の雰囲気を今に伝えてくれる。マーラーによるサクラの排除が、歌劇場の内外に多様な波紋を広げたことは間違いない。

3. 遅刻厳禁！

　次に観客向けの施策、上演中の入退場禁止について見ていきたい。図に掲げるのは宮廷劇場の上演ポスターである（図4）[28]。左がブルク劇場、右が宮廷歌劇場である。ウィーン宮廷劇場は、ブルク劇場と歌劇場の2つを合わせて1つの部局を構成している。ブルク劇場はストレートプレイを、

図4　宮廷劇場の上演ポスター

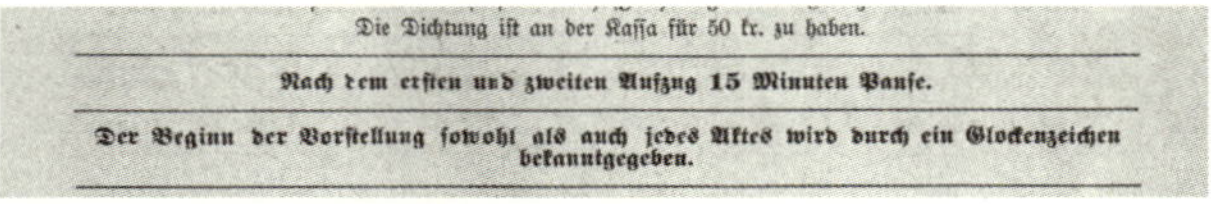
Die Dichtung ist an der Kassa für 50 kr. zu haben.

Nach dem ersten und zweiten Aufzug 15 Minuten Pause.

Der Beginn der Vorstellung sowohl als auch jedes Aktes wird durch ein Glockenzeichen bekanntgegeben.

図5　幕間休憩の但し書き

歌劇場はオペラとバレエを上演する。注目したいのはポスターの右側、《ジークフリート》の上演ポスターの中ほど。マーラーが劇場監督になってから書き込まれるようになった一文である（図5）[29]。「第一幕と第二幕の後に、それぞれ15分の休憩あり。上演前および各幕の開始前は、ベルによる告知あり」と書かれている。一見ありふれた注意書きのようであるが、実はそうではない。遅刻と中座が許されないことを、言外に告知しているのである。多くの新聞記事から明らかなように、マーラーの監督就任当時は、ロージェだけでなく平土間でも、観客の出入りは比較的自由であった。ホワイエにカジノまで併設されていたミラノ[30]などとは違って、ウィーンでは客席が騒がしいということはなかったようであるが、そうはいっても、開演前から観客のすべてが行儀よく着席して、指揮者の登場を待ち構えていたわけではなかった。ホワイエで談笑していて、序曲が聞こえて来てはじめて「そろそろですかな」などと言いながら、席に着く観客もいたに違いない。

上演中の入退場を制限する施策は、『ウィーン新聞』の夕刊『ウィーン夕刊新聞』を通して1897年11月2日に告知され、次の日には各紙がこれを引用する形で報道した。以下に引用する。

> 遅刻者による不快な鑑賞の妨げについての、数多くの正当なる苦情に対処するため、宮廷劇場統括部は宮廷歌劇場監督部の要請を受けて、以下の指示Anordnungを出すに至りました。独立した序曲が付いているすべてのオペラにおいては、序曲の演奏中は、平土間、

28　ANNO, https://anno.onb.ac.at/cgi-content/anno?aid=wtz&datum=18971018&seite=1&zoom=33（2024年9月30日閲覧）
29　同上。（2024年9月30日閲覧）
30　劇場ホワイエに設置される賭博場については、以下を参照。ミヒャエル・ヴァルター『オペラハウスは狂気の館　19世紀オペラの社会史』小山田豊訳（春秋社、2000年）、22頁以下。

一階席およびギャラリー席への入場は許可されません。序曲の後の短い休憩時間を待ってはじめて入場を許されます。リヒャルト・ヴァーグナーの楽劇においては、イリュージョンの確保が作曲家によって強く要求されておりますため、遅刻者に対する上記の指示は、幕全体に拡大されます。すなわち、各幕の上演中の入場は認められません。前奏曲からそのまま第一幕が始まるようなヴァーグナー作品においては、観客の入場は第一幕の終了後にはじめて可能になります。入場時間直前に鐘が鳴ります。その都度の規定につきましては、上演ポスターおよびその他の特別掲示により告知されます。(Wiener Abendpost, 1897/11/02)

宮廷劇場統括部は、マーラーの上司である支配人ヨーゼフ・フォン・ベツェツニー男爵のさらに上、宮廷顧問官エドゥアルト・ヴラサックを長とする部局で、ここに要望書を出したのがマーラーの差配する宮廷歌劇場監督部である。引用文中では「指示」と訳したが、原語のAnordnungは「命令」に近い強い言葉である。「注意喚起」や「お願い」のレヴェルではない。会場入口に係の者を立たせるくらいのことはしたかもしれない。

また、ストレートプレイとオペラ・バレエの両方を管理する上位部局である統括部による公の文書に、わざわざヴァーグナーの作品への言及があることも興味深い。文書のかなりの部分がマーラーの要望書の引き写しであることが想像できる。マーラーに与えられた大きな発言権が窺われよう。実際、幕を通して切れ目なく音楽が続くヴァーグナーの楽劇は、従来のナンバー制のオペラとは違った作法を要求した。こうした変化は、観客が作品に向き合う態度にも少なからぬ影響を与えたはずである。上記の文書からは、作品の受容のあり方の変遷もまた読み取れそうである[31]。

さて、この施策も大新聞の賞賛を勝ち得た。例えば、『ウィーンアルゲマイネ新聞Wiener Allgemeine Zeitung』(1897/11/07)は、「ウィーンの観衆に時間厳守を習慣づけた」歌劇場監督マーラーを賞賛し、同じ施策を

ブルク劇場にも求めている。大音量で満たされる歌劇場にして遅刻と中座が認められないとなれば、発話の微妙なニュアンスに役者の技量が示されるストレートプレイにおいては、この施策がなおのこと必要だと言うのである。他方、意地の悪い揶揄もある。一つだけ紹介する。こちらはカリカチュア新聞の記事である。

> マーラー監督の命令によれば、今後ヴァーグナー上演の際、観客は劇場入場の前に劇場担当医の診察で鼻かぜをひいていないかチェックを受けなければならない。咳、咳払い、くしゃみによる支障は厳禁だからである。(Der Floh, 1897/12/26)

これはもちろん作り話で、作品への奉仕のためなら観劇の快適さをそこなっても意に介さない劇場監督への揶揄である。マーラーの施策を窮屈に感じた観衆の気分を上手く代弁していると言えよう。実際のところ、二千もの観客を収容する劇場内で咳払いに神経質になっても仕方がなかろうが、マーラー新監督の下、上演中の劇場内の緊張感が大いに高まっていたことがよく分かる記事である。咳払いが憚られる場面を経験して初めて、上記の記事に共感できる。マーラーは、毎日開場する劇場の上演に非日常の芸術体験を持ちこもうとした。ちなみにこの件に関する歌手や劇場スタッフのカリカチュアや小噺は見当たらない。上演中の静寂を乱す観客の無作法を排除する施策は、劇場人にとっては歓迎すべき事柄であって、文句を言う筋合いはないからである。

なお多くの評伝において、マーラーの劇場改革は、サクラの廃止、遅

---

31 マーラーが初めてバイロイトを訪れたのは、1883 年の夏であった。彼は《パルジファル Parsifal》の上演から受けた感銘を友人に次のように書き送っている。「言葉もなく祝祭劇場から出て来て、僕は悟ったのだ。もっとも偉大なもの、もっとも痛切なものが、今、僕に開示されたのだ、と」。重ねて用いられる最上級は、芸術作品が他の何物にも依存しない自律的な高みにあり、これに奉仕することが演奏家の使命であるというマーラーの認識を暗示していよう。Mahler, *Briefe*, 24 および『マーラー書簡集』26 頁。マーラーは 1894 年にバイロイトを再訪している。

刻の禁止、客席の照明の3点セットで紹介されるのが常である。しかし、マーラーの就任当時、照明を落とした暗い客席について新聞各紙が騒いだ様子はない。カリカチュアによる揶揄も見当たらない。実施時期がずれているのか、あるいは不満に感じる演者・観客が少なかったのかは不明である。照明改革の施行時期と人々の反応については、今後の課題としたい[32]。

4．劇場スタッフとの軋轢

マーラーのワーカホリックぶりは、劇場スタッフにも大きな負担をかけた。その剛腕に不満の声も上がった。とはいえスタッフとマーラーの軋轢は、彼の監督就任直後に現れたというよりは、時間をかけて徐々に表面化してきたものと推察される。これを早い時期に取り上げたのは、『ウィーンサロン新聞 Wiener Salonblatt』という週刊新聞である。同紙はマーラーの就任の1年後に複数回にわたってマーラー批判を展開した。新監督の独善的な振る舞い、特定の歌手への贔屓や冷遇、スタッフに強いる過酷な労働、人事の内部事情などを、あたかも見てきたかのように、細大漏らさず書き立てたのである。この週刊新聞はバレエが贔屓で、バレエよりもオペラを優遇するマーラーの存在がそもそも愉快ではなかった[33]。以下、具体

---

32 客席を暗くするという施策は、劇場関係者にも強い印象を残した。例えばエルンスト・バルトロは、回想録の中でこの施策に触れている。しかし、年代順に綴った回想録の中で、劇場内の照明については実施時期を示していない。エルンスト・バルトロ『ウィーン国立オペラ　激動の日々1625-1992』芦沢ユリア訳（西田書店、1994年）、86頁参照。同書によれば、エルンスト・バルトロは歌劇場の第二ヴァイオリンを務めた音楽家で、彼の父親はマーラーの指揮の下で演奏したクラリネット奏者であった。ウィーン国立歌劇場の公式ホームページにも、劇場内の照明がマーラーの施策として紹介されているが、やはり時期の記述はない。Wiener Staatsoper, https://www.wiener-staatsoper.at/staatsoper/das-haus/geschichte-architektur/rundgang/9-die-aera-gustav-mahler/（2024年4月29日閲覧）。イエンス・マルテ・フィッシャーは、マーラーが就任直後から劇場改革を始めたことを指摘し、劇場内の照明についても触れているが、その具体的な執行時期には言及していない。Fischer, *Gustav Mahler*, 385.
33 同紙によれば、マーラーは常々「歌劇場はオペラのためにあるのであって、そのほかのなにもののためにあるのでもない」と公言して憚らなかった。また、オペラ歌手とバレエのソリストが控室と送迎車の優先順位でつばぜり合いを演じた際、「バレエのソリストたちは、歌い手たちすべてが劇場を後にするまでは、劇場内で待っていなければならない。たとえ、それが3年かかろうとも」と放言した。同紙は、この発言も抜け目なく引用している。

的に見ていきたい。

　マーラーによる《魔弾の射手 Der Freischütz》のリハーサルは、実に30回を数えたが、同紙はこれを人的資源の浪費であると批判している。公演2日目にしてすでに空席が目立つ――同紙によれば「劇場が閑散としている」――状況に鑑みても、新監督による徹底的な総練習は不経済だと言うのである (Wiener Salonblatt, 1898/10/15)。すでに述べたように、就任公演である《ローエングリン》の際、マーラーにはわずか1回のリハーサルしか与えられなかった。レパートリー制をとる宮廷歌劇場では、シーズン中はほぼ毎日、日によっては昼と夜に1回ずつ計2回の公演がある[34]。リハーサルの日取りは、こうした過密スケジュールをかいくぐって設定されるのである。時間的にも人的にも、制限があるのは致し方ない。新制作でもない作品に30回のリハーサルは、耳目を集める出来事だったであろう[35]。同紙はさらに狼谷のシーンに妖怪変化が出てこなかったことに注意を向けて、歌劇場の伝統を無視するマーラーの独善を論難した。また、声域に無理のある歌手を起用したことにも注意を喚起した (同上)。

　先にも述べたように『ウィーンサロン新聞』はマーラー批判の旗色が鮮明で、記事の内容を額面通りに受け取るわけにはいかない。しかし、同紙が外部に漏れ出てくる劇場スタッフの不満を巧みに拾い上げていることも確かである。例えば同紙は、花形テノールのエリック・シュメーデス (Erik Schmedes, 1868-1931) が幕間に「飲み物」を欲したのに、マーラーがこれを許さなかったというエピソードを紹介した (同上)。いったいどのくらいの歌手が、上演前や幕間にアルコールを摂取していたのかは分からない。

---

[34] マーラーが歌劇場監督だった時代の演目については、ウィーン国立歌劇場が小冊子にまとめている。歌手、指揮者、演出等の記載はないが、日付と演目は一覧できる。Andreas Láng, Oliver Láng, Alfred Oberzaucher (Redaktion), *Spielplan: Direktion Gustav Mahler 1897-1907* (Wien: Wiener Staatsoper 2010 / 2011).

[35] 劇場には、演出と装置を刷新する新制作と、従来のプロダクションのままで上演の総点検をする再練習がある。このときマーラーが行ったのは再練習であった。『ウィーンサロン新聞』は、リハーサルに疲弊した歌手たちが痩せてしまって、従来の衣装が合わなくなる心配が生じたために、衣装係まで動員しての総練習が必要になったと皮肉った。

第2章　グスタフ・マーラー　宮廷歌劇場監督の一年
———ANNO 収録の文書資料から

しかし、この記事からは、規律を重視する「真面目」な新監督と従来の習慣を変えられまいとする歌手たちの間に生じた摩擦が垣間見えるようである。

同紙はまた、マーラーが就任した後に宮廷歌劇場を去った名歌手を数え上げている (Wiener Salonblatt, 1898/10/29)。一楽長として働いていた時と違い、監督であるマーラーには人事権がある。個々の上演のキャスティングとなれば、ほぼ全権を掌握していた[36]。去る者は追わずに余念なくソリストを補充して、わずか数年で自分の息のかかった歌手たちによる優秀なアンサンブルを作り上げていったのである。しかし、まさにこれが特定の歌手およびその歌手を贔屓にしている常連客との軋轢の種になった。同紙に掲載された名ソプラノ歌手フランシス・サヴィル (Frances Saville, 1865-1935) とマーラー監督の会話は、サヴィル自身が記者に語って聞かせた可能性が高い。記事によれば、彼女はなぜ自分を使ってくれないのかとマーラーに直談判したらしい。「全能者」マーラーは「観客はあなたを好いていない。あなたは《道化師 Pagliacci》で、口笛を浴びせられましたね」と応じた。これではサヴィルも黙って引き下がるわけにはいかない。「そんなものは全く聞こえませんでしたわ、むしろ大喝采でした！」と言い返す。これに対してマーラーは言う。「あなたは、まったくのところ、自分に都合の良いことしか聞こえないんですなあ」。サヴィルも負けてはいない。「だったら、あなたの言うことを聞いたりなんかしませんけどね、監督さん」（同上）。

追い落とされないように必死の古株も大変だが、新顔も油断すれば批判の矢面に立たされかねない。ハンブルク時代にマーラーと恋仲だったミルデンブルクも、マーラー派とみなされて危うく標的になりそうになった[37]。後世に名を残すことになるドラマティックソプラノをウィーンに迎えるにあ

---

[36] 全権を掌握したマーラー監督の暴君的な振る舞いは、次のように述べられている。「一楽長が一言述べようものなら、指揮することは許されない。歌手が少しでも不満そうな顔をするなら、歌うことは許されない」(Wiener Salonblatt, 1898/11/12)。
[37] 『ウィーンサロン新聞』は、彼女の起用についてあからさまな不信感を示している (Wiener Salonblatt, 1898/11/26)。また、『フロー』をはじめとして複数の新聞・雑誌が彼女の人事の背景を揶揄する文章を掲載した。

たって、彼女との私的な交流を一切断ったマーラーは、スキャンダルを辛くも回避したと言えよう[38]。

　新監督への不満を募らせたのは古株のスター歌手たちやその贔屓筋ばかりではない。合唱団や劇場スタッフも、マーラーの要求に抵抗した。前任者ヤーンの手綱が緩かったこともあって、新監督の課する過酷なスケジュールに耐えられなかったのである。合唱団とマーラーの緊張の一場面も、『ウィーンサロン新聞』によって伝えられている。記事によれば、とあるリハーサルで合唱団が声量を加減して歌った。マーラーが不愉快そうに演奏を中断すると、団員の一人（記事では実名入り）が声を上げた。負担の多い演目をこなした直後であるし、リハーサル続きで疲れてもいるので、その点ご配慮いただきたいと懇願したのである。ところがマーラーは相手に最後まで言わせずにこう言い放ったという。「あと一言でも発したら、君がこの舞台に立つのは今日が最後だ」（Wiener Salonblatt, 1898/10/29）。今日ならハラスメントと認定されそうな一場面である。記事はこれに続くバツの悪いリハーサル風景を、あたかも見てきたかのように描写している。実際、マーラーのリハーサル熱に巻き込まれて、歌劇場にはもはや土曜も日曜もなかった。周囲に不満を漏らす者も少なくなかったのである。マーラー監督が就任直後の熱狂から覚めて、より慎重な劇場運営に努める前に失脚しなかったのは、観衆の支持が揺らがなかったからである。マーラーに批判的な記事を掲載した各紙も、マーラー人気を否定することは出来なかった。

　さて、一楽長としてウィーンにやって来たマーラーは、わずか数か月にして、早くも歌劇場の人事権を握った。畢竟、人事は誰にとっても満足いくものにはなりえないが、着任早々の大きな人事で、マーラー監督はひょっとすると脇が甘かったのかもしれない。この人事の紹介で、本節を終えることにする。

38　Mahler, *Briefe*, 228 および『マーラー書簡集』240 頁参照。

第2章 グスタフ・マーラー 宮廷歌劇場監督の一年
——ANNO 収録の文書資料から

　『ウィーンサロン新聞』が攻撃したのは、フェルディナント・レーヴェ (Ferdinand Löwe, 1863-1925) の楽長人事である (Wiener Salonblatt, 1898/10/29)。同紙の記述を信じるなら、レーヴェはそのわずか3年前に宮廷歌劇場のコレペティートル（歌手に稽古をつける練習指揮者）募集に応募して不採用になっていた。それがいきなり楽長（正指揮者）に抜擢されたのである。かなり目立つ人事だったはずである。

　練習指揮者に落選したのち、レーヴェはミュンヘンのカイム・オーケストラの指揮者として活躍していた。記事はレーヴェが1898年3月、すなわち楽長に任用される直前に、ウィーン楽友協会大ホールで開催されたカイム・オーケストラの演奏会で、マーラーの交響曲第二番からアンダンテの楽章を演奏したことを指摘している。意地悪く「ウィーン初演」の但し書き付きである。今のマスコミの語彙を使うなら、マーラーの職権乱用をほのめかした。しかも、これだけで『ウィーンサロン新聞』が溜飲を下げることはなかった。続報で、レーヴェの指揮台での大失態をこれ見よがしに書き立てた。記事によれば《ローエングリン》に登壇したレーヴェは、はた目にも明らかに準備不足であった。断続的な混乱をなんとか切り抜けた後、レーヴェは指揮台の上に事もあろうにピアノ伴奏スコアを引っ張り出したのである。噴飯ものの大事件である。《ローエングリン》は、マーラーの名刺代わりのオペラである[39]。本来はマーラーが指揮台に立つはずが、何か不測の事態が生じて急遽レーヴェにお鉢が回って来たのかもしれない。作品にコレペティートルとしては馴染んでいても、オーケストラの前に立つ準備はそもそもなかったのではなかろうか。先ほどは噴飯ものと形容したが、準備不足を実感しながら指揮台に臨んだレーヴェの気持ちを思えば、聞いているだけで胃が痛くなるようなエピソードである。

39　先に言及したウィーンデビューだけでなく、その11年前1886年8月のライプツィヒ市立劇場のデビュー演目も《ローエングリン》であった。村井『マーラー　人と作品』の巻末年譜7頁参照。

5. マーラーのマスコミ対策

　以上見てきたように、着任後わずか1年の間だけでも、マーラーを批判したり揶揄したりする記事が数多く書かれた。しかもこうした記事の中には、誹謗中傷が含まれるものも少なからずある。宮廷歌劇場はハプスブルク君主国第一の文化施設である。その長が事あるごとに批判の矢面に立たされるのはやむを得ないと言えよう。しかし、マーラーの方もこうした記事に無策のまま晒されていたわけではない。むしろ果敢に戦ったと評すべきである。彼はウィーンに着任する以前から、前任地であるハンブルクまで記事の切り抜きを送らせて、日刊紙や週刊新聞の動向に注意を払った。そして着任後は既述のごとく、サクラ対策や入退場制限に際して文化欄を味方につけたのである。以下では、マーラーのマスコミ対策を見ることにする。

　1897年4月11日、楽長就任直前のマーラーに、支配人ヨーゼフ・フォン・ベツェツニー辞意の一報が届いた[40]。支配人の交代によって裁可が滞れば、ほぼ確定している楽長人事に横槍が入るかもしれない。マーラーは、すかさず腹心の音楽評論家でジャーナリストのルートヴィヒ・カルパート (Ludwig Karpath, 1866-1936) に手紙を送っている。「反ユダヤ主義の諸紙」の攻撃に「先手を打って対抗」するためである[41]。その2日後、今度はマーラーの招聘が歌劇場全体の改革の嚆矢になるという記事が出る。「消息筋から」の伝聞情報に基づいたと称するこの記事によれば、マーラーは必要な権限を手に入れ次第、オペラの配役と組織の再編成を手始めに徹底的な改革に取り組むつもりであるという (Wiener Allgemeine Zeitung, 1897/04/13)。こうした情報は、ウィーン着任の障害になりかねない。記事はマーラーの招聘を「予期されても、期待されてもいなかった」

40　ベツェツニーが実際に辞任したのは、マーラー着任の次の年1898年であった。ただし、マーラー着任の際、支配人による新監督紹介の行事は行われなかった。その代わりに1897年10月10日、ソリスト、合唱団およびオーケストラの代表が、楽屋のマーラーを訪ねて祝辞を述べた。(Neue Freie Presse, 1897/10/11)
41　1897年4月11日の書簡。Mahler, *Briefe*, 213および『マーラー書簡集』225頁。

第2章　グスタフ・マーラー　宮廷歌劇場監督の一年
　　　　　──ANNO 収録の文書資料から

と形容していて、マーラーに好意的でないことは明らかであった。マーラーは、早速カルパートに手紙を書いている[42]。防衛策を講じる必要を感じたからであろう。

　カルパートは、新聞のコラム欄と縦横に張り巡らせた人脈によって、頼りになる人物であった。例えば1897年の日付なしの手紙で、マーラーはカルパートに、先輩指揮者エルンスト・フォン・シューフ（Ernst von Schuch, 1846-1914）のドレスデン就任25周年を寿ぐ記事の執筆を促し、さらに他紙にも働きかけるよう依頼している。しかもその際、記事で使うべき文言にまで注文を付けている。彼が挙げたキーワードは、以下のようなものであった。「重要な指揮者。並外れた劇場人。高位の勲章と数々の顕彰。劇芸術とその現代の作者たちを奨励する人物」云々[43]。マーラーは新聞報道を利用して、シューフの便宜を図ろうとしたのである。監督業の激務の中、マーラーは時間の許す限り劇場にかかわる報道に目を光らせていた。気に入った記事が出れば賞賛し、そうでなければはっきり不満を表明した[44]。それどころか時には積極的に介入さえしたのである。

　さて、新聞報道が容易には御しがたい場外勢だとすれば、劇場内には上演に即座に反応する気難しい観客がいた。とくに人気歌手には熱烈なファンがついていて、彼らの動向が公演の行方を左右した。それゆえ各公演のキャスティングおよびソロ歌手の人事は、特段の注意を払うべき仕事であった。不満を募らせた歌手たちに箝口令を敷くことは出来ない。しかも文化欄の記者たちは、楽屋裏から漏れ伝わるいざこざや、劇場内でのうわさ話にいつも聞き耳を立てている。先立つ節で、二人の花形テノール歌手とソプラノ歌手の例に見た通りである。以下、常に神経質にならざ

42　1897年4月15日の書簡。Mahler, *Briefe*, 214 および『マーラー書簡集』226頁。
43　日付なしの手紙。書簡の編纂者は1897年8月の手紙と推測している。Mahler, *Briefe*, 232 および『マーラー書簡集』244頁。
44　カルパート宛の書簡の中でマーラーは、異国草紙 Fremdenblatt の記事を褒め、ウィーン日刊新聞 Wiener Tagblatt の記事に不快感を表明し、あるいはカルパートの文化欄記事に賛辞を送っている。Mahler, *Briefe*, 207-218 および『マーラー書簡集』229頁、Mahler, *Briefe*, 232 および『マーラー書簡集』244頁、Mahler, *Briefe*, 233 および『マーラー書簡集』245頁参照。

るを得ない歌手の補充について先行文献からエピソードを一つ紹介する。のちにマーラーのアンサンブルで中心的役割を担うことになるテノール歌手レオ・スレツァーク（Leo Slezak, 1873-1946）は、スカウトに来た宮廷顧問官[45]の助言を入れながら、ウィーンデビューの出演作についての作戦を練った。ウィーンに見いだされた歌手たちは、宮廷歌劇場に客演して、監督と観衆のいわば実地試験を受けるのが通例であったが、その際、役の選択には周到な戦略が必要なのである。劇場付のスター歌手の持ち役を歌えば、スター歌手本人ばかりでなく、その歌手を応援する観衆からも冷遇される可能性が高い。当時、ウィーンの舞台には、すでに言及したファン・ダイクやエリック・シュメーデス以外にも、ヘルマン・ヴィンケルマン（Hermann Winkelmann, 1847-1912）やフリッツ・シュレッター（Fritz Schrödter, 1855-1924）など名テノールがひしめき合っていた。その間隙をついてアンサンブルに加えてもらうのは容易ではない。スレツァークは賢明にも大歌手と被らない役を歌って無事に宮廷歌劇場のポストを得たという[46]。このエピソードを紹介したミヒャエル・ヴァルターは、スレツァークの下に宮廷顧問官を送り込んだのはマーラーであろうと推察している。自分のアンサンブルに加えたい歌手が、先輩たちとその贔屓筋につぶされないように先手を打ったのである。

おわりに

最後に、本論冒頭で引用した記事に基づいて、指揮台に立つマーラーを望見したい。《神々の黄昏》の上演は、ノルンの場面以外はノーカットで行われ、午後7時から11時半に及んだ[47]。それにもかかわらず劇場は満席で、観客は一音も聞き逃すまいと耳を澄ませたという。楽曲の解釈にお

---

45 スレツァークの起用時期を勘案すれば、この宮廷顧問官はヴラサックである。
46 ヴァルター『オペラハウスは狂気の館』、231頁以下を参照。
47 マーラーの業績として《ニーベルングの指環》のノーカット上演が、しばしば言及される。しかし、引用した記事に見られるように、彼の試みは一気に実現したわけではない。劇場の現状を見ながらの、粘り強い努力の成果であった。

いては、「総合的」なリヒターに対して、マーラーの指揮は「分析的」と評されているところが興味深い[48]。劇評子にとって、マーラーの上演は細部の彫琢において際立っていた。この傾向は音楽面に留まることなく、演出や道具類に至るまで浸透していた。例として取り上げられるのは合唱団の付け髭の変更で、これが大きな効果を上げていたと書かれている。紐でゆるく結わえた付け髭を、糊付けに変更したことで、合唱団の演技に自由度が増したのである。細々した変更の積み上げによって仕上げられた舞台に観客は魅了された。

その死が早かったために、マーラーの演奏の音源は残っていない。しかし、当時の新聞記事からは、劇場監督マーラーの、少々独善的でこそあれ、極めて情熱的な仕事ぶりが伝わってくる。また、これを観衆や劇場人が様々なレヴェルで受け取ったこともよく分かる。マーラーについては、すでに多くが語られている。それでもなおANNOが提供する資料には十分な参照価値があると言えるだろう。データ化された膨大な資料からは、マーラーのこれまで私たちが知らなかった新しい一面が見えてくるからである。

図6は、本論で何度か引用した絵入り新聞『フロー』の表紙を飾った、カリカチュアである[49]。オルフェウスになぞらえられたマーラーが、手ごわい歌手たちに囲まれている。キャプションは、以下の通り。

　　音楽の国で、先祖に倣え、マーラーさん
　　不愛想になることなかれ、臆病になることなかれ
　　失礼ながら、やんちゃもなしにしていただこう
　　力ずくでは、猛獣たちの寵愛を
　　得ることはかなわない

48　記事の表現に従えば、ハンス・リヒターがモティーフの綾なす全体に万遍なく光を当てるのに対して、マーラーは個々のモティーフが独自に光を放つように指揮をする。彫琢された細部を全体へと高めていくのが、劇評子の捉えたマーラー像であった。
49　ANNO, https://anno.onb.ac.at/cgi-content/anno?aid=flo&datum=18970912&seite=1&zoom=33
（2024年9月30日閲覧）

それゆえ、愛するオルフェウスよ
芸術の力でのみ、猛獣たちをてなずけよ！
　　　　　　　　　（Der Floh, 1897/9/12）

Dem Ahnherrn streb' Herr Mahler nach
Im Reiche der Musik;
Er sei nicht spröd', er sei nicht „zach",
Er sei— Pardon!— kein Strick.
Denn mit Gewalt erlangst Du nie
Der Wilden Lieb' und Gunst;
Drum, lieber Orpheus, zähme sie
Nur durch die Macht der Kunst!

図6　オルフェウスに見立てられたマーラーと、その周りに集う歌手たち

リストのオラトリオ《聖エリーザベトの伝説》にみる歌劇場の機会上演

岡本 佳子

はじめに

　オペラをはじめとする音楽劇は、古くは王侯貴族の宮廷と強い関わりを持ち、結婚や祝祭といった何かしらの「機会」と結びつきながら創作、受容されてきた。オペラ上演においては、会場である歌劇場は単なる上演だけのための場ではなく、イベント（催事）の場として機能していたのだ。こうした場では、ある作品が元々の創作の経緯とは関係なく、何らかの理由で特定の人物や出来事と関連付けられ、そして上演自体が人や事件、出来事を思い起こさせる契機ともなりうる。本稿はそのような一例として、19世紀末から20世紀初頭の歌劇場における「機会」と作品の関係性の残滓を、フランツ・リスト（Franz Liszt, 1811–1886）《聖エリーザベトの伝説 Die Legende von der heiligen Elisabeth》（1865年初演）の上演記録とその背景にある政治性からひもとく試みである。

　《聖エリーザベトの伝説》はリストの初めてのオラトリオ（聖譚曲。宗教的題材をテーマに管弦楽と独唱、合唱からなる声楽曲）である。このジャンルはキリスト教を題材とした、元々は舞台演出を伴わない声楽曲ではあるが、本作品は第一次世界大戦までは各地の歌劇場で舞台芸術として「上演」されていた[1]。近年では劇場年鑑や、近年公開されている上演データベースからの抽出によってその上演記録の一部を辿り、劇場間の比較を行うことも可能となっている。これを手がかりに時代背景と組み合わせることによって、本作品の上演傾向、さらには「上演」自体が持つ意味を読み解くことができるのではないか。

1　福田弥『リスト』作曲家・人と作品シリーズ（音楽之友社、2005年）、223頁。

第3章 リストのオラトリオ《聖エリーザベトの伝説》にみる歌劇場の機会上演

　この作品を本稿で取り上げるのは、互いに連関のあるいくつかの機会的な要素が作品の上演史と結びついているためである。一つ目は、この作品とオーストリア＝ハンガリー二重君主国の皇后エリーザベト（ハンガリー王妃エルジェーベト）（1837–1898）との結びつきである。もう一つは、作曲者のリストやオラトリオの主題である聖エリーザベトの出身地としてのハンガリーとの関わりである。本作品はリストの指揮によってハンガリーで初演されており、さらに作品のいわば主役である聖「エリーザベト」の名がハンガリーで絶大な人気を誇っていた王妃を連想させ、同地で本作品が人気を博したと指摘されている[2]。それだけでなく二重君主国内の劇場ではこの作品が、王妃の死後、エリーザベトの聖名祝日である11月19日に追悼上演されるようになった。本稿の内容を先取りすると、元々創作時にはそのような意図がなかったにもかかわらず、上演が皇后（王妃）エリーザベト、リスト、聖エリーザベトといった特定の人物の追悼や記念といった機能を担っていったのだ。

　以上を踏まえながら、第1節では前提となる視座として、オペラ上演とはその性格からして、鑑賞のみに主眼が置かれる作品本位の存在ではなく、劇場におけるイベントの一部であること、そして作品すらも作曲家だけに帰属されず、多くの人による協働的作業から成り立っていることを先行研究から確認する。第2節においては、作品概要に加えてオラトリオというジャンルの特質を述べ、作品内容に起因する内的要因と、オラトリオ上演の当時の社会的意義という外的要因から本作品が舞台上演された背景を辿る。

　第3、4節は上演状況の分析である。第3節では主に二重君主国内の歌劇場間での上演状況について比較する。第4節では、特にハンガリーでの上演に焦点を当てて、ハンガリーにおいては作曲者であるリスト、王妃エリーザベト、聖エリーザベトの3点が契機となり、他地域と比較しても多く

2　Lynn Hooker, *Redefining Hungarian Music from Liszt to Bartók* (New York: Oxford Univ Press, 2013), 60.

の機会的な意味合いをもって長らく上演されていたことを示す。今日、本作品があまり舞台上演されない事実は、その作品を取り巻く機会の重要性が薄れたという現代的意味を示すものでもあるのだ。

1. イベントの場としての（歌）劇場

さて本作品は元々舞台上演を意図したものではなく、作曲者自身も舞台上演に賛同してはいなかった。したがって舞台作品としての《聖エリーザベトの伝説》を取り上げるには、作品の元来の宗教的性格や、リストという著名な作曲家という観点からだけでは捉えきれないものがある。舞台上演にせよ追悼公演にせよ、当初の意図を離れ多様化しながら上演される現象を論じるための視座として、作品ではなく「（歌）劇場」という場を中心に据えることが有効だろう。「本書の射程」とも多少重なるが、改めて確認しておきたい。

ティルは、楽譜は上演のためのプレテクスト（前提）であり、また舞台上で実現されるオペラ上演ですらも劇場という場で行われる「イベント（催事）」のためのプレテクストであると指摘している[3]。劇場はスペクタクルやフェスティバル、サーカス、公の会議など、あらゆるパフォーマンス・イベントを催すための場である。つまり、作品それ自体が絶対的な存在ではないということだ。今では劇場内は上演中に照明が落とされ、個人が感情的な体験を得るために作品と対峙して内面的な関係性を結ぶという聴取の形態が主流となっているが、かつては王侯貴族の観劇は個人的な芸術鑑賞というよりは社交的意味合いを強く持ち、自身が社会的構成員であることの確認を行う活動であった。現在の聴取方法は、19世紀後半から20世紀初頭にかけて鑑賞の仕方が徐々に変容した結果なのだ[4]。

さらにオペラ上演は、一人の大作曲家の自己表現というよりは複数の創

---

[3] Nicholas Till, "The Operatic Event: Opera House and Opera Audiences," *The Cambridge Companion to Opera Studies,* ed. Nicholas Till (Cambridge: Cambridge University Press, 2012), 70. さらに「本書の射程」を参照。

[4] Till, "The Operatic Event," 75–80.

作者——台本作者、作曲者、支配人、演出家、美術家、衣装担当などによる協働作業によって実施される。つまり様々な人の思惑や意図によって上演のありようが決まるため、作曲者だけの思い通りになるわけではない。「こうした協働的文脈では作曲家の個人様式や自己表現、あるいは美学的意識を伴う作曲家のオーセンティシティーは周縁に追いやられる」[5]。つまり創作から上演までのプロセスにおいて、作曲家の意思が及ぼす影響力や決定権は相対的に弱くなる。クックはヴァーグナーの創作活動を念頭に置いて上記のように述べたが、そもそも共同作業を必要とするオペラ創作全般に当てはまることだろう。

　以上のように、特定の音楽作品が当初の意図から外れ、様々な機会や制約によって作曲者が想定したものとは異なる形態で上演されることは十分にありえることで、なぜなら元々劇場とはその場に居合わせる観客にとって公の空間であり、パフォーマンスイベントの場として様々な機会と結びつきやすいからである。そしてそもそもオペラ創作には複数の人間が携わることから、上演作品が古典化され、大作曲家の重要性が増していった20世紀初頭においても作曲家本位の自己表現的主張が薄れる可能性はあったのだ。

2. 作品概要とジャンルの特性からみる「舞台作品」としての要素

　劇場がその性格からして「イベント（催事）の場」であることを確認したが、だからと言ってどんな作品でもあらゆる機会に劇場公演にかけることができるわけではない。やはり、その機会にふさわしい作品であることも上演の条件である。作品の成立、作品内容やオラトリオというジャンルの特性を踏まえると、何が本作品を舞台作品として成立せしめていたのか。

5　ニコラス・クック『音楽とは：ニコラス・クックが語る5つの視点』福中冬子訳（音楽之友社、2022年）、122頁。

2.1「物語」の内容

　《聖エリーザベトの伝説》の主人公である「ハンガリーの（チューリンゲンの）エリーザベト」(1207-1231)とは、13世紀にハンガリーからチューリンゲンのヴァルトブルク城へと輿入れした王女である。史実ではアールパード朝のアンドラーシュ二世の娘としてハンガリーに生まれ、ルードヴィング家のチューリンゲン方伯ヘルマン一世の息子の婚約者として4歳でヴァルトブルクへ連れて来られた。14歳のときにルートヴィヒ四世と結婚し、彼との間に3人の子どもをもうける。しかし1227年に夫が十字軍の遠征中に病気で亡くなり、悲嘆の中で子どもを連れて城を去る。やがて子どもの身の振り方を決めた後、1228年にフランシスコ会の第三会員（在俗信徒）となり、施療院を開いて病人や貧者、浮浪者のために奉仕した。1231年に24歳で死去したが、数多くの善行によって1235年に列聖された[6]。

　以下、場面に沿ってオラトリオの筋をまとめよう[7]。序奏の後、エリーザベトとその一行がヴァルトブルクに到着する。あどけない姿のエリーザベトに、チューリンゲン方伯のヘルマン一世は自分を父とみなすよう言い、同行したハンガリーの騎士たちは彼女への加護を願う。エリーザベトは陽の光にあふれた城に喜ぶ。子どもたちの合唱が自然の美しさを讃え、エリーザベトを温かく迎え入れる（第1場）。第2場ではエリーザベトが「薔薇の奇跡」を起こす。狩に出かけたルートヴィヒは谷への道すがらエリーザベトと出くわす。ルートヴィヒが何を隠しているのかと問いただすと、彼女は震えながらバラを摘んでここまで来たと言う。ルートヴィヒが見せるように迫ると、エリーザベトは、実は病人のもとへワインとパンを持っていったのだと告白する。しかし籠の中には本当に香り高いバラがあふれていた。2人は驚いて神に感謝し、讃える（第2場）。やがて、ルートヴィヒは十字軍遠征に旅立つことになる。聖なる地への進軍の合唱に続けて、ルートヴィヒは

6　石井健吾、神吉敬三「エリーザベト［ハンガリーの］Elizabeth」『新カトリック大事典』第1巻、上智学院新カトリック大事典編纂委員会編（研究社、1996年）、846頁。
7　あらすじは Franz Liszt, *Die Legende der Heiligen Elisabeth,* Oratorium, dichtung von Otto Roquette (Leipzig: Verlag von C. F. Kahnt Nachfolger, circa. 1890) を参照した。

妻と子らに向けて別れの悲しみを歌う。エリーザベトも夫が去ることに絶望するが、彼は出発の合図とともに出立する（第3場）。

続く第二部はルートヴィヒの死後である。方伯夫人のゾフィーが執事からルートヴィヒ戦死の知らせを聞く。エリーザベトも死別を悲しむが、その日の夜、子どもを連れて城から去るようにゾフィーから命じられる。エリーザベトらはあと1日だけ猶予をと泣いて懇願するが受け入れられず、激しい嵐の中へと出ていく。雷雨は勢いを増し、落雷が炎を上げる（第4場）。

第5、6場ではエリーザベトの死去が描かれる。悲しみは去り、エリーザベトは穏やかに夫や子ども、祖国を思いながら神に祈っている。貧者たちがエリーザベトのいくつもの善行を歌い感謝する。エリーザベトは神の迎えが来たことを悟り、痛みや足枷のない幸福な状態で昇天していく（第5場）。フリードリヒ二世が彼女に名誉を授け、人々、兵士たち、教会からの合唱にハンガリー、ドイツの司教たちも加わり、エリーザベトを讃え厳かに葬送する（第6場）。

これらの内容は非常に劇的効果を伴っている。例えば第2場の「薔薇の奇跡」や、第4場での嵐のなか雷鳴が轟く場面、第5場でのエリーザベトの昇天は、視覚的演出への意欲を引き出すシーンだろう。より具体的には、ライプツィヒで1890年頃に出版された歌詞収録本において、エリーザベトが夫の死後に城から出ていく第4場で、エリーザベトが「威厳を持ってゆっくり歩いて去る」「雷雨の嵐に近づく」といった歌手の動きの説明や、「オーケストラによる後奏：嵐」という文言が背景音楽の指定としてト書きのように書かれており、演劇的要素も見られる。さらに出版譜によっては「座る」といったより具体的なト書きが書かれていることもあり、これらは当時から舞台上演を意識して出版されていたことがうかがえる[8]。

以上のように、議論を進めていく上で重要な内容上の特徴は次の3点

8　Liszt, *Die Legende der Heiligen Elisabeth* (Leipzig: Verlag von C. F. Kahnt Nachfolger, c1890), 14.「座る」などのト書きについては、Franz Liszt, *Die Legende von der heiligen Elisabeth: Oratorium von F. Liszt. Partitur* (Leipzig: C. F. Kahnt Nachfolger) https://imslp.org/wiki/Special:ReverseLookup/19714（2024年12月4日最終閲覧）を参照した。

で、①エリーザベトという名の聖女の生涯が主題であり、生前に彼女が起こした奇跡や降りかかる苦難など、物語のような形で劇的効果に富んだ内容が描かれていること、そして②最終的には昇天と埋葬で作品が締め括られていること、さらに③彼女がハンガリーに出自のある女性で、歌詞に祖国への言及があり、従者としてハンガリーの騎士らも登場していることである。このうち①は、作品の内容が持つ物語性ゆえに舞台で上演への親和性があることを示すし、②については後述するように皇后エリーザベトの追悼公演で行われるのにふさわしい。③は作曲者リストがハンガリーの題材として取り上げる理由になり、さらに同地で上演される理由にもなりうる。

2.2　作曲の経緯とハンガリーとの関わり

　リストが本作に取り掛かったのはヴァイマルでの宮廷楽長時代である。1857年の聖エリーザベトの生誕650年記念祝祭の際に、彼はヴァルトブルク城を訪問する機会があった。同地では聖エリーザベトの人生を描いたモーリッツ・フォン・シュヴィント（1804–1871）のフレスコ画が1855年に完成されており、リストはこの美術作品から着想を得て、フレスコ画の6場面に合わせる形で作曲した[9]。彼は1861年からローマに移住して宗教的作品を中心とする作曲活動を行うようになり、1862年には作曲を終えた。

　初演はハンガリーの国民音楽学校（Nemzeti Zenede）[10]の25周年記念演奏会で、リスト自身の指揮によって1865年8月15日に披露された。場所はペストにある「ヴィガドー（ハンガリー語で「祝宴」の意）」というコンサートホールである。本来はもっと早くに予定されていたが、リスト自身の都合により延期となりこの日になったとされる。歌詞の原語はオットー・

9　Watzatka Ágnes, *Liszt Ferenc a Vigadó színpadán,* (Budapest: MMA Kiadó, 2014), 40.
10　ペスト・ブダ演奏者協会によって1840年に声楽学校として開校し、さらに1851年に協会と合併の形でペスト・ブダ演奏者協会音楽学校となり、リスト音楽院が開校するまで国の音楽教育の中心であった。この記念式典の際に国民音楽学校と改称された。Kornis Gyula, *Magyarország közoktatásügye a világháború óta* (Budapest: A Magyar Paedagogiai Társaság Kiadása, 1927), 426.

第3章 リストのオラトリオ《聖エリーザベトの伝説》にみる歌劇場の機会上演

ロケット（Otto Roquette, 1824-1896）によるドイツ語であるものの、作曲家本人が公式に認めたハンガリー語翻訳として、音楽史家のアーブラーニ・コルネール訳のテキストが採用された。初演には、弟子のビューローとその妻コジマも参加した[11]。本作品の献呈先はバイエルン王のルートヴィヒ2世で、初演後にリストからの献呈許可の問い合わせに対し、ヴァーグナーの音楽劇改革がオラトリオにも及んでいるという作品批評を受けて王が「喜んで許可を与えた」とされている。彼は音楽的素養によって積極的な芸術振興を行ったことで知られ、ヴァーグナーへの心酔とともにリストのことも高く評価していた[12]。

リストはハンガリー出身の聖エリーザベトの題材を気に入っており、それに合わせて何人かのハンガリーの作曲家に対しハンガリーの旋律の提供を依頼したという。ハンガリーの作曲家であるモショニ・ミハーイからはグレゴリオ聖歌の旋律、マートライ・ガーボルからは『天国への讃歌 Lyra Coelestis』という歌集にあるハンガリー語の「聖エリーザベト」の歌、ヴァイオリニストのレメーニ・エデからは民俗音楽の楽曲〈今日私は何も食べていない Nem ettem én ma egyebet〉が送られた[13]。さらにフッカーの指摘によれば、当時頻繁に用いられていた長短短長格などの「ハンガリーのリズム」も使用されている[14]。他の管弦楽作品と同様に、本作品には編曲版もあり、序奏・第3場の十字軍の行進・間奏を編曲し、「3つの小品」としてピアノ独奏曲としてまとめられているほか、作曲者による4手のための編曲版（序奏、第3場の十字軍の行進、嵐、間奏）などがある[15]。

ここでは、リストがハンガリーの題材を用いてハンガリーのものとされるリ

11　*Pesti Hírlap*, 1929年5月18日、16頁。
12　王個人専用の特別演奏会1回のプログラム全体を独占できる存命中の作曲家はこの2名だけだったという。ルートヴィヒ二世に関する記述については、ローベルト・ミュンスター『ルートヴィヒ二世と音楽』小塩節訳（音楽之友社、1984年）2、141-142頁を参照した。
13　Watzatka, 2014, 42; Hooker, 2013, 60.
14　Hooker, *Redefining Hungarian Music*, 182.
15　さらに1890年頃出版の台本冊子の広告によれば、作曲者以外の編曲者による編曲版（オルガンのための序奏、オルガンのための祈りと教会の合唱、ハルモニウムとピアノフォルテのための間奏曲）も存在している。Liszt, c1890, 表紙裏。

ズムや旋律を用いながら作曲していること、ドイツ語原文にもかかわらずハンガリー語翻訳版で自ら指揮して初演していることなど、ハンガリーとの関係が重要だろう。リストは当時のハンガリー王国領の出身であったことから、自身の祖国愛もあってハンガリー的題材を用いた創作活動を精力的に行い、さらにはブダペスト音楽院の創設に尽力している。そうした経緯から、彼は当時からハンガリーの国民的作曲家とみなされていた。少し時代はくだるが、ブダペストのハンガリー王立歌劇場（現ハンガリー国立歌劇場）でも1884年の開場当初からオペラ座正面にリストの全身の彫像が置かれており[16]、彼はハンガリーの音楽文化のシンボル的存在だった。そして代表作に歌劇がない中、声楽作品である《聖エリーザベトの伝説》は彼のオペラ座での「レパートリー」でもあったのだ。これらがのちにリストの生誕100周年の記念年等での上演にも関わることになる。

2.3 オラトリオというジャンル：教会音楽から祝祭音楽への展開[17]

　上演形態と関連して、本節の最後に「オラトリオ」というジャンル自体がはらむ舞台作品との親和性を指摘しておく。本稿冒頭でオラトリオは宗教的題材を持つ声楽作品であると簡潔に述べたが、その長い歴史において内容や受容のあり方が大きく変化している。

　本作が作曲された当時の19世紀前半から、ドイツ語圏ではオラトリオの演奏・初演ブームが起こっていた。当時盛んになっていた市民合唱団の音楽活動に楽曲提供されたためである。それに伴い19世紀後半からは、オラトリオは教会音楽の範疇から外れて演奏されるようになっていた。オラトリオが最も頻繁に演奏された場は、ナショナリズムの高まりの中で国民的事業として開催された、音楽祭や各種記念祭である。他ジャンルの

16　Watzatka Ágnes, *Budapesti séták Liszt Ferenccel* (Budapest: Helikon, 2011), 201
17　本項の記述は、瀬尾文子『近代市民社会の信仰と音楽：オラトリオは「聖」か「俗」か』（春風社、2023年）のほか、Howard E. Smither, *The Oratorio in the Nineteenth and Twentieth Centuries,* The History of the Oratorio, vol. 4 (Chapel Hill and London: The University of North Carolina Press, 2000), 3-61 を参照した。

演奏がプロフェッショナル化していく中、アマチュアの市民層からなる合唱団が教養の取得と理想的な実践の場に参加し、そこで演奏されるジャンルとしてオラトリオが不可欠な存在となった。これらの作曲や演奏活動は、宮廷から市民社会への音楽実践の場の移行や、作曲者や演奏者、入場料を含めた音楽活動の経済システムにおける流通を反映するものである。

　こうした活動はジャンル自体の展開の大きな原動力となるだけでなく、同時にジャンル論も盛んに議論され、一つの論壇が形成されていた。ナショナリズムや教養主義、18世紀以降の教会音楽の「堕落」の認識から新ジャンル開拓への機運が高まったのだ。「教会と歌劇場の間」にある新しい演奏の場として、教会音楽（旧来のオラトリオ）とオペラの中間ジャンルとして、「コンサートホールで行うオラトリオ」という「新ジャンル」も議論された[18]。記念祭等においては、「何を」祝うのかと同等に、誰がそれを祝っているかという主体が問題となるが[19]、どこで、どのような方法で祝うかについても同様であろう。オラトリオというジャンルが、市民らによって利用されることで、それまでのジャンルの範疇を革新した時代だったのだ。

　リストはドイツ語圏においては、存命の作曲家としては2番目に多くオラトリオが演奏される作曲家であった。ただし舞台版上演については、当のリスト本人はその上演に反対していたとされている[20]。オラトリオの舞台演奏については、四旬節での舞台上演を避けるためにナポリやウィーンなどを中心に18世紀前半から行われていたものの、ドイツ語のオラトリオがオペラとして初めて舞台上演されるようになったのは19世紀からである。リストが上演に反対していた理由は、彼自身オラトリオの劇的側面よりも叙事的側面を重視しており、エリーザベトらの対話も叙事的な作品の外観的な特徴にすぎないと考えていたためである[21]。ハンガリーの舞台版初演時の新聞にも「自身の同意がない状態で行われたもの」と1884年に彼自身がコメントしたとい

18　瀬尾文子『近代市民社会の信仰と音楽』、33–44頁。
19　Hooker, Redefining Hungarian Music, 48.
20　福田『リスト』、223頁。
21　Smither, *The Oratorio in the Nineteenth and Twentieth Centuries*, 75.

う指摘もあり、その理由はローマ時代に本作を作曲した彼にとっては宗教的要素が肝要であったためだろうと推測されている[22]。

オラトリオの膨大な歴史とそのジャンルの変容を論じることは不可能であり、また本稿の目的から逸れるためここでは扱わないが、《聖エリーザベトの伝説》が受容される時期にはオラトリオにはオペラとの「互換性」があったことや、記念祭や祝祭の場で演奏されやすかったことをここでは特に強調しておきたい。

3. ウィーン、ブダペスト、プラハの3歌劇場におけるオペラの機会上演
3.1　上演状況

さて、各地の歌劇場での舞台芸術としての上演状況を見てみよう。「舞台版」はまず1881年にヴァイマルで試演ののち1884年に作曲家同席で上演、1889年に同地で再演、さらにウィーンで上演された[23]。歌劇場のデータベースから上演記録を抽出すると、下記のようになる[24]。

●オーストリア宮廷歌劇場（ウィーン）
　期間：1889〜1916年、回数：41回、言語：ドイツ語
●チェコ国民劇場（プラハ）
　期間：1890〜1899年、回数：24回、言語：チェコ語
●ハンガリー王立歌劇場（ブダペスト）
　期間：1891〜1943年、回数：24回（2回の巡回公演含む）、言語：ハンガリー語

22　*Pesti Hírlap*, 1891年9月16日、2頁。
23　Smither, *The Oratorio in the Nineteenth and Twentieth Centuries*, 61.
24　以下、上演回数については次のデータベースを利用している（すべて2024年12月3日閲覧）。Spielplanarchiv［ウィーン国立歌劇場上演アーカイブ］https://archiv.wiener-staatsoper.at/　Metopera Database［メトロポリタン歌劇場オペラデータベース］https://archives.metopera.org/MetOperaSearch/　Online archiv Národního divadla［国民劇場オンラインアーカイブ］http://archiv.narodni-divadlo.cz/　OPERADIGITÁR［ハンガリー国立歌劇場上演演目データベース］https://digitar.opera.hu/www/c16operadigitar.01.14.php?bm=1　Performance Database［ロイヤルオペラハウス上演データベース］https://www.rohcollections.org.uk/Performances.aspx

- メトロポリタン歌劇場（ニューヨーク）
  期間：1918年、回数：6回（1回の巡回公演含む）、言語：英語
- 英国ロイヤル・オペラハウス（ロンドン）　パリ・オペラ座（パリ）
  スウェーデン王立歌劇場（ストックホルム）
  上演記録なし

　調査した限りでは上演した歌劇場は多くはなく、その回数についても期間に対して多いとは言えない。例えば宮廷歌劇場における他の例として、スメタナ《売られた花嫁》は1896年10月に初演されているが、そのシーズンだけで10回、翌年のシーズンには17回も上演されている。

　ただ、絶対数として多くはないという前提ではあるものの、ウィーンの宮廷歌劇場の上演数は合計41回で3劇場の中では突出している。ウィーンではドイツ語の原語で、そのほかの劇場ではそれぞれ上演地の現地語で上演された。期間としては概ね19世紀末から20世紀初頭に限られてはいるが、中でもハンガリーの歌劇場では1943年、第二次世界大戦中にも上演されていたことがわかる。

　一般的に、劇場ではコンサートや「コンサート形式」のオペラ上演を行う日もあるため、本作品についてもどのような形式で行われていたかには注意が必要だろう。本作品が当時舞台作品として上演されたことを示すものとして、作曲家や指揮者だけでなく、演出や振付、衣装、舞台美術といった舞台上演特有の役割のクレジットの記載が挙げられる。また、公演前後の新聞等の予告や批評等の記載

図1　チェコ国民劇場　聖エリーザベト1890年12月16日、Berta Foersterová（エリーザベト）、Jan Tomáš写真

も参考になる。例えば、宮廷歌劇場の公演では衣装がフランツ・ガウル、舞台美術がアントン・ブリオスキとあるが、衣装は前述のヴァルトブルク城にあるシュヴィンドのフレスコ画をもとにしているとある。公演によっては実際に衣装や舞台美術のスケッチ、歌手の写真など、それぞれの劇場に保存された上演資料があるため、このオラトリオが確かに「舞台版」として上演されていたことがうかがえる。（図1）[25]

3.2　三劇場における上演傾向：《聖エリーザベトの伝説》上演「機会」とは

　ここでオーストリア、ハンガリー、チェコという、オーストリア＝ハンガリー二重君主国内での3劇場について、それぞれのシーズンごとの上演回数と日付に着目すると、劇場によって上演傾向にそれぞれ違いがあることがわかり、さらに背景と合わせて調査すると本稿の一つのキーワードである機会上演が浮かび上がってくる[26]。

　表1はシーズン毎の上演回数を一覧にしたものである。ここからわかるのは、三劇場いずれにおいても初演の時期での上演回数が最も多く、その後一気に回数が減り、上演されるとしても少ない回数で散発的に実施されていることだ。再演の少なさからは本作品が興行的に特に成功していなかったことがうかがえるが、しかしそれでも宮廷歌劇場と王立歌劇場においては定期的に上演されていることが特徴である。ウィーンではその傾向が顕著で、1894〜1916年までの23年間の長きにわたってほぼ毎年1回は上演された。ブダペストでも1898年から1902年までの5年間は年1回上演され、その後途切れてしまうが、再び1907年〜1908年や1911年に

---

[25] 国民劇場オンラインアーカイブ https://archiv.narodni-divadlo.cz/fotografie/33071/titul/1597（2024年12月6日最終閲覧）

[26] 劇場間で比較をする際には、いくつか注意を要することがある。一つは劇場がどのようなジャンルの作品を上演しているかである。宮廷歌劇場と王立歌劇場はいわゆる「オペラ座」でありオペラを中心に上演しているが、国民劇場は演劇も上演する総合的な劇場であるため、上演回数を比較する際には注意が必要である。もう一つは劇場の年度（シーズン）が各劇場・時代によってそれぞれ異なっていることである。シーズンの始まりはそれぞれの劇場の「予約公演」（日本でのオーケストラ公演でいう定期会員公演）の数え方でわかる。例えば宮廷歌劇場の場合は1889年は1月1日から予約公演を数えているが、王立歌劇場は9月1日、国民劇場は8月1日からである。今回の調査では上演回数の総数自体が多くはなく、その上演回数のばらつきを知ることができれば十分であることから、シーズン単位で比較することで事足れりとしたい。

複数回上演されている。目を引くのは、ウィーンでの上演が途絶えてからの1930年代にもなお上演があることで、最後の上演は第二次世界大戦中の1943年である。

表1 《聖エリーザベトの伝説》上演状況の比較

宮廷歌劇場（ウィーン）	王立歌劇場（ブダペスト）	国民劇場（プラハ）
1889　1回　　初演12月25日		
1890　12回		1890/91　17回　初演12月16日
1891　2回　　4月1日、8月5日	1891/92　4回　初演9月15日	
	1893/94　1回　　4月2日	
1894　2回　　3月7日、5月2日		1894/95　3回 12月16日、12月21日、12月26日
1895　1回　　5月23日		
1896　2回　　6月2日、9月15日		
1898　1回　　11月19日	1898/99　1回　　11月19日	1898/99　4回
1899　1回　　11月19日	1899/00　2回　　11月19日、1月13日	
1900　1回　　11月18日	1900/01　1回　　11月19日	
1901　1回　　11月19日	1901/02　1回　　11月19日	
1902　1回　　11月19日	1902/03　1回　　11月19日	
1903　1回　　11月22日		
1904　1回　　11月19日		
1905　2回　　6月7日、11月19日		
1906　1回　　11月18日		
1907　1回　　11月19日	1907/08　2回　　12月30日、1月17日	
1908　1回　　11月19日	1908/09　1回　　11月19日	
1909　1回　　11月18日		
1910　1回　　11月19日		
1911　1回　　11月18日	1911/12　3回　　10月21日、11月1日、11月19日	
1912　2回　　9月15日、11月19日		
1913　1回　　11月19日		
1914　1回　　11月18日		
1915　1回　　11月19日		
1916　1回　　11月19日		

宮廷歌劇場（ウィーン）	王立歌劇場（ブダペスト）	国民劇場（プラハ）
	＊＊＊	
	1931/32　2回　11月19日、11月28日	
	1932/33　1回　5月6日	
	＊＊＊	
	1936/37　2回　10月14日、19日	
	＊＊＊	
	1938/39　1回　11月19日	
	＊＊＊	
	1943/44　1回　9月24日	

　さらに詳しく見てみると、ウィーンとブダペストで年1回上演されていた時期のほとんどの上演日は11月19日かその前後という特定の日であることがわかる（表1では、3回以下の上演シーズンのみ上演日を記載している）。このように特定の日に定期的にわざわざ開催されるのは、興行的事情はさておき是非とも上演されるべき何らかの強い理由があった、つまり何らかの機会に合わせた上演だったと考えるのが自然だろう。

　それでは、上演の機会とは何だったのか。最もはっきりしているのは、1898年9月10日にジュネーヴで暗殺された、皇后（王妃）エリーザベトの追悼である。暗殺直後にはウィーンの宮廷歌劇場は9月10日から19日まで休演となった。ブダペストの王立歌劇場でも9月15日の新シーズン開始が22日に延期のうえ、同年11月19日の公演は「故エルジェーベト（エリーザベトのハンガリー語名）王妃陛下の追悼に」と明記されて、さらに一部が新制作のかたちで上演された。その後ハンガリーでは1902年までの毎年と、1908年11月19日に本作品が上演されている。この11月19日はエリーザベトの聖名祝日で日付自体が彼女と関係しており、ウィーンやプラハの国民劇場においても同日に上演された。プラハにおいては没年のシーズンを最後に本作品が上演されることはなかったが、ヴィーンにおいては1916年まで年1回程度上演されている。

　そもそもこれらの歌劇場では、皇帝や皇后の聖名祝日や誕生日に記念

公演が開催されていた。例えばハンガリー王立歌劇場開場の1884年からエリーザベトが暗殺される1898年までの記録を見てみると、開演年の1884年から、国王誕生日（8月18日）、国王聖名祝日（10月4日）、王妃聖名祝日（11月19日）の記念公演のほか、国王列席での特別公演が行われている（表2）。しかしその上演作品に特に規則性はなく、祝典序曲や国歌が冒頭で演奏される日もあるものの、メインのオペラ作品についてはグノー《ファウスト Faust》、ネスラー《ゼッキンゲンのトランペット吹き Der Trompeter von Säckingen》、ヴァーグナー《タンホイザー Tannhäuser》[27]、ビゼー《カルメン Carmen》など様々であった。そこに、《聖エリーザベトの伝説》の作品が聖名祝日にある程度固定化され、死後とはいえエリーザベトと関連付けがなされるようになったことがわかる。

---

[27] ただし《タンホイザー》はエリーザベトの聖名祝日に上演されている。本作にはエリーザベトという登場人物がおり（ただしこのエリーザベトはヘルマン1世の姪とされるが）、そのモデルはゾフィーとハンガリーのエリーザベトの融合であるという指摘や（竹田利奈「ヴァーグナーが描き出す女性像：ゼンタとエリーザベトの考察を中心に」『人文論究』66巻4号、52頁）、またテーマとなる歌合戦の伝説自体が聖エリーザベトの伝説誕生と密接に関連しているという指摘もあり（上尾信也「「ヴァルトブルクの歌合戦」伝説」『桐朋学園芸術短期大学紀要』3号（2007年）144頁）、関連があるという解釈もできる。なお、本書の荒又論文でも論じられたグスタフ・マーラーは、ハンガリー王立歌劇場で1888年10月から1891年3月に監督契約を結んでいたが、興味深いことにこの時期、エリーザベトの聖名祝日公演はなくなっている。さらに、退任したその年の聖名祝日の公演では、国王と王妃の聖名祝日公演ともに、劇場内の照明がすべて点けられたままで行われたという記録がある。このことは少なくとも当時すでに上演中は劇場内の照明が点いていなかったことの証左である。その後の聖名祝日におけるいくつかの公演についても照明が点灯したままだったという記録があるが、この劇場での上演中の消灯の経緯や詳細は今後の課題とする。

表2 ハンガリー王立歌劇場 国王・王妃に関連する機会上演

日付	作品名	備考
1884年10月4日	グノー《ファウスト》	
1884年11月19日	マイアベーア《ユグノー教徒》	
1885年8月18日	ヴェーバー《魔弾の射手》	
1885年10月4日	ポンキエッリ《ジョコンダ》	
1885年11月19日	フロトー《マルタ》	
1886年8月18日	マイアベーア《ディノラ》	
1886年10月4日	グノー《ファウスト》	
1886年11月19日	ネスラー《ゼッキンゲンのトランペット吹き》	
1887年8月18日	グノー《ファウスト》	
1888年8月18日	ネスラー《ゼッキンゲンのトランペット吹き》	
1888年10月4日	マイアベーア《北極星》	1888年10月1日マーラー監督就任
1889年8月18日	マレンコ《エクセルシオール》(バレエ)	
1889年10月3日	マイアベーア《ユグノー教徒》	前夜祭
1890年8月18日	マレンコ《エクセルシオール》(バレエ)	
1890年10月4日	トマ《ミニョン》	1891年3月15日マーラー契約終了
1891年8月18日	マレンコ《エクセルシオール》(バレエ)	
1891年10月4日	ミハロヴィチ《国王国歌》	照明付き公演
	マスカーニ《カヴァレリア・ルスティカーナ》	
	エルケル《イシュトヴァーン王》第4幕	
	ストヤノヴィチ《チャールダーシュ》第3幕(バレエ)	
1891年11月19日	エルケル《国歌》	照明付き公演
	マスカーニ《カヴァレリア・ルスティカーナ》	
	アダン《ニュルンベルクの人形劇》	
	リーガー《ニヴィータ》(バレエ)	
1892年8月18日	ミハロヴィチ《国王国歌》	
	マスカーニ《カヴァレリア・ルスティカーナ》	
	ストヤノヴィチ《チャールダーシュ》(バレエ)	
1892年10月4日	ジェビチェク(Rebíček)《祝典序曲》	
	エルケル・シャーンドル《我が国》	
1892年11月19日	バルタイ《ハンガリー国王国歌》	照明付き公演
	ヴァーグナー《タンホイザー》	
1893年8月18日	エルケル・シャーンドル《我が国》	
1893年11月19日	エルケル《祝典序曲》	
	ビゼー《カルメン》	
1894年8月18日	エルケル《祝典序曲》	
	ドニゼッティ《連隊長の娘》	

日付	作品名	備考
	ストヤノヴィチ《チャールダーシュ》第3幕（バレエ）	
1894年10月4日	マスネ《ナヴァラの娘》	
	バイヤー《太陽と地球》（バレエ）	
1894年10月14日	エルケル《バーンク・バーン》第1幕	国王・セルビア国王列席
	マスネ《ナヴァラの娘》	
	ストヤノヴィチ《チャールダーシュ》第3幕（バレエ）	
1894年10月16日	マスカーニ《カヴァレリア・ルスティカーナ》	国王・セルビア国王列席
	ヴァーグナー《リエンツィ》序曲	
	バイヤー《太陽と地球》（バレエ）	
1894年11月19日	エルケル《祝典序曲》	
	ヴェルディ《トロヴァトーレ》	
1895年10月4日	エルベルト《タモーラ》	
1895年11月19日	ヴァーグナー《タンホイザー》	
1896年5月12日	ジチー《アラール》	建国千年記念祭、国王列席
1896年8月18日	エルケル《祝典序曲》	
	フバイ《クレモナのヴァイオリン職人》	
	サバドシュ《ヴィオーラ》	
1896年10月4日	ゴルトマルク《炉端のこおろぎ》	
1896年11月19日	ヴァーグナー《タンホイザー》	
1897年10月4日	エルケル《国歌》	
	エルケル《フニャディ・ラースロー》	
1897年11月19日	フバイ《クレモナのヴァイオリン職人》	
	マーデル《赤い靴》（バレエ）	
1898年10月4日	ビゼー《カルメン》	

注：8月18日：国王誕生日／10月4日：国王聖名祝日／11月19日：王妃聖名祝日／12月25日：王妃誕生日
「エルケル」はエルケル・フェレンツ（1810-1893）を指す。エルケル・シャーンドル（1846-1900）は彼の息子。

4. ハンガリーで消失、復活、あるいは新しく出現した上演「機会」

　本稿の最後にハンガリーでの上演状況について、新聞評と先行研究を用いて上演機会とその傾向・変遷と意味について論じたい。帝国が崩壊してからのウィーンではもはや本作品は上演されなくなった――つまりエリーザベトの追悼という主要な上演機会が失われた――一方で、ハンガリーで

表3　王立歌劇場（ブダペスト）の《聖エリーザベトの伝説》上演日

	日付	備考
1	1891年9月15日	オペラ座舞台版初演
2	1891年10月2日	
3	1891年11月1日	
4	1892年4月14日	
	（1894年3月22日）	コシュート訃報を受けた抗議活動のため公演中止
5	1894年4月2日	コシュート葬儀翌日に開催。3月の中止を受けて通常よりも厳戒態勢で上演実施。同年は彼の葬儀のため3月30日から4月1日まで休演。
6	1898年11月19日	エリーザベト追悼公演、一部新制作 同年はエリーザベト死去のため9月15日から22日まで休演
7	1899年11月19日	エリーザベト追悼公演
8	1900年1月13日	オペラ座でのハンガリー・チクルス公演の一環。電話新聞で配信
9	1900年11月19日	エリーザベト追悼公演。電話新聞で配信
10	1901年11月19日	エリーザベト追悼公演。軍隊・生徒等に無料招待
11	1902年11月19日	エリーザベト追悼公演。電話新聞で配信
12	1907年12月30日	エリーザベト追悼公演。元々は11月19日に上演予定が、タイトルロールであるソプラノ歌手の声枯れのため延期。一部新制作
13	1908年1月17日	青少年向け公演。低価格チケット料金
14	1908年11月19日	エリーザベト追悼公演
15	1911年10月21日	リスト生誕100周年記念イベントの一環として。新制作
16	1911年11月1日	リスト記念祭の10月公演の盛況を受けて再上演
17	1911年11月19日	エリーザベト追悼公演
18	1931年11月19日	聖エリーザベト生誕700周年記念。蘇演（felújítás）
19	1931年11月28日	
20	1933年5月6日	リスト国際ピアノコンクールの一環
21	1936年10月14日	リスト没後50周年記念公演
22	1936年10月19日	リスト没後50周年記念公演。バイロイト引越公演
23	1938年11月19日	聖エリーザベト記念祭。カッシャ引越公演（現スロヴァキアのコシツェ）
24	1943年9月24日	シーズン開幕作品

は1930年代に入ってからも数回上演されている。むしろ追悼の機会上演は1908年頃には早々に消失し、1911年以降についてはエリーザベト追悼以外の機会に合わせて上演されているのだ（表3）。

4.1　エリーザベト生前の時期（1891 〜 1892年、1894年）

　ハンガリーで舞台版が初演されたのは1891年9月15日で、ウィーンでの舞台版初演を受けて4回上演された。その後の1894年の公演は波乱含みであった。資料集には上演記録として収録されていないが、元々この年の3月22日に上演が予定されていた。しかし、ハンガリーでの1848年革命の指導者であり革命の挫折後に亡命していたコシュート・ラヨシュが3月20日に死去し、その訃報を受けて22日にブダペストで政治デモが起こった。国民劇場から出発したデモの群衆は、警備が手薄なオペラ座のホールへ雪崩れ込んだという。報道によれば、群衆が押し寄せたのは作品上演前だったとあり、そのまま公演自体が中止された。その後、コシュートの国葬翌日の4月2日、オペラ座に70名規模の警備体制が敷かれて上演された。この政治的混乱に関係しているのかは定かではないが、ともかくもその後の上演は途絶え、しばらく再演はなかった。[28]

　この空白期間で、本作品の位置付けと上演が持つ意味合いについて特筆するべきは、1896年の建国千年記念祭でのオペラ座の公演である。5月2日から23日まで王立歌劇場で特別記念上演が行われているものの、その上演演目はエルケル F.《イシュトヴァーン王 István király》、ジチー G.《アラール Alár》、エルケル《フニャディ・ラースロー Hunyadi László》、G. マイアベーア《北極星 L'étoile du nord》、A. トマ《ハムレット Hamlet》であった。同年は他にも各種会議開催に合わせて多くの記念公演が開催され、上記以外ではバレエ作品としてメッツ A.《昼と夜に A nappal és az éjjel》やJ. バイヤー《太陽と地球 Sonne und Erde》、さらに「ハン

28　*Fővárosi Lapok,* 1894年3月23日、700頁。

ガリー人作曲家」によるオペラが多く上演され、エルケル《バーンク・バーン（バーンク総督）Bánk bán》、フバイ J.《クレモナのヴァイオリン職人》などが選択されているが、リストの本作品はこの年には上演されていない[29]。つまりハンガリーと関連のある作品と言っても、建国記念祭に上演する判断を下すには、おそらく内容的なことも含めて何らかの理由で留保のつく作品だったということだろう。ハンガリーでの初演時の上演が数回で終了しており、またその公演は空席も目立ち「もっとよくなりえた」と評されたことから、評判は芳しくはなかったことがうかがえる[30]。

4.2　エリーザベト追悼公演（1898 〜 1902 年、1907 〜 1908 年）

　初演とその後の一定期間の上演が数年途切れたのち、突如として上演が復活するのが1898年である。そこから1902年までと1907 〜 1908年のほとんど全ての公演が、ジュネーヴで暗殺されたエリーザベトの追悼と冠して、彼女の聖名祝日である11月19日前後に年に1回程度の頻度で上演された。1900年の2回の公演と1902年には、ラジオが台頭する前のマス・メディアであった電話新聞（電話線を用いて、各家庭や専用の部屋にある電話の受話器からニュースや音楽を聴くことのできるサービス）の業者「テレフォン・ヒールモンドー」が公演の配信を行う旨の広告もあり、生配信がなされた[31]。

　この作品上演の評価の一つの指標として、4.1と4.2を合わせた期間での興行収入を見てみたい。1884年から1909年までの記録をまとめたオペラ座の25周年記念資料集によれば、本作品の収入は全14回の公演（上述の1894年3月の中止公演は入っていない）で14,200コロナ（オー

29　この時期の上演作品については、A M. Kir. Operaház Igazgatósága, A Magy. Kir. Operaház 1884-1909: adatok a szinház huszonötéves történetéhez (Budapest: Markovits és Garai, 1909) も適宜参照した。また、拙著『神秘劇をオペラ座へ――バルトークとバラージュの共同作品としての《青ひげ公の城》』（松籟社、2019年）第1章でも記述がある。
30　*Pesti Hírlap*, 1891 年 3 月 16 日、2-3 頁。
31　例えば *Budapesti Napló*, 12 号（1900 年 1 月 13 日）、11 頁、*Pesti Napló*, 318 号（1902 年 11 月 19 日）11 頁など。

ストリアのクローネ）45 フィレール（オーストリアのヘラー。コロナの 100 分の 1）である[32]。非常に大まかではあるが、1 公演あたりの平均収入は約 1,014 コロナ 31 フィレールということになる。

　実際この数字はあながち的外れでもないようで、例えば 1900 年 11 月については公演あたりの興行収入が新聞記事に掲載されている。これによれば、1900 年 11 月 19 日公演単独の興行収入は 1,082 コロナ 46 フィレールとある。この数字は 11 月の 23 公演中 3 番目に低く、他作品の収入と比べて多いとは言えない（興行収入が小さい順に、ジチー G.《ロラント・メシュテル（ロラント親方）Roland mester》625 コロナ 60 フィレール、ヴァヴリネツ M.《ロズムンダ Rosmunda》と C.M. ヴィドールのバレエ《コリガン La Korrigane》のダブルビル公演が 947 コロナ 70 フィレールである。しかし後者については、同月 2 回目の公演であった）。次の 1901 年の公演では軍隊と学校生徒を無料招待しているほどである[33]。

　なお《聖エリーザベトの伝説》が上演されなくなった 1903 〜 1906 年は二重君主国における軍隊の指揮言語の議論を発端としてハンガリーで起こった、政治危機の時期とちょうど重なっている。何らかの政治的意図があったのかと勘ぐりたくなるものの、追悼公演自体が開催されなかったわけではなく、この時期は他作品が上演されていた（1903 年は G. ヴェルディ《レクイエム Requiem》、1904 年はグルック《オルフェオ》から〈葬送の合唱〉と L.v. ベートーヴェン《フィデリオ Fidelio》、1905 年はケルン A.《エルジェーベト讃歌》とベートーヴェン《フィデリオ》、1906 年はグルック《オルフェオとエウリディーチェ》〈葬送の合唱〉と、出演者の体調不良のため《フィデリオ》に代わって A. トマ《ミニョン Mignon》）。1907 年も 11 月 19 日の聖名祝日の公演は R. ヴァーグナー《タンホイザー》であったが、元々は《聖エリーザベトの伝説》が予定されており、タイトルロールであるソプラノ歌手のイタリア・ヴァスケズ＝モリナの声枯れのため、

---

[32]　A M. Kir. Operaház igazgatósága, *A Magy. Kir. Operaház,* 262.
[33]　1900 年の 11 月の興行収入についての記事は、*Pesti Hírlap,* 1900 年 12 月 6 日、5 頁。1901 年の公演については *Magyarország,* 1901 年 11 月 19 日、12 頁。

本作品上演が12月に延期されたためであった[34]。

　上記の期間については、1898年（追悼公演を開始の年）8月からインテンダントを務めていたケグレヴィチ I. が1902年11月に辞職し、すでに監督であったハンガリーの作曲家であるマーデル R. がインテンダント不在状態での初の監督として新たに運営の指揮を執っていた。彼は1907年4月までの任期中、オペラ座を「良いセンスの良い演目選択とキャストの配置によって首都において最も訪問数の多い劇場とした」という[35]。わざわざケルン作曲の《エルジェーベト讃歌》という名の楽曲が世界初演されていることからしても、そして興行収入から言っても、政治的理由というよりは何らかの経営的な判断によるものだった可能性が高い。これらのことは1916年まで《聖エリーザベトの伝説》が採用され続けたウィーンとは対照的であるし、聖名祝日での公演自体がなくなっていたマーラー在任中のプログラムの特異性が却って際立つというものである。

　この期間で最後にもう一つ指摘しておくべきこととして、1900年の1月に「ハンガリー・チクルス」という連続公演が行われている。具体的にはハンガリーの音楽劇が集中的に上演されており、エルケル《フニャディ・ラースロー》から始まり、《バーンク・バーン》、リスト《聖エリーザベトの伝説》、C. ゴルトマルク《シバの女王》、《炉端のこおろぎ》、《捕虜》、フバイ《クレモナのヴァイオリン職人》、ストヤノヴィチ J.《ニノン Ninon》、ジチー《ロランド・メシュテル》、F. レハール《ククシュカ（かっこう）Kukuska》、そのほかバレエ作品でサバドシュ・カーロイ《ヴィオーラ Vióra》、トートとメッツ《昼と夜に》、マーデル《赤い靴》と、11名の作曲家による10のオペラと3のバレエが上演された。ここではゴルトマルクやレハールなど、主にドイツ語圏で活躍したハンガリー領出身の作曲家も網羅されており、この範疇ではリストの《聖エリーザベトの伝説》も参加が「許可」された格好だ[36]。

34　*Magyarország,* 1907年11月30日、11頁。
35　Székely, György et al., *Magyar Színházművészeti Lexikon* (Budapest: Akadémiai Kiadó, 1994) https://mek.oszk.hu/02100/02139/html/sz15/18.html（2024年12月3日閲覧）
36　*Pesti Napló,* 361号（1899年12月31日）10頁、*Alkotmány,* 8号（1900年1月10日）7頁。

4.3 リスト生誕100周年記念祭（1911年）と第一次世界大戦後の機会上演

ブダペストの王立歌劇場ではエリーザベトとの関わりという上演の意味が薄れていく一方で、他の上演機会によってレパートリーに根強く残り続けたことが特徴的である。1911年のリストの生誕100周年には各地で記念祭が行われ、フッカーはそのプログラムをまとめているが、本作品を舞台版として上演したのはブダペストのみのようである[37]。様々なプログラムがハンガリーの各地で開催されたが、ブダペストのイベントが一番大きく、その中でも初日のメインプログラムとして本作品が上演された[38]。

第一次世界大戦末期に二重君主国は解体され、ハンガリーは政治的混乱を経て国王不在の王国として独立したものの、講和条約によって領土を大幅に縮小される。当然ながらオーストリアでもハンガリーでもエリーザベトの追悼公演はなくなった。しかしながら、オーストリアではそのまま歌劇場での上演が消えてしまった一方で、ハンガリーではいくつかの機会で本作が「復活」している。エリーザベトに関連した機会消失の中で注目されたのは、「ハンガリー出身」である作曲家リストと、聖エリーザベトである。

年代順に述べると、歌劇場での舞台上演から逸れてしまうものの、重要な出来事として1925年の王立音楽院（現リスト・フェレンツ音楽芸術大学）50周年記念式典があったことを指摘しておきたい。当時の元首ホルティ・ミクローシュも式典に参列した、3日間にわたるイベントであった。1日目の午前が式典、そして1日目から3日目の夜に演奏会が開催されている。1日目は《聖エリーザベトの伝説》、2日目は過去に音楽院の校長や教師だった作曲家の作品の演奏、3日目は音楽院卒業生や現役教師である作曲家の作品を中心としたプログラムが組まれた（3日目の演奏会にはバルトーク・ベーラやコダーイ・ゾルターン、ドホナーニ・エルネーらの作品も含まれている）。1875年の開校から演奏会当時の現代へと、3日間全体で音楽院の歴史的歩みを示す構成になっており、創設者としてのリストの

37　Hooker, *Redefining Hungarian Music*, 51-53.
38　*Pesti Napló*, 1911年10月22日、7頁。

功績を強調していることは、この記念式典を機に音楽院の名称を「リスト・フェレンツ音楽芸術院」と改称していること、そして音楽院でのリストの元居室が公開されたことからも明らかである（もっとも、リストの生誕地のドボルヤーンは1920年のトリアノン条約によりオーストリア領となってしまったのだが）。ただし肝心のオラトリオの演奏の方は、音楽院長であったフバイの指揮であったが、卒業生から選ばれた独唱歌手たちの歌唱には不安定さが見られ、祝祭の雰囲気にはあまりふさわしくない演奏だったようだ[39]。名前が残っている主要歌手らは歌劇場の歌手であったが、作品がすでに1911年以降オペラ座のレパートリーから消えていたことも演奏の質に関係していただろう。

歌劇場に話を戻す。1930年代には、このハンガリーにゆかりのある2名（リスト、聖エリーザベト）に関係した形で全幕上演が行われているが、引越公演も含まれており歌劇場での回数はわずかである（加えて抜粋上演も何回か行われているが表3には未記載）。1931年11月19日はハンガリー出身の聖エリーザベトの没後700年記念として歌劇場で蘇演が行われ、同日にヴィガドーでも本作品の演奏会が行われている。さらに1933年はリスト国際ピアノコンクールの一環として上演された。1936年10月15日にはリストの没後50周年記念公演が行われ、その4日後の19日にバイロイトのリスト生誕125周年記念祭で国外公演も開催された。その2年後の1938年には再び聖エリーザベトの記念祭としてコシツェで引越上演されたが歌劇場での上演はない。

歌劇場ではどうなったのかというと1943年にシーズン幕開けの記念公演として国歌とともに舞台版が上演されている。実はこの上演には開幕以外の記念的な「機会」は見当たらず、再び「ハンガリーの音楽劇」という枠による選曲であった。1925年からシーズン幕開けの作品は決まってハンガリーの作曲家の作品になっており、年によっては最初の1週間ほどがハン

39　*Budapesti Hirlap*, 1925年5月3日、4頁。

ガリーの音楽劇で埋められていた。1943年も同様で、その1週間の上演作品は他のハンガリー作曲家が連ねられている。公演評は好評であたたかな評価が残っているが[40]、シーズン最初を飾ったこの公演が、歌劇場での最後の舞台上演となった。

おわりに

　ここまで《聖エリーザベトの伝説》の舞台上演史を、特にハンガリーに着目しながら辿った。今日このオラトリオの演奏は数少なく、舞台版上演となると皆無であるが、1898年の皇后（王妃）エリーザベトの暗殺後には、聖名祝日である11月19日にウィーンとブダペストの歌劇場で定期的に上演されていた。つまり、元々創作時にはそのような意図がなかったにもかかわらず、作曲家の手を離れて舞台化され、作品がエリーザベトという特定の人物と結びつけられ、さらに上演が彼女の追悼という機能を持たされていたことになる。加えてハンガリーにおいては、リスト生誕や聖エリーザベトの記念年などの祝祭的な機会で長らく残り続けた。つまり、劇的な内容からして舞台にかけられる潜在性を持っていたにもかかわらず、オペラとして興行的に成功したというよりは、言ってしまえば早い段階で「機会がなければ」オペラとして上演されない作品となってしまったことになる。

　このことはオラトリオというジャンルが祝祭に合わせて演奏されたという19世紀的な現象でもあるし、逆に元来歌劇場が有していながら、19世紀後半には薄れつつあったオペラの祝祭や追悼による機会上演の残滓でもあったといえる。ウィーンやブダペストでの歌劇場では19世紀末から20世紀初頭、マーラーの活躍もあり聴取の方法の変容が起こりつつある時期であったと考えられることから、本作品の歌劇場上演は、こうした公の場としての劇場の変容と、新ジャンルとしてのオラトリオの台頭というはざまで、「機会」によって舞台とつながれていたのである。

40　*Népszava*, 1943年9月26日、10頁。

筆者はすでにいくつかの論考にて、ハンガリー王立歌劇場におけるハンガリーのオペラ（当時「ハンガリー人作曲家」とされた作曲家の作品や、ハンガリー語を原語とするオペラ）の集計を行っており、その結果からオラトリオ《聖エリーザベトの伝説》が定期的に舞台上演されていたことを確認した[41]。本作品は上演回数が少ないが、「ハンガリー人の作品」として数えられ存在感を放っていた異色の作品であり、本稿はその上演が担っていた意味について深掘りをした形となる。オラトリオ作品として、あるいはリストの作品としての分析や、ハンガリーとエリーザベトの関係についての歴史研究や音楽史研究の先行研究はあるものの、本作品の舞台版上演とその社会的背景について、とりわけエリーザベトの追悼やハンガリーでの国民的作曲家リストの記念イベントという「機会」によって選ばれていたことに着目したものは管見の限りないため、上演そのものがもつ意味合いについて指摘し経緯を追ったことで、一定の成果を得たと考えている。今後、第一次世界大戦中まで本作品を上演したウィーンなどの二重君主国内の他都市や、もっぱら作曲家リストと紐づけられて上演されたドイツとの比較、実際の観客や批評家らからの評判を調査することで、作品の上演意義と上演機会という、イベントの場としての劇場のありようを明らかにしていきたい。

---

[41] 岡本佳子「20世紀転換期プラハの国民劇場とブダペストの王立歌劇場における「国民オペラ」上演状況の比較——劇場研究におけるデータベース活用の一例として」福田宏、池田あいの編著『国民音楽の比較研究に向けて——音楽から地域を読み解く試み』CIAS Discussion Paper No. 49（2015年3月）65-70頁、「自国語によるオペラの制作状況比較：19世紀後半のプラハとブダペスト」早稲田大学オペラ／音楽劇研究所『歌劇場のプログラム分析から見えるもの——音楽劇データベースの構築と利用法——報告書』（2016年）8-13頁、『神秘劇をオペラ座へ（松籟社、2019年）』の第1章を参照。

第二部 レパートリーと上演傾向

都市を横断するオペラ
——18世紀後半から19世紀初頭にかけてのドイツ諸都市におけるオペラ上演演目

大河内 文恵

はじめに

　ドイツ諸都市[1]におけるオペラ上演は、18世紀半ば頃までと、18世紀後半から19世紀初頭とでは、異なる様相をみせる。18世紀半ばのドイツでオペラが盛んに上演された都市では宮廷オペラが主流を占めており、そこで上演されるオペラは宮廷楽長もしくは宮廷副楽長によって作曲されることが多かった。たとえば、ドレスデンでは、フリードリヒ＝アウグスト二世（Friedrich August II., 1696-1763）の時代、すなわち1733年からは、宮廷楽長であるヨハン・アドルフ・ハッセ（Johann Adolf Hasse, 1699-1783）のオペラが上演演目の大部分を占めており、ベルリンでは、フリードリヒ二世（Friedrich II, 1712-1786）の1740年の即位以降、宮廷楽長に任命されたカール・ハインリヒ・グラウン（Carl Heinrich Graun, 1703/4-1759）の作品が毎年の主な上演演目であった。その一方で、ウィーンでは宮廷劇場以外にもオペラを上演できる劇場が多数存在していたことや、1741年という他の都市よりも早い時期に宮廷劇場の経営権が民間劇場に移されたことにより、宮廷楽長のオペラだけが上演されるという時期はほぼ見られない[2]。ミュンヘンにおいては、七年戦争までは外部の作曲家によるオペラが上演されることはほとんどないが、七年戦争後には宮廷楽

---

[1] 本論でドイツと呼ぶ場合には、現在のドイツのみではなくオーストリアも含む。当時はまだドイツという国が存在していないため、本論ではブロックペーラーの枠組みを利用することとした。Renate Brockpähler, *Handbuch zur Geschichte der Barockoper in Deutschland* (Emsdetten: Lechte, c. 1964).

[2] ジェラルド・グローマー『「音楽の都」ウィーンの誕生』岩波新書（岩波書店、2023年）、93-102頁。

[3] 大河内文恵「C. W. グルック《オルフェーオとエウリディーチェ》のミュンヘン上演（1773）：ミュンヘンのオペラ上演史から再考する」『早稲田オペラ／音楽劇研究』第4号（2024年）、42-46頁。とはいえ、これらの都市でも毎年のようにオペラが上演されるようになるのは18世紀前半以降で、それ以前には宮廷での結婚式や重要な他国の来賓のもてなしといった特別の機会にのみ上演されるものであった。

第4章　都市を横断するオペラ
——18世紀後半から19世紀初頭にかけてのドイツ諸都市におけるオペラ上演演目

長のオペラだけではなく、宮廷作曲家や室内作曲家などの肩書をもつ宮廷内の作曲家によるオペラが上演されており、ベルリン・ドレスデンとウィーンとの中間的な状況となっていた[3]。1756年からの七年戦争でドレスデンもベルリンも通常のオペラ上演はできなくなり、後述するように1763年の戦争終了後も元の状態に戻ることはなかった。

　ドレスデンでは戦争終結後、同年10月にフリードリヒ＝アウグスト二世が亡くなり、ハッセは退任した。ベルリンでは1764年にオペラ上演が再開され、中断前と同じグラウンの《メロペMerope》で幕を開けたが、グラウンは1759年にすでに亡くなっており、宮廷楽長の職位は空白のままだった[4]。ドレスデンではフリードリヒ＝アウグスト二世の跡を継いだフリードリヒ・クリスティアン（Friedrich Christian, 1722-1763）も2か月後に亡くなってしまい、当時13歳だったフリードリヒ＝アウグスト三世（Friedrich August Ⅲ., 1750-1827）が選帝侯位を継いだ。当時のザクセン選帝侯国は七年戦争の影響で財政の立て直しが急務であり、オペラの再開までには時間がかかった。

　それぞれ事情は異なるものの、七年戦争以前のような形での宮廷オペラの継続が困難になり、オペラ上演の仕組みが変わっていったことは共通している。宮廷楽長が作曲したオペラ・セリアを中心とした演目から、楽長ではない宮廷内の作曲家、あるいは宮廷と雇用関係にない作曲家によって作られたオペラも上演されるようになると同時に、1つのオペラが制作された都市だけでなく、他の都市でも上演されるようになったこともこの時期の特徴である。

　もちろん、それ以前にも初演地とは異なる都市でオペラが上演されることがなかったわけではない。たとえば、ハッセの《見捨てられたディドーネDidone abbandonata》は1742年にザクセン選帝侯国の離宮フベルトゥスブルクで初演された後、1744年にナポリ、1748年にロンドン、1752年にベルリン、1753年にはベルサイユでも上演された[5]。こういった事例と18世紀後半以降のレパー

---

[4] 大河内文恵「七年戦争後のベルリンで上演されたオペラ——ドレスデンとの比較から」『オペラ／音楽劇研究の現在―創造と伝播のダイナミズム』（水声社、2021年）。
[5] Loewenberg, *Annals of Opera 1597-1940. 3rd ed. rev. and corrected* (London: J. Calder, 1978), 199.

トリー共有との違いを考えるには、複数の都市で上演されたレパートリーや上演状況の特徴をできるだけ正確に捉える必要がある。以下では、次項で詳述するデータベースを用い、これらの共有されたレパートリーについて、作曲者、上演劇場、レパートリーの共有のありかたなどの観点から分析を試み、他のデータベースやデータベース以外の資料を参照して更なる検証をおこなう。

1. ドレスデン・ベルリン・ウィーン・ミュンヘンにおけるレパートリー

　主に使用するデータベースは、「1770～1830年のイタリアとドイツのオペラ Die Oper in Italien und Deutschland zwischen 1770 und 1830」である[6]。これは、オペラ・レパートリーのデータベースで、ドイツ研究振興協会 Deutsche Forschungsgemeinschaft(DFG)からの出資により2000年にボン大学で開始された、DFGオペラプロジェクトの成果で、1800年前後のドイツ語オペラの発展とイタリア・オペラ受容を明らかにすることを目的としたものである。調査対象はウィーン、ベルリン、ミュンヘン、ドレスデン、ヴァイマルで上演されたオペラで、それぞれの都市の主要な図書館の協力を得て進められた。2018年8月からマインツのグーテンベルク大学のサイトで公開されているこのデータベースでは、作品名、作曲家、上演都市などで検索することができるが、複数都市で上演された作品を検索するシステムはない。そのため、同データベース上で全演目をアルファベット順に表示し、そこから同じ作曲家の作品で複数の都市で上演されている演目を抽出するという作業をおこない、基礎データとした[7]。

　なお、このデータベースのサブプロジェクトとして2006年にシンポジウムがおこなわれ、その成果が2007年に書籍として出版された[8]。同書に掲

6　Die Oper in Italien und Deutschland zwischen 1770 und 1830. https://www.operndb.uni-mainz.de/（最終アクセス：2024年10月29日）

7　複数の都市で上演されている演目を抽出する作業は内藤多寿子氏に助力いただいた。なお、基礎データに加え、Corago: https://corago.unibo.it/ [最終アクセス：2024年10月29日]のデータも適宜参照した。

8　Marcus Chr Lippe, et al., eds, *Oper im Aufbruch: Gattungskonzepte des deutschsprachigen Musiktheaters um 1800* (Bärenleiter 2007).

載された論文はいずれも特定の作曲家や限定された時期あるいは限定されたジャンルについての個別研究で、ここからも全体像は見えてこない。都市ごとにデータをとって分析をするというやり方は、都市の相互関係をそれぞれのデータの比較という形でしか示せないからだ。同じオペラが他の都市でどのように上演されているかを可視化すること、個別研究とデータ分析の間の溝を埋めるブリッジとなることを本論は目指したい。

2．複数の都市で上演されたオペラの多い作曲家

どのような作曲家によるオペラが複数の都市で上演されているのだろうか。この疑問に答えるため、作曲家別に複数の都市で上演された作品数と活躍地を示したものが【表1】である。同表は、複数の都市で上演されているオペラが9作品以上ある作曲家を、複数の都市での作品数が多い順に記した。

表1 複数の都市でオペラが上演されている作曲家（上位16人）

作曲家	収録数*	複数都市**	割合(%)***	独	仏	伊
ロッシーニ	32	22	69			○
サリエリ	41	16	39	○		○
ヴィンター	41	14	41	○		
ミュラー	197	14	8	○		
パエール	34	14	47	○		○
チマローザ	33	14	45	○		○
ダレラック	28	13	57		○	
ヴァイグル	42	13	36	○		
グレトリ	28	12	50		○	
ザイフリート	86	9	13	○		
メユール	15	9	67		○	
ボワルデュー	23	9	39		○	
ヒラー	11	9	82	○		
イズアール	19	9	47		○	
パイジェッロ	34	9	26			○
ディッタースドルフ	17	9	53	○		

* 収録数：「1770〜1830年のイタリアとドイツのオペラ」に収録されているオペラの数
** 複数都市：複数の都市で上演されているオペラの数
*** 割合：同データベースに収録されているオペラのうち、複数の都市で上演されているオペラの割合

複数の都市でのオペラ上演の作品数が1である作曲家まで含めると、該当する作曲家は全部で174人になり、それらも含めた全作品数は562作品となる。上記の16人の195作品は、その約1/3にあたり、ある程度の傾向を掴むには足るものと考えられる[9]。
　複数の都市でオペラが上演される作曲家の属性をここでは以下の3つのグループに分けて整理したい。

> 2.1 ドイツ人もしくはベルリン・ドレスデン・ウィーン・ミュンヘンのいずれかの都市で活動している作曲家
> 2.2 フランス人もしくはフランスで活動している作曲家
> 2.3 イタリア人もしくはイタリアで活動している作曲家

＊イタリア人でウィーンの宮廷楽長になったアントニオ・サリエリ（Antonio Salieri, 1750-1825）、フェルディナンド・パエール（Ferdinando Paer, 1771-1839）およびドメニコ・チマローザ（Domenico Cimarosa, 1749-1801）は、2つのカテゴリーに属するが、2.1で扱うこととする。

2.1　ドイツ人もしくはベルリン・ドレスデン・ウィーン・ミュンヘンのいずれかの都市で活動している作曲家

　このグループに属するのは、上位からサリエリ、ペーター・ヴィンター（Peter Winter［von Winter］,1754-1825）、ヴェンツェル・ミュラー（Wenzel Müller, 1759-1835）、パエール、チマローザ、ヨゼフ・ヴァイグル（Joseph Weigl, 1766-1846）、イグナツ・リッター・フォン・ザイフリート（Ignaz Joseph Ritter von Seyfried,1776-1841）、ヨハン・アダム・ヒラー（Johann Adam Hiller, 1728-1804）、カール・ディッタース・フォン・ディッタースドルフ（Carl Ditters Baron von Dittersdorf,1739-1799）と9人で

9　複数都市上演の作品が1作品の作曲家は76人と、複数都市上演数が少ない作曲家になればなるほど人数が増える。

最も多い。それぞれの都市との関わりの度合いは多様で、それが複数の都市での上演のされ方に影響しているため、都市ごとに主要な作曲家を取り上げてみていこう。

2.1.1　ウィーン

　ウィーンで活躍した作曲家については、その職位によって複数都市上演の傾向に違いが見られる。宮廷楽長、宮廷ではない劇場の楽長、そのいずれでもない作曲家の順にみていく。

◇サリエリ

　この時期にウィーンの宮廷楽長として長く務めたのはサリエリである。彼はヴェネト州出身で、父の知人モチェニーゴに引き取られてヴェネツィアに移り住んでいた時に、ウィーンの宮廷作曲家でのちに宮廷楽長となるフロリアン・レオポルト・ガスマン（Florian Leopold Gassmann, 1729-1774）に見いだされ、ウィーンへ連れてこられた。1774年のガスマンの没後、その跡を継いで室内作曲家およびイタリア・オペラの音楽監督になる。ヨーゼフ二世（Joseph II, 1741-1790）がイタリア・オペラを閉鎖していた期間（1776 〜 1783年）には、サリエリはイタリアでオペラ上演をおこなっていた。1788年にジュゼッペ・ボンノ（Giuseppe Bonno, 1710-1788）が亡くなるとその後任として宮廷楽長となり、亡くなるまでその地位にあった。

　サリエリの複数の都市で上演されたオペラは、多くがウィーンで初演された作品であるが、イタリア・オペラの閉鎖時期にあたる1778 〜 79年は、初演地が異なる。《やきもち焼きの学校 La scuola de' gelosi》は1778年のヴェネツィアでの初演、《思いがけない出発 La partenza inaspettata》は1779年のローマでの初演、《護符 Il Talismano》は1779年のミラノでの初演である。1778年には《見出されたエウローパ Europa riconosciuta》もミラノのスカラ座で上演されているが、同時代のドイツでの上演記録はない。その要因として考えられるのは、《やきもち焼き》と《護符》はドラマ・ジョコーゾ、《思いがけない》はインテルメッゾで、《エウローパ》はオペラ・セ

リアとジャンルが異なることに加え、《エウローパ》はスカラ座の柿落としに上演された規模の大きな作品であったことである[10]。

　複数の都市の舞台にのった作品は、必ずウィーンで上演されており、これにベルリンとドレスデンが加わることが多い。ミュンヘンでの上演は1790年前後に集中している。劇場という観点から見ると、ウィーンでの上演はブルク劇場が圧倒的に多い。ここからブルク劇場以外でおこなわれることの多いイタリアやパリの作曲家と異なり、宮廷の正統的レパートリーとして扱われていることがわかる。それは宮廷楽長という立場に由来するものだろう。一方で、ブルク劇場で初演された作品も、再演はレオポルトシュタット劇場など他の劇場でおこなわれることが多い。都市によってプロダクションが変わるケースがよく見られ、ウィーン以外の都市では、ミュンヘンでのサルバトーレ劇場など、宮廷外の作品を主に上演する劇場で上演されていることが多い[11]。

◇ミュラー

　宮廷ではない劇場の楽長を務めた作曲家の1人がミュラーである。彼はチェコ生まれで、1786年から1830年までウィーンのレオポルトシュタット劇場の楽長を務め、1807年3月から1813年5月の間はプラハのドイツ・オペラの楽長を兼任していた。1835年ウィーンにて没している。ウィーンを主な活動拠点としているが、宮廷の楽長ではなかったという意味でサリエリとは立場が異なる。

　彼のオペラはすべてウィーンで初演され、上演劇場は一貫してレオポルトシュタット劇場である。ウィーン以外の上演都市は比較的偏りがなく、1つの作品について2〜4都市で上演されているが、同じプロダクションで上

10　《エウローパ》はオーケストラの規模が大きいことに加え、50人以上のバレエ、40人以上の合唱、100人ものエキストラを擁した。水谷彰良『サリエーリ：モーツァルトに消された宮廷楽長』（音楽之友社、2004年）70-71頁。
11　サリエリと似た傾向を示しているのがヴァイグルである。1790年に宮廷劇場の楽長に就任し、1827〜1838年には宮廷の副楽長を務めた。彼の複数都市上演のオペラはほぼすべてウィーンで初演されており、例外は1808年ミラノのスカラ座で初演された《自分のライバル》のみである。プロダクションの異なるものは2つまでが多く、単一のプロダクションで再演された作品もある。

演されることが多い。彼の作品はドイツ語による喜劇オペラであり、他の都市での上演でも宮廷ではない劇場で上演されることが多いものの、例外もある。ドレスデンでの上演は、多くがリンケシェン・バーデの劇場でおこなわれ、移動オペラ団であるゼコンダ団によるものである。1801年の《プラハの姉妹 Die Schwestern von Prag》のドレスデン上演はまさにその一例だが、同じオペラが1819年に上演された際には宮廷オペラのドイツ部門によって宮廷劇場で上演された[12]。また、1819年の《ウィーナーベルクの悪魔の水車小屋 Die Teufelsmuhle am Wienerberg》と1830年の《フランスの妖精 Die Fee aus Frankreich》はリンケシェン・バーデの劇場での上演ながら、宮廷のドイツ部門が上演しており、宮廷オペラのレパートリーの一部となっていることがわかる[13]。ただし、ドレスデンでの変化はミュラーの作品や彼への評価が変わったというよりも、ドレスデンでの上演のやり方が変わったことによる部分が大きい。これについては後で詳しく述べる。

◇ディッタースドルフ

　ウィーンに関係する作曲家で例外的な人物がディッタースドルフである。彼はウィーンで生まれ育ったが、グロスワルダイン（現ルーマニア）の司教の楽長を経て、ヨハニスブルク城のシャフゴチ家に仕えるようになり、同家の楽長となった。1771年に城に隣接する塔に小劇場が造られ、オペラを作曲するようになる。そのような状況のなか、1786年から1787年にウィーンに滞在したディッタースドルフは喜歌劇《薬屋と医者 Der Apotheker und der Doktor》を上演して好評を博し、以後、彼のオペラはドイツ各地で上演されるようになった。しかしながら、複数の都市で上演される作品は1790年にブレスラウで初演された《ホーカスポーカス Hokus Pokus》

---

[12]　以後、ドレスデンでの上演状況に関しては、Michael Hochmuth, *Chronik der Dresdner Oper : Zahlen - Namen – Ereignisse, Schriften zur Kulturwissenschaft*, Bd. 21 (Kovač, c1998) を参照した。

[13]　同じように宮廷以外の劇場で活躍したザイフリートは、1797年からシカネーダーの劇場（フライハウス劇場もしくはアウフ・デア・ウィーン劇場）で副楽長を務め、1801年にアン・デア・ウィーン劇場の開場とともに同劇場のオペラ監督を務めた。彼のオペラは若干の例外を除き、フライハウス劇場かアン・デア・ウィーン劇場で初演されている。

が最後であり、オペラの創作は亡くなる前年まで続くものの、ウィーンでの上演確認できるのは1794年にオレシニツァ（現ポーランド）で上演された《太鼓をもった幽霊 Das Gespenst mit der Trommel》が最後である。1795年にシャフゴチが亡くなり、わずかな年金で退職したことで後ろ盾を失ったことがその要因として考えられる。ディッタースドルフの例から、オペラ作品が初演地でないところで上演されるには、作品の評価もさることながら、その作曲家の社会的地位による影響が大きいことがうかがえる。

2.1.2 ミュンヘン：ヴィンター

　マンハイム宮廷に20代でヴァイオリン奏者の終身ポジションを得たヴィンターは、カール・テオドールのバイエルン選帝侯就任にともない、1778年にミュンヘンへ移動し、1787年に副楽長になった。1798年には宮廷楽長まで昇りつめる。複数の都市で上演された作品には、ミュンヘンで初演されたものが多いが、1796年1月12日にウィーンのブルク劇場で初演された《2人のやもめ I due Vedovi》、同年6月14日に同じくブルク劇場で初演された《中止された奉献祭 Das unterbrochene Opferfest》が各都市で再演されており、特に《中止された奉献祭》はウィーン、ドレスデン、ミュンヘンで繰り返し再演された。その他のオペラはミュンヘン以外に1～2都市で上演された。上演地はウィーンとドレスデンが多く、ベルリンではまったく上演されていないところが他の作曲家と大きく異なるところである。また、ヴィンターのオペラは最初からドイツ語で制作されているものも多く、プロダクションの数は多くない。

2.1.3　ドイツの宮廷において楽長在任期間が短い作曲家：パエール、チマローザ

　パエールはパルマ出身の作曲家で、1797年にウィーンへ移動し、ケルントナートーア劇場の音楽監督となる。1802年3月3日にヨハン・ゴットリープ・ナウマン（Johann Gottlieb Naumann, 1741-1801）の後任としてドレ

スデンの宮廷楽長に就任したが、1806年にナポレオンに気に入られてワルシャワへ随行し、1807年に解雇されたスポンティーニの後任としてパリのオペラ・コミック座の音楽監督に就任した。1812年にはパリのイタリア劇場の音楽監督となり、1824年にイタリア劇場の音楽監督をロッシーニに譲った。ウィーンに縁があり、ドレスデンの宮廷楽長も短期間ながら務めているが、これらの都市に長く務めた作曲家とは異なる傾向を示している。

パエールのオペラは、ウィーンやドレスデン初演の作品のほか、パルマやヴェネツィアなどイタリア初演のオペラも複数の都市で上演されている。プロダクションの数は比較的多く、3〜5つの異なるプロダクションがみられ、その中にドイツ語での上演もある。パエールは宮廷楽長もつとめたが、上演都市の多さやプロダクションの多さから考えると、宮廷内の作曲家とは明らかに異なる様相である。

パエールと似た経歴をもつのがチマローザである。1787年にエカテリーナ二世の招きでペテルスブルクへ赴く。1791年にはロシアを去り、ワルシャワを経てヨーゼフ二世が亡くなった直後のウィーンへ移動した。レオポルト二世によりウィーンの宮廷楽長に任命されたが、1793年にはナポリに帰った。ウィーンでの職務が足掛け3年と短いところは、パエールと似ている。それは、イタリアで初演されたオペラが多いという点にあらわれているが、一方でプロダクションの数が少ないという意味ではパエールとは異なっている。チマローザのウィーンでの唯一の複数都市上演作品は《秘密の結婚 Il matrimonio segreto》で、この作品のみ上演された都市が多く、再演の回数も多い。《秘密の結婚》はチマローザの代表作と言えるが、上演の傾向から考えると、この作品は例外的である。

2.1.4　宮廷楽長の不在

サリエリが活躍したウィーンを除き、他の都市では宮廷楽長はほとんど【表1】に見られない。ベルリンでいえばヨハン・フリードリヒ・ライヒャルト（Johann Friedrich Reichardt, 1752-1814）は複数の都市で上演され

たオペラは4作品、ヴィンチェンツォ・リギーニ（Vincenzo Righini, 1756-1812）は2作品、ベルンハルト・アンセルム・ウェーバー（Bernhard Anselm Weber, 1764-1821）は5作品と彼らの地位の高さの割に数が少ない。ドレスデンをみると、ナウマンは3作品、フランチェスコ・モルラッキ（Francesco Morlacchi, 1784-1841）は1作品、カール・マリア・フォン・ウェーバー（Carl Maria von Weber, 1786-1826）は5作品で、いずれも他の作曲家に比べてかなり下位となっている。とはいえ、彼らのオペラに人気がなかったというわけではなく、ドイツ以外で再演されている作品も多い。18世紀の間に宮廷楽長だった作曲家は、この時期には都市間のレパートリー移動が移動オペラ団によるところが大きく、宮廷オペラと移動オペラ団とでレパートリーの領域が分かれていたために移動オペラ団の演目に入りにくかったと考えられる。他方、19世紀になってからの宮廷楽長は、移動オペラ団に頼らずとも都市間でレパートリーが移動するようになって複数の都市での上演が増えた。また、モルラッキやウェーバーは、他の都市の作曲家によるオペラを宮廷劇場で上演する際には彼らが指揮者を務めており、新作オペラの作曲家としてよりも人気オペラの上演を支える人物として活躍したことがうかがえる。

2.2　フランス人もしくはフランスで活動している作曲家：グレトリ、ダレラック、メユール

　このグループに属するのは、ニコラ・マリー・ダレラック（Nicolas-Marie Dalayrac [D'Alayrac], 1753-1809）、アンドレ・エルンスト・グレトリ（André-Ernest-Modeste Grétry, 1741-1813）、エティエンヌ・ニコラ・メユール（Etienne-Nicolas Méhul, 1783-1817）、アドリアン・ボワルデュー（（François-)Adrien Boieldieu, 1775-1834）、ニコラ・イズアール（Nicolas Isouard, 1773-1818）である。その中で、複数の都市で上演されたオペラの数が多いダレラックとグレトリ、複数の都市で上演されたオペラの割合が高いメユールを取り上げる。

第4章　都市を横断するオペラ
――18世紀後半から19世紀初頭にかけてのドイツ諸都市におけるオペラ上演演目

　グレトリは、ベルギー出身で、イタリアへの留学経験があり、フランスでオペラ作曲家として成功したことによって、彼のオペラはヨーロッパ中に広がった。複数の都市で上演されているオペラはすべて、パリで初演された。ドイツでの上演都市には偏りが少ない。上演都市にウィーンはかならず入っており、再演回数が少ない作品はベルリンとウィーンのみで上演され、再演回数が多い作品はドレスデン・ミュンヘンでも上演された。再演回数の多いオペラはプロダクションの数も多い。グレトリのオペラのドイツの都市での上演はドイツ語上演が多数を占め、ドイツ語上演のバージョンがいくつもあるところに特徴がある。ウィーン・ベルリン・ミュンヘンの上演の多さは同等程度だが、ドレスデンだけは少ない。その中で、1770年から1800年の間は、1777年の移動オペラ団のボンディーニ一座による《友情は試練 L'amitie a l'epreuve》と《二人の守銭奴 Les deux avares》のみで、ドレスデンでグレトリのオペラが本格的に上演されるようになるのは、1817年に宮廷のドイツオペラ部門によって上演された《青髭ラウル Raoul Barbe-bleue》以降となる[14]。

　ダレラックもパリの作曲家で、グレトリの継承者と位置付けられる。オペラの作曲時期は1780年から没年の1809年までで、複数の都市で上演されているオペラはすべてパリで初演された作品である。ほとんどのオペラがウィーン、ベルリン、ドレスデン、ミュンヘンのすべての都市で上演されているところに特徴があり、都市によってプロダクションが異なっていることが多い。また、ウィーンではドイツ語で上演されることが多いが、他の都市でもドイツ語上演はみられる。グレトリと異なり、ダレラックのオペラはドレスデンでの上演数は他の都市と大きな違いはないが、上演年に注目すると、ドレスデンでは1800年代以降のみであることがわかる。グレトリとダレラックの世代の差が、ドレスデンでの上演状況の違いに影響を与えたとも

---

[14] グレトリのオペラはドレスデンを除く諸都市でドイツ語オペラの供給源となっていたと考えられ、逆に言えば、ドイツオペラ部門ができる以前のドレスデンではドイツ語のオペラの需要が他の都市に比べてそれほど高くなかったとも考えられる。

考えられる[15]。

彼らより一世代後の作曲家がメユールである。彼は革命期・第一共和政・第一帝政期に活躍した。

メユールのオペラのうち、ドイツで上演されたのは初期の2作品と1799年の《アリオダン Ariodant》以降の作品で、1801年から1802年に集中している。ジャンルに注目すると、オペラ・コミック座で上演された喜劇系のオペラが多く選ばれている。ドイツで複数の都市で上演されているオペラのうち、ドレス

表2　メユールの上演オペラ[16]

初演	タイトル	ドイツ上演	複数都市上演	ジャンル	劇場
1790	ユーフロジーヌ	○	○	コメディ・ミザン・ミュジック	コメディ＝イタリエンヌ
1791	アロンソとコラ	×	×	オペラ	オペラ座
1792	ストラトニース	○	×	コメディ・エロイック（・ミザン・ミュジック）	コメディ＝イタリエンヌ
1793	若い賢者と老いた愚者	×	×	コメディ・メレ・ド・ミュジック	オペラ・コミック座
1794	ホラティウス・コクレス	×	×	オペラ	オペラ座
1794	王たちの会議	×	×	コメディ・メレ・ダリエット	オペラ・コミック座
1794	メリドールとフロジーヌ	×	×	ドラム・リリック	オペラ・コミック座
1795	ドリア	×	×	オペラ・エロイック	オペラ・コミック座
1795	洞窟	×	×	コメディ・ミザン・ミュジック	オペラ・コミック座
1797	若いアンリ	×	×	ドラム・リリック	オペラ・コミック座
1797	ロディの橋	×	×	フェ・イストリック	オペラ・コミック座
1799	アドリアン	×	×	オペラ	オペラ座
1799	アリオダン	○	○	ドラム・メレ・ド・ミュジック	オペラ・コミック座
1800	エピキュール	×	×	オペラ	オペラ・コミック座
1800	ビオン	×	×	コメディ・メレ・ド・ミュジック	オペラ・コミック座
1801	イラート	○	○	コメディ＝パラード（・メレ・ダリエット）	オペラ・コミック座
1802	愚挙	○	○	コメディ・メレ・ド・シャン	オペラ・コミック座
1802	架空の宝物	○	○	コメディ・メレ・ド・ミュジック	オペラ・コミック座

15　ダレラックのオペラはドイツ・北欧・ロシアで人気が高かったことが知られ、1798年にはスウェーデンのロイヤル・アカデミーの会員となっている。ベートーヴェンはボンのオーケストラで《ニーナ Nina, ou La folle par amour》《アゼミア Azémia, ou Le nouveau Robinson》などを演奏している。

16　【表2】のタイトルおよびジャンル名においては落合美聡氏にご助力いただいた。

初演	タイトル	ドイツ上演	複数都市上演	ジャンル	劇場
1802	ジョアンナ	○	×	オペラ	オペラ・コミック座
1803	エレナ	○	○	オペラ	オペラ・コミック座
1803	接吻と別離	×	×	オペラ・ブフォン	オペラ・コミック座
1803	ルルー・マルグレ・リュイ	×	×	オペラ・ブフォン	オペラ・コミック座
1806	トレドの二人の盲人聾者	○	○	オペラ・コミック	オペラ・コミック座
1806	ユタール	○	×	オペラ	オペラ・コミック座
1806	ガブリエル・デストレー	○	×	オペラ	オペラ・コミック座
1807	ジョゼフ	○	○	ドラム・メレ・ド・シャン	オペラ・コミック座
1811	アマゾネス	×	×	オペラ	オペラ座
1813	トルバドゥールの王子	×	×	オペラ・コミック	オペラ・コミック座
1814	オリフラム	×	×	オペラ	オペラ座
1816	冒険の日	○	×	オペラ・コミック	オペラ・コミック座
1822	ミラノのヴァランティーヌ	×	×	ドラム・リリック	オペラ・コミック座

デンで上演された作品は6作品あるが、それらはすべて最初のドレスデン上演は移動オペラ団（ゼコンダ団）によるものである。そのうち《愚挙 Une Folie》《架空の宝物 Le trésor supposé》《エレナ Héléna》《ジョゼフ Joseph》の4作品は後にドレスデンで再演されている。その時には移動オペラ団ではなく宮廷オペラのドイツ部門によるもので、上演場所も宮廷の劇場となっている。ドイツ部門での上演は4作品中3作品が1817年に集中している。1816年12月にカール・マリア・フォン・ウェーバーがドイツ部門の楽長に就任しており、1817年にドイツ部門は15タイトルの上演をおこなっている。一部にはヴァイグルやゲオルク・アントン・ベンダ（Georg Anton Benda,1722-1795）などドイツ人による作品もみられるものの、グレトリ、ダレラックといったフランス人作品が多い。いずれの作曲家も上演は1作品のみで、3作品が上演されているメユールは例外的な多さといえよう。

2.3 イタリアの作曲家

イタリアの作曲家でドイツの複数都市で上演されたオペラが多いのは

表3 ロッシーニの複数の都市で上演されたオペラ

タイトル	初演	年月日	都市	劇場
幸せな間違い	1812ヴェネツィア	1816/06/25	ミュンヘン	キュビリエ劇場
		1816/11/26	ウィーン	ケルントナートーア劇場
		1818/01/03	ドレスデン	モレッティのオペラハウス
		1818/11/21	ヴァイマル	宮廷劇場
		1820/09/27	ベルリン	王立シャウシュピール
バビロニアのチーロ	1812フェッラーラ	1816/10/27	ミュンヘン	キュビリエ劇場
		1817/06/18	ウィーン	アンデアウィーン劇場
		1819/03/20	ヴァイマル	宮廷劇場
		1822/10/02	ドレスデン	モレッティのオペラハウス
試金石	1812ミラノ	1817/07/27	ミュンヘン	キュビリエ劇場
		1827/10/09	ベルリン	王立シュタット劇場
タンクレディ	1813ヴェネツィア	1816/07/04	ミュンヘン	キュビリエ劇場
		1816/12/17	ウィーン	ブルク劇場
		1817/03/19	ドレスデン	選帝侯小劇場
		1817/09/22	ヴァイマル	宮廷劇場
		1818/01/05	ベルリン	王立シャウシュピール
		1818/11/18	ドレスデン	王立ザクセン宮廷劇場
		1821/09/21	ミュンヘン	キュビリエ劇場
アルジェのイタリア女	1813ヴェネツィア	1816/06/18	ミュンヘン	キュビリエ劇場
		1817/02/15	ウィーン	ケルントナートーア劇場
		1819/10/02	ドレスデン	モレッティのオペラハウス
		1819/12/04	ヴァイマル	宮廷劇場
		1821/01/05	ウィーン	アンデアウィーン劇場
		1825/08/03	ベルリン	王立シュタット劇場
イタリアのトルコ人	1814ミラノ	1816/11/30	ドレスデン	モレッティのオペラハウス
		1819/02/19	ミュンヘン	王立宮廷＝国民劇場
		1825/03/01	ウィーン	ケルントナートーア劇場
		1826/03/01	ベルリン	王立シュタット劇場
イングランドの女王エリザベッタ	1815ナポリ	1818/01/24	ドレスデン	モレッティのオペラハウス
		1818/05/22	ミュンヘン	王立宮廷＝国民劇場
		1818/09/03	ウィーン	アンデアウィーン劇場
		1822/05/30	ウィーン	ケルントナートーア劇場
		1824/06/04	ベルリン	王立シャウシュピール
トルヴァルドとドルリスカ	1815ローマ	1820/01/28	ミュンヘン	王立宮廷＝国民劇場
		1821/08/20	ウィーン	アンデアウィーン劇場
		1829/01/17	ベルリン	王立シュタット劇場

第4章 都市を横断するオペラ
―― 18世紀後半から19世紀初頭にかけてのドイツ諸都市におけるオペラ上演演目

タイトル	初演	年月日	都市	劇場
セビリアの理髪師	1816 ローマ	1819/01/01	ミュンヘン	王立宮廷＝国民劇場
		1819/09/28	ウィーン	アンデアウィーン劇場
		1820/12/16	ウィーン	ケルントナートーア劇場
		1821/07/31	ドレスデン	リンケシェバド劇場
		1823/04/14	ウィーン	ケルントナートーア劇場
		1825/09/05	ドレスデン	モレッティのオペラハウス
		1825/11/05	ウィーン	ヨーゼフシュタット劇場
		1826/09/03	ヴァイマル	宮廷劇場
		1827/05/11	ミュンヘン	キュビリエ劇場
オテッロ	1816 ナポリ	1818/09/13	ミュンヘン	王立宮廷＝国民劇場
		1819/04/29	ウィーン	ケルントナートーア劇場
		1819/09/04	ヴァイマル	宮廷劇場
		1820/10/04	ドレスデン	王立ザクセン宮廷劇場
ラ・チェネレントラ	1817 ローマ	1818/08/30	ミュンヘン	王立宮廷＝国民劇場
		1820/08/29	ウィーン	アンデアウィーン劇場
		1822/03/30	ウィーン	ケルントナートーア劇場
		1822/11/09	ドレスデン	モレッティのオペラハウス
		1825/10/20	ベルリン	王立シュタット劇場
		1829/03/20	ウィーン	アンデアウィーン劇場
		1829/08/01	ウィーン	ブルク劇場
		1830/05/04	ミュンヘン	キュビリエ劇場
泥棒かささぎ	1817 ミラノ	1817/10/12	ミュンヘン	キュビリエ劇場
		1819/02/13	ドレスデン	不詳
		1819/05/03	ウィーン	アンデアウィーン劇場
		1820/07/05	ウィーン	ケルントナートーア劇場
		1824/12/31	ベルリン	王立シャウシュピール
		1826/01/10	ウィーン	ヨーゼフシュタット劇場
		1826/09/24	ミュンヘン	キュビリエ劇場
		1826/10/07	ドレスデン	王立ザクセン宮廷劇場
		1827/10/13	ヴァイマル	宮廷劇場
		1830/06/12	ベルリン	王立シュタット劇場
アルミーダ	1817 ナポリ	1821/12/11	ウィーン	アンデアウィーン劇場
		1822	ウィーン	不詳
		1832/11/15	ベルリン	王立シュタット劇場

タイトル	初演	年月日	都市	劇場
エジプトのモゼ	1818 ナポリ	1821/03/28	ウィーン	アンデアウィーン劇場
		1822/01/11	ミュンヘン	王立宮廷＝国民劇場
		1823/10/22	ドレスデン	王立ザクセン宮廷劇場
		1824/10/06	ウィーン	ケルントナートーア劇場
		1826/05/30	ミュンヘン	キュビリエ劇場
		1828/10/04	ヴァイマル	宮廷劇場
リッチャルドとゾライデ	1818 ナポリ	1819/10/03	ウィーン	ケルントナートーア劇場
		1821/08/19	ミュンヘン	王立宮廷＝国民劇場
		1822/07/08	ウィーン	ケルントナートーア劇場
		1823/04/12	ドレスデン	王立ザクセン宮廷劇場
湖の女	1819 ナポリ	1821/09/29	ドレスデン	モレッティのオペラハウス
		1822/02/11	ウィーン	ケルントナートーア劇場
		1823/07/23	ウィーン	ケルントナートーア劇場
		1823/11/07	ミュンヘン	キュビリエ劇場
		1827/03/21	ドレスデン	不詳
		1831/10/15	ベルリン	王立シャウシュピール
マティルデ・ディ・シャブラン	1821 ローマ	1822/05/07	ウィーン	ケルントナートーア劇場
		1826/01/14	ドレスデン	王立ザクセン宮廷劇場
		1827/05/17	ベルリン	王立シュタット劇場
ゼルミーラ	1822 ナポリ	1822/04/13	ウィーン	ケルントナートーア劇場
		1822/11/12	ミュンヘン	王立宮廷＝国民劇場
		1824/11/13	ドレスデン	王立ザクセン宮廷劇場
		1828/10/01	ドレスデン	王立ザクセン宮廷劇場
セミラーミデ	1823 ヴェネツィア	1823/09/04	ウィーン	ブルク劇場
		1824/03/19	ミュンヘン	キュビリエ劇場
		1825/09/03	ヴァイマル	宮廷劇場
		1826/01/04	ドレスデン	王立ザクセン宮廷劇場
コリントスの包囲	1826 パリ	1828/02/29	ミュンヘン	キュビリエ劇場
		1829/01/03	ドレスデン	王立ザクセン宮廷劇場
オリー伯爵	1828 パリ	1829/11/03	ウィーン	ケルントナートーア劇場
		1829	ベルリン	不詳
ギョーム・テル	1829 パリ	1830/08/02	ウィーン	ケルントナートーア劇場
		1831/01/28	ドレスデン	モレッティのオペラハウス

ロッシーニ（Gioachino Rossini, 1792-1868）である。

【表3】をロッシーニの全てのオペラと照合すると、4作品目の《幸せな間違い L'inganno felice》から最後の《ギョーム・テル Guillaume Tell》まで万遍なくドイツ諸都市で上演されており、上演される都市にも偏りは見られない。

複数の都市で上演されているオペラのうち、最初に上演されたのは1816年6月25日上演の《幸せな間違い》（1812年ヴェネツィア初演）で、15年間で22作品が複数の都市で上演されている。このデータベースは1770年から1830年間の60年間を対象としており、そのうちの15年間だけで群を抜いた作品数であることは注目すべきであろう。また、データベースに収録されているオペラの作品数における複数都市上演の作品数の割合も、他の作曲家に比べて高い。すべて初演はイタリアもしくはパリで、ドイツの都市ではない。創作時期が対象時期の後半15年間のみであるにもかかわらず、これだけの作品が入っているのは、当時のロッシーニ人気の高さを裏付けるものと考えられる。

【表3】の各作品において、ドイツ語圏で最初に上演された都市に注目してみると、前半はミュンヘンが多く、後半はウィーンが多い。
ミュンヘン：1816年4本、1817年2本、1818年2本、1819年1本、1820年1本
ウィーン：1819年1本、1821年1本、1822年2本、1823年1本、1828年1本、1829年1本、1830年1本
ドレスデン：1816年1本、1818年1本

ロッシーニのオペラのドイツ諸都市での最初の上演である《幸せな間違い》は、ミュンヘンでの上演につづき同年11月26日にウィーンのケルントナートーア劇場でも上演された。この上演は1816年11月20日にアントニオ・

17　Claudio Vellutini, "Rossini's Operas in Vienna and the Politics of Translation, 1816-1822", in *Gioachino Rossini 1868-2018: La Musica e il Mondo*, edited by Ilaria Narici, et al. (Fondazione Rossini Pesaro 2018), 337.

チェラ率いるオペラ団がウィーンに到着したことによるものである[17]。その1か月前に当時の皇帝フランツ一世（Franz I, 1768-1835）は4番目の妃カロリーネ・アウグステ（Karoline Augusten von Bayern, 1792-1873）とミュンヘンで結婚式を挙げ、ウィーンに戻ってきた。この上演は、チェラのオペラ団の来訪とフランツ一世の結婚の祝賀という2つの要素が重なったものと思われるが、《幸せな間違い》は1幕物の短いオペラでピエトロ・ジェネラーリ（Pietro Generali, 1773-1832）のオペラとのダブルビルだったこともあり、大きな印象は残していない。ウィーンでロッシーニ・フィーバーが起きたのは、翌月に上演された《タンクレディ Tancredi》がきっかけである。とはいえ、この時点ではまだロッシーニ作品のドイツでの初演地はミュンヘンのままで、ドイツでの初演地がウィーンとなり本格的にウィーンで受け入れられるようになったのは、ロッシーニがウィーンに赴いた1822年以降のこととなる[18]。以降、ウィーンを起点としてロッシーニのオペラがドイツ諸都市で上演されるようになった。

　ここで、ドレスデンでの上演に注目したい。ドレスデンではドイツ諸都市で上演されたロッシーニ作品の大多数が上演されており、とりわけ《イタリアのトルコ人 Il turco in Italia》と《イングランドの女王エリザベッタ Elisabetta, regina d'Inghilterra》は、他のドイツ都市に先駆けてドレスデンで初めて上演された。ロッシーニ・オペラの上演を担ったのは宮廷のイタリア・オペラ部門で、移動オペラ団ではない。指揮を担当したのが宮廷楽長のモルラッキやウェーバーであることからも、民間ではなく宮廷の正統なオペラとして上演されたことがわかる。こうした扱いは、宮廷楽長ではないドイツ人作曲家の作品やフランス人作曲家の作品では見られないもので、ロッシーニの作品が特別なものであったことの証左であろう。

18　1822年以降のウィーンでのロッシーニのオペラ上演については、Michele Leigh Clark, "The Performances and Reception of Rossini's Operas in Vienna", 1822-1825, PhD diss. (University of North Carolina at Chapel Hill, 2005) を参照。

おわりに

　1770年から1830年のオペラ上演を、ドイツの複数の都市で上演されたオペラという面からみてきた。複数の都市での上演作品数の多い作曲家を取り上げ、ウィーン、ドレスデン、ベルリン、ミュンヘンに関わりのある作曲家、フランスの人気作曲家、イタリア・オペラの人気作曲家という3つのグループに分けて分析し、それぞれ異なる傾向を持つことが確認された。

　ドイツ諸都市の作曲家のなかで多くを占めるのはウィーンに関わりのある作曲家であった。そのなかで、宮廷楽長を長く務めたサリエリのオペラは宮廷の劇場であるブルク劇場で初演されることが多いが、再演の際にはウィーンの他の劇場で行われることも多く、宮廷の内外で広く受け入れられていたことがわかる。一方、同じウィーンでも宮廷ではない劇場の楽長であったミュラーは、イタリア・オペラではなくドイツ語の喜劇オペラが大半であることから宮廷ではないところで再演が多くおこなわれた。ドレスデンでの上演に注目すると、移動オペラ団での上演が多かったが、宮廷オペラのドイツ部門の設立後はそちらで上演されるようになった。

　また、ディッタースドルフのようにウィーンとの関わりが限定的な作曲家の場合、後ろ盾となる人物がいた時期にのみウィーン以外の都市での上演がおこなわれた。ディッタースドルフの活動時期は18世紀で終わっており、19世紀にまで生き延びていたら、状況は変わっていたかもしれない。

　フランスで人気のあった作曲家はドイツ諸都市で多く上演され、その多くはドイツ語での翻訳上演であった[19]。メユールの例からもわかるように、フランスの作曲家のオペラの上演は1800年以降飛躍的に増加した。ウェーバーが1816年にドレスデン宮廷オペラのドイツ部門の楽長となってからは、移動オペラ団に頼らず、ドイツ部門での上演が多くなり、ドレスデンでのオペラ上演の大きな割合を占めるようになった。1817年には全23作品中15作品がドイツ部門での上演であった。

19　ウィーンではイタリア語のオペラもドイツ語に翻訳されており、それは徐々に他の都市へも波及していった。

1770年から1830年という移行期のなかでも、18世紀と19世紀とでは状況が異なっているが、1816年以降はロッシーニ・フィーバーによってさらに様相が変わっていった。宮廷楽長といった地元の名士が作曲したオペラが中心となる時代から、宮廷楽長は主に上演を主導する指揮者の役割に特化して、作曲者は地元とは直接関係のない人気作曲家が選ばれる時代に移行していく。ここに宮廷楽長から人気作曲家へというオペラ作曲の担い手の転換と、宮廷楽長の役割が作曲家から指揮者へと移り変わっていく職位の変容が読み取れるのである。

私立マーモントフ・オペラの上演分析
—— 上演数、チケット収益などから見出される受容傾向

神竹 喜重子

はじめに

　私立マーモントフ・オペラ（私立モスクワ・ロシア・オペラ）は、19世紀末にロシアで台頭した商人階級の芸術メセナの一環で誕生し、創始者サッヴァ・マーモントフ（Савва Мамонтов, 1841-1918）[1]のもとモスクワを拠点に活動していたオペラ団である。オペラは音楽だけではなく、演劇や美術をも重要な構成要素とする高次元の芸術だが、こうした複合領域にまたがる総合芸術（Gesamtkunstwerk）の重要性を唱えたリヒャルト・ヴァーグナー（Richard Wagner, 1813-1883）の影響をマーモントフは受けていた。それゆえに彼は、単に私立歌劇場を創設し運営するのみならず、世紀狭間に演劇・音楽・美術の総合芸術による革新的なオペラ上演を行い、同歌劇場を「銀の時代」のモダニズム運動の先駆者的存在に

1　ロシアの演劇人、音楽家、彫刻家、篤志家、文芸愛好家、実業家。鉄道や銀行の事業に携わる。1852-1862年にサンクトペテルブルク鉱山技師学校およびモスクワ大学の法学部で学ぶ。1863年冬、絹織物貿易を学ぶため父によってイタリアに派遣され、勉学の傍ら声楽や絵画、彫刻のレッスンを受ける。1865年4月25日にエリザヴェータ・サポージニコヴァ（Елизавета Сапожникова, 1847-1908）と結婚し、1870年3月23日に小説家であるセルゲイ・アクサーコフ（Сергей Аксаков, 1791-1859）の娘からアブラームツェヴォの領地を購入。美術の関心は遠戚パーヴェル・トレチャコフ（Павел Третьяков, 1832-1898）の美術館を訪れたことがきっかけだった。トレチャコフとは異なり、絵画や彫刻の作品そのものよりそれらを制作する芸術家を愛し、アブラームツェヴォにロシア民芸復興の志を同じくする芸術家コロニーを設ける。1869年にモスクワとヤロスラヴリを結ぶ鉄道の総裁に就任し、1876年から1882年までドネツク鉄道の開通に関与。1897年には自らのイニシアチヴでモスクワ・アルハンゲリスク鉄道を建設。トムスクからバルナウル、セミパラチンスク、ヴェルニーを経てタシケントまでの鉄道建設をも計画し、新聞紙上で話題となる。1899年に陰謀の末、公金横領の冤罪でタガンスク監獄に収監され、翌年の裁判で無罪となるが破産。第一次世界大戦中に緊急時の鉄道網の必要性に関し先見の明があったことが明らかになり、1915年にはロシアのメディアがマーモントフの鉄道事業戦略の重要性を論じている。なお、息子のセルゲイは1904年『ロシアの言葉 Русское слово』紙の特派員として日露戦争の前線に向かっている。*Музыкальная энциклопедия* (М. : Советская энциклопедия: Советский композитор, 1976), Т. 3, 430; Кудрявцева, С. В., *Илья Семенович Остроухов: 1858 – 1929*(Л. : Художник РСФСР, 1982), 8; Бахревский, В. А., *Савва Мамонтов. Жизнь замечательных людей* (М.: Молодая гвардия, 2000), 485-489 を参照。

まで発展させた。その折、すなわち世紀狭間のロシアは1860年代のリアリズム志向の否定とともに「銀の時代」というモダニズム運動の隆盛を迎えていたが、実態としては未だ伝統を重んじる潮流も根強く、様々なイズムの乱立する複雑な状況にあった[2]。特にロシア・オペラにおいては、帝室劇場による独占的オペラ上演の影響で帝室の趣向が強く反映され保守的な傾向が根強かったが、マーモントフのオペラ上演改革はこうしたオペラ界、さらに演劇界にも大きなインパクトを残すこととなる。

1. 私立マーモントフ・オペラ
1.1 基本情報

　まずは私立マーモントフ・オペラの基本情報を整理すべく、そのオペラ上演活動を時系列的に見ていきたい。この私立オペラは、鉄道王である資本家マーモントフによって1885年1月9日に「クロトコフ私立オペラ」の名称で創立され[3]、中断を挟み1904年までモスクワに存在した歌劇団である。1885-1888年に「クロトコフ劇場」、1896-1899年に「私立ヴィンテル・オペラ」、1900-1904年に「私立オペラ団」、「モスクワ私立ロシア・オペラ芸術家団」などと様々に名乗っていたが、マーモントフによる実質的な資金援助や指導から一般的に私立マーモントフ・オペラと呼ばれている。クロトコフ劇場としての上演は1886-1887年のシーズン末まで続き、1888年に正式に解散となった[4]。その主な理由は、難解かつ上演困難なアレクサンドル・ダルゴムイシスキー（Александр Даргомыжский, 1813-1869）、ニコライ・リムスキー=コルサコフ（Николай Римский-Корсаков, 1844-1908）、モデスト・ムソルグスキー（Модест Мусоргский,

---

[2] 具体的には、1860年代のリアリズム志向が否定されていく中で、なおもリアリズムとモダニズムの混合する移行期であった。Haldey, O., *Savva Mamontov and the Moscow Private Opera: from Realism to Modernism on the Russian Operatic Stage* (Ann Arbor: UMI Dissertaiton Services, 2002), 17.

[3] Бахревский, *Савва Мамонтов*, 277-279.

[4] 最後の公演は1887年9月16日のハリコフ（現ハルキウ）における《雪娘 Снегурочка》だった。Бахревский, *Савва Мамонтов* 298-301.

1839-1881)らのオペラを上演するには時期尚早でありロシア人歌手に十分な人材がいなかったこと、またイタリア・オペラなど海外のオペラ作品に慣れていた聴衆側では受容の基盤が整っていなかったこと、ロシア・オペラの上演には多額の資金が必要であったが、すでに経営困難に陥っていたことだった。

その後1888-1892年において、マーモントフは他のオペラ団の運営や上演に際するアプローチなどを詳しく調査・研究しつつ、モスクワの私立イタリア・オペラ団を支援し[5]、1894-1895年には自らの私立オペラの再開を視野に入れ、試験的にクラウディア・ヴィンテル・オペラ団を結成した。同オペラ団を率いてシベリア、ウラル、カフカースなど地方を回り、最終的にはサンクトペテルブルクのパナーエフスキー劇場（Панаевский театр）で公演を行う。その経緯でフョードル・シャリアピン（Фёдор Шаляпин, 1873-1938）、ナデジダ・ザベラ＝ヴルーベリ（Надежда Забела-Врубель, 1868-1913）、タチアーナ・リュバートヴィチ（Татьяна Любатович, 1859-1932）らと知り合い、新進気鋭の画家ミハイル・ヴルーベリ（Михаил Врубель, 1856-1910）[6]に舞台美術と衣装を担当させていた。その

---

5 その当時非常に若かったスウェーデン人のコロラトゥーラ・ソプラノ歌手シグリッド・アーノルドソン（Sigrid Arnoldson, 1861-1943）、ロシア人のテノール歌手ニコライ・フィグネル（Николай Фигнер, 1857-1918）、アメリカ人のソプラノ歌手ルイーザ・ニコルソン（Louisa Nicholson, 1872-?）（マドモワゼル・ニキータと呼ばれていた）を起用するなど国際色豊かであった。アーノルドソンはヴォルフガング・モーツァルト（Wolfgang Mozart, 1756-1791）の《ドン・ジョヴァンニ Don Giovanni》、ダニエル・オベール（Daniel Auber, 1782-1871）の《フラ・ディアヴォロ Fra Diavolo》、フィグネルはジャコモ・マイアベーア（Giacomo Meyerbeer, 1891-1864）の《ユグノー教徒 Les Huguenots》、ロシアで初めてジュゼッペ・ヴェルディ（Giuseppe Verdi, 1813-1901）の《オテロ Otello》に出演した。イタリア・オペラ団にもかかわらずイタリア人のオペラ歌手がおらず（例外的に1891年にフランチェスコ・タマニョー（Francesco Tamagno, 1850-1905）を招待している）、上演していたのはイタリア・オペラだけでなくフランス・オペラも含まれていた。このようなマーモントフのイタリア・オペラ団は、専らイタリア人歌手を起用していたアンジェロ・マシーニ（Angelo Masini, 1844-1926）のイタリア・オペラ団とライバル関係にあった。Бахревский, *Савва Мамонтов*, 304-307.

6 非常に優れた演技力や歌唱力もあり、1890年1月6日にマーモントフのもとで私的に上演された劇《サウル王 Царь Саул》（サッヴァ・マーモントフとその息子セルゲイ・マーモントフ作、演出はコンスタンチン・スタニスラフスキー（Константин Станиславский, 1863-1938）では芸術家を演じた。この時後の演劇界の重鎮となるスタニスラフスキーが預言者サミュエル役を担っている。また同時に上演された《カモッラ Camorra》でヴルーベリは〈サンタ・ルチア〉を舞台裏で美しく歌い上げた。日本の詩に曲をつけるなどもしている。Бахревский, *Савва Мамонтов*, 352-357.

第5章 私立マーモントフ・オペラの上演分析
——上演数、チケット収益などから見出される受容傾向

後1896年5月14日にニージニイ・ノヴゴロドでミハイル・グリンカ（Михаил Глинка, 1804-1857）の《皇帝に捧げた命 Жизнь за царя》を上演し、イヴァン・スサーニン役にシャリアピン[7]を起用したところ、のちに初のロシア帝国首相となるセルゲイ・ウィッテ（Сергей Витте, 1849-1915）から激励を受けるなど好評を博したため、夏の第16回全ロシア芸術産業展覧会より本格的なニージニイ・ノヴゴロド公演を行った当時マリインスキー劇場に本所属だったシャリアピンを正式に自身の私立オペラに呼び、同地で約3か月の間に106回のオペラ上演を行い[8]、9月8日にモスクワのソロドヴニコフ劇場[9]にてクラウディア・S・ヴィンテル・ロシア私立オペラの名称のもと正式にオペラ上演活動を再開し、冬シーズンを開幕させた。この際マーモントフは同オペラ団の非公式監督となり、1898-1899年のシーズン終了までその状態であった[10]。

1898年1月20日にソロドヴニコフ劇場で火災が起きると、マーモントフはオペラ団を国際劇場に移動し、2-4月にサンクトペテルブルクで初めてのツアー、また翌年3-4月にも同地で2度目のツアーを行った。しかし1899年9月11日、マーモントフは自身の鉄道事業（モスクワ・ヤロスラヴリ鉄道）で深刻な財政問題が発覚したことから横領の容疑で逮捕されてしまう。投獄の間、リュバートヴィチやクラウディア・ヴィンテル（Клавдия Винтер, 1860-1924）らがマーモントフの財産や美術品を売却し、私立オペラの存続に努めていた。1900年夏には裁判所によって無罪とされるも、この一件でマーモントフは破産に向かう。なお私立オペラの運営については、仲介者を通じ間接的に続けていた[11]。

---

7 シャリアピンはこの後の夏シーズンの公演中で《悪魔 Демон》のグダル、《ファウスト Faust》のメフィストフェレスを歌っている。Бахревский, *Савва Мамонтов*, 386-389.
8 8月29日に千秋楽。ロシア・オペラが6演目、外国オペラが10演目、バレエが1演目で《コッペリア Coppélia》であった。Бахревский, *Савва Мамонтов*, 389-395.
9 当時新設されたばかりのガヴリラ・ガヴリロヴィチ・ソロドヴニコフ劇場（Театр Солодовникова 後にボリショイ劇場の分館となり、現在はオペレッタ劇場）。建物は貧弱だが、ホールの収容人数はボリショイを500席上回っていた。Бахревский, *Савва Мамонтов*, 389-395.
10 Бахревский, *Савва Мамонтов*, 383-386.
11 Бахревский, *Савва Мамонтов*, 433-435, 464-467.

1900-1901年にマーモントフの私立オペラは自らを表向きには協同組合としつつ、実際にはヴィンテルとミハイル・イッポリトフ=イワノフ（Михаил Ипполитов-Иванов, 1859-1935）らの私営企業となり、マーモントフは時折それに参加する形となった。1901年以降彼はもはやこの私立オペラの上演に関与していないが、1903年の夏にエルミタージュ劇場（Эрмитаж）で単発的にオペラ上演を企画した。私立オペラは1903-1904年のシーズン終了時に解散し、団員のほとんどが私立ジミーン・オペラに移籍し、1917年まで主にソロドヴニコフ劇場にて上演を続けた。私立マーモントフ・オペラで上演された作品のいくつかは、セルゲイ・ジミーン（Сергей Зимин, 1875-1942）が当時のセットや衣装を再利用しつつ再演している。ジミーンは自らの劇場を私立マーモントフ・オペラの後継者とみなし、その歴史の始まりを1885年としていた[12]。

　ハルディーによれば、私立マーモントフ・オペラが最も成功し華やいだのは1896-1897年、1897-1898年、1898-1899年の3シーズンであり、この間にマーモントフはオペラ上演にあたり様々な改革を試みた[13]。具体的には舞台美術家を演出家クラスにまで押し上げ、彼らの意見を反映させながら音楽と美術、そして演劇の総合芸術であるオペラを創造するという新しいアプローチを開発した。また演劇面において若手歌手たちの育成にも注力し、歌唱力だけではなく、特に演技面での能力強化を行った。その結果、私立マーモントフ・オペラからシャリアピンをはじめとする多くの突出した歌手、舞台美術家、演出家が輩出されることとなり、そのほとんどがこの私立歌劇場が解散した後に、ロシア国内では帝室劇場、ヨーロッパであればスカラ座に採用されるなど輝かしいキャリアを歩んだ。さらに、この劇場にはバレエ・リュス（Ballets russes）で知られるセルゲイ・ディアギレフ（Сергей Дягилев, 1872-1929）やロシア演劇界の寵児となったフセヴォロド・メイエルホリド（Всеволод Мейерхольд, 1874-1940）、モスク

12　Haldey, *Savva Mamontov and the Moscow Private Opera*, 2.
13　Haldey, *Savva Mamontov and the Moscow Private Opera*, 1.

ワ芸術座（MXAT）のスタニスラフスキーらが出入りしており[14]、のちに彼らはロシア・アヴァンギャルド運動、すなわち20世紀ロシア芸術界におけるモダニズムを築いていく[15]。

なお私立マーモントフ・オペラの団員数については、公式の年鑑が存在せずすべてのシーズンの推移を把握することはできないのだが、1897年から1898年のシーズンの時点の記録によると、ソリストが30人、オーケストラ団が47人、バレエ団が21人、舞台裏関係者（舞台美術、衣装、化粧）が30人、合唱団が76人で、計204人であった[16]。

1.2　先行研究

これまでのロシア文化史研究およびロシア音楽研究においては、マーモントフ自身に関する伝記的研究や、マーモントフが自らの領地アブラームツェヴォで興した民衆芸術復興運動を対象とする研究がなされてきたが、私立マーモントフ・オペラ自体を集中的に扱った研究はあまり多くない。音楽学的観点より初めて本格的な私立マーモントフ・オペラの分析、考察を行い、論考を発表したのはロッシーヒナ（1985）[17]であり、私立マーモントフ・オペラの年代記や、主要なオペラ作品の初演史、レパートリーにおける革新、舞台美術や演出上での改革に関し詳述している。一方ハルディー（2002）[18]は、それまでタラスキンやフロロヴァ＝ウォーカーらが主張してきた、私立マーモントフ・オペラの民族主義的志向に関し修正を試みている。ハルディーによれば、このような共通認識の背景には、20世紀初期に「国民音楽」としてのロシア音楽を意識していた音楽批評や、ソ

14　Бахревский, *Савва Мамонтов*, 273-277.
15　Haldey, *Savva Mamontov and the Moscow Private Opera*, 3-4.
16　Государственный Центральный театральный музей им. А. А. Бахрушина. Ф. 155. № 296-829; Российская Национальная Библиотека СПБ. Ф. 640. Оп. 946. Ед. хр. 4. Л. 7.
17　Россихина, В., *Оперный театр С. И. Мамонтова* (М.: Музыка, 1985).
18　Haldey, O., *Savva Mamontov and the Moscow Private Opera: from Realism to Modernism on the Russian Operatic Stage* (Ann Arbor: UMI Dissertaiton Services, 2002). この博士論文を書籍化したものが Haldey, O., *Mamontov's Private Opera. The Search for Modernism in Russian Theatre* (Bloomington: Indiana University Press, 2010).

連時代におけるイデオロギーが大きく関わっていた。そのような中で、マーモントフの民族主義的な見解および彼が大衆啓蒙のために「ロシア五人組」のオペラ上演を行っていたことが強調される一方、マーモントフがローマに滞在していたことや、彼がその過程で古代ギリシャや古代ローマの美術に対する知識・理解を深めていたことについては、ほとんど注目されてこなかったという。このような問題点を指摘しつつ、ハルディーは改めて美学思想や音楽批評など、多面的観点により私立マーモントフ・オペラを捉え直し、ロシア文化史的コンテクストにおけるその意義を問うている。

　以上の先行研究を概観した上で、本稿では私立マーモントフ・オペラにおける上演の実態について、一次資料から得られた数的データに基づき、演目のレパートリー、上演数、作曲家の作品数、初演からの経過年数、シーズン数、チケット収益などを分析する。そのようにすることで、同私立オペラの上演傾向を整理するとともに、これまでの先行研究で数的データを用い明らかにされてこなかった聴衆側の受容の実態についても論じることを目指す。

2. データ分析
2.1　初演レパートリーだけでは把握しきれない問題と本稿の狙い

　まずはロッシーヒナの先行研究に基づき、筆者が作成した私立マーモントフ劇場における演目のレパートリー表をご覧いただきたい（表1）。前述のように、私立マーモントフ・オペラとしての活動は厳密に言えば1885-1887年の前半期と、1896-1904年の後半期に分けられ、1888-1892年のイタリア・オペラ団支援期と1894-1895年の試験的運営期は別個とみなされるべきであるが、マーモントフ自身が関与するオペラ団で手掛けた初演を網羅するため、1890年、1891年のレパートリーもパストン[19]を参考にしつつ反映させている。ここからは1885-1892年がイタリア・オペラ中心

19　Пастон, Э., *Абрамцево. Искусство и жизнь* (М.: Искусство, 2003).

であるのに対し、1896-1904年ではロシア・オペラが新作も含め急増していることがわかる。また、1896年以降においてはリムスキー＝コルサコフのオペラが6作品初演されている。さらに「10作品のオペラである（《雪娘》、《プスコフの娘 Пусковитянка》、《石の客 Каменный гость》、《ホヴァーンシチナ Хованщина》、《オルレアンの少女 Орлеанская дева》、《カフカースの捕虜 Кавказский пленник》、《サラセン Сарацин》、《マドモアゼル・フィフィ Мадемуазель Фифи》、《ネロ Нерон》、《ゴリューシャ Горюша》）がモスクワ初演され、27のオペラが帝室劇場での舞台での初演後（たいてい失敗に終わっている）の後に再演された」[20]。

　ただしレパートリーのみでは、同劇場の上演活動の実態を完全に把握しきれたとは言い難く、多面的な観点から考察するには作品ごとの上演回数や作品が上演された期間の長さなど、細かい分析も必要になってくる。そこで本稿では、バフルーシン国立中央演劇博物館で私立マーモントフ・オペラのオペラ上演に関する一次資料（レパートリー録）[21]を閲覧し、データ収集を行い、さらにそれらをオリジナルの上演言語に基づき地域別に分類し整理した。ただし、本来あるべき1886-1887年の上演データが前述の一次資料で欠損していたため、私立マーモントフ・オペラの前半期については完全に把握できていないことをここで断っておく。

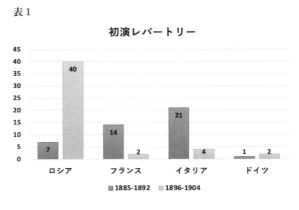

表1

20　Россихина, *Оперный театр С. И. Мамонтова*, 13.
21　ГЦТМ. Государственный Центральный Театральный Музей им. А. А. Бахрушина. Рукописной фонд. 213. Ф. 155. Мамонтовы. Частный оперный театр в Москве (Театр Мамонтова). Репертуар по сезонам: 1885-1886, 1896-1904. 1 ед 11 л. 31, 4 х 23, 5. № поступления 316941/7.

2.2 多面的観点によるデータ分析
2.2.1 各国オペラのシェア

　まずは、上演言語別にカウントしたオペラ上演の推移を説明し、それぞれが全体の中で占めるシェアを見ていきたい。ロシア・オペラは 1896 年に急増し、その後少しずつ減少するが、1900-1901 年シーズンに再び増え、1903-1904 年シーズンの 55 に向かって減少する。フランス・オペラも 1896 年に 23 から 41 とほぼ倍増し少しずつ減少するが、1900 年以降また増え、最低でも 20 公演以上をキープしている。イタリア・オペラは 1885-1886 年シーズンに比べ 1896-1897 年シーズンはほぼ半減しており、その後さらに減少し続け、1902-1903 年シーズンでは 0 公演となっている。ドイツ・オペラは 0 公演のシーズンが多く、いずれも一桁台である。またロシアを除く海外オペラの上演は 1885-1886 年、1896-1897 年シーズンが多く、その後ほぼ半減し、さらにまた半減する。1900-1901 年シーズンに盛り返すが、少しずつ減少し 1903-1904 年シーズンは 42 までになる。全体的なオペラ上演は 1900-1901 年シーズンが最多であり、その後に 1902-1903 年シーズンが続く。1898-1899 年シーズン、1903-1904 年シーズンは少なめである（表2）。これらのデータを、各シーズンで全体を 100％としたシェアで見ると、ロシア・オペラが 1896 年以降最も大きく、特に 1898 年、1899 年、1902 年のシーズンにおいて極めて高い比率であることがわかる。フランス・オペラは大方のシーズンにおいて第 2 位であり、イタリア・オペラは 1885 年のシーズンを除き第 3 位、ドイツ・オペラは最も少ない（表3）。

　以上のデータから導き出せることは、第一に、ロシア・オペラが 1896 年以降私立マーモントフ・オペラにとって主だったレパートリーとなっている点である。その理由としては、当時私立マーモントフ・オペラ側でロシア・オペラの上演に挑む環境が整っただけではなく、聴衆側でも需要が増していたことが考えられよう。また特に注目したいのが 1898-1899 年シーズンである。全体公演数の中では少ないシーズンにもかかわらず、ロシア・オペラの比率が非常に高い。公演数が少ない理由としては、1898 年のソ

ロドヴニコフ劇場の火災による引っ越しやマーモントフ自身が株価下落による財政難に陥った影響が考えられるが、ハルディーが述べるようにこのシーズンは私立マーモントフ・オペラ史上で最も充実したロシア・オペラ上演期の一つであった。リムスキー＝コルサコフの新作を2つ含む3作品を初演している上、看板バス歌手だったシャリアピンもまだ舞台に立っている[22]。また1900年が全体公演数として最も多いのは、ヴィンテルらがマーモントフの投獄により彼の財産を売却し、資金集めに奔走したことと、イッポリトフ＝イワノフがマーモントフに代わり私立オペラの運営・指導に携わるようになったことが背景として考えられる。

　次に、1896年以降海外オペラの中でフランス・オペラが多いのは、1894年の露仏同盟の影響からロシアで徐々にフランス贔屓の風潮が起こり、フランス国歌《ラ・マルセイエーズ La Marseillaise》がコンサート前に何度も熱唱されるなど[23]、フランス・オペラを受容する土壌が聴衆側で整いつつあったことが政治的背景としてあるだろう。一方でイタリア・オペラは1896年以降減少の一途を辿り、さらに1900年以降は激減している。これはおそらく、イッポリトフ＝イワノフが私立オペラのトップになったことによる上演方針の転換が考えられる。1900-1901年のシーズンではイタリア・オペラとしては《アイーダ Aida》をわずかながら上演しているが、新たなレパートリーを初演するなどの動きはない。しかし、重要なのは1903-1904年のシーズンに15公演と盛り返している点である。前述のように、マーモントフが同シーズンにおいて一時的にオペラ上演を企画していたため、彼の意向が部分的にでも反映されていると言える。しかも同シーズンで上演されたイタリア・オペラの演目はいずれも《道化師 Pagliacci》、《カ

22　シャリアピンの活躍の詳細については、神竹喜重子「一九世紀後半の古儀式派資本家による芸術メセナ」伊賀上菜穂・阪本秀昭（編）『ロシア正教古儀式派と国家——権力への対抗と共生』（明石書店、2024年）に詳述がある。なおシャリアピンは1899年9月24日にボリショイ劇場に移籍した。

23　1896年10月1日付の『季節のニュース』紙では、「《カルメン Carmen》上演前に観客の熱望でロシア国歌と《マルセイエーズ》がそれぞれ3, 4回繰り返された」と報じられた。Haldey, *Savva Mamontov and the Moscow Private Opera*, 304. Новости сезона, 1896/10/1, № 61, 2-3.

ヴァレリア・ルスティカーナ Cavalleria Rusticana》、《アンドレ・シェニエ Andrea Chénier》のすなわちヴェリズモを代表する3作品であり、後者の2作品については私立マーモントフ・オペラでの初演となっているが、ロッシーヒナの私立マーモントフ・オペラにおけるオペラ初演記録には反映されていないのである。なおハルディーによれば、マーモントフは1899年にシャリアピンが私立オペラを去ったことによりロシア・オペラ一辺倒のレパートリーの「軽量化」を試みたものの、国民音楽を期待する当時のロシア音楽メディアからの圧力と、マーモントフ自身の逮捕および破産によりその改革は実現しなかったとされているが[24]、この最終シーズンにおいて当時のイタリア・オペラの新ジャンルであるヴェリズモに積極的に取り組んでいることから、むしろある程度の実現を果たしていると言えよう。ドイツ・オペラが非常に少ない背景としては、1878年のベルリン会議においてロシアがバルカン進出を阻まれたこと、1890年にドイツが独露再保障条約を拒否し不更新になったことで、独露関係が急激に悪化したことが考えられる。聴衆側の反独感情が受容を阻む原因になった上、ヴァーグナーのオペラを上演するにはロシア・オペラより歌唱や演技の上でさらに困難だった可能性も否定できない。

表2

	1885-1886	1896-1897	1897-1898	1898-1899	1899-1900	1900-1901	1901-1902	1902-1903	1903-1904	合計
ロシア・オペラ	17	103	93	76	96	150	103	155	55	848
フランス・オペラ	23	41	27	12	20	43	31	30	27	254
イタリア・オペラ	55	25	21	10	7	3	6	0	15	142
ドイツ・オペラ	1	5	0	0	0	5	0	0	0	11
ロシアを除く3か国オペラ	79	71	48	22	27	51	37	30	42	407
全体のオペラ上演数	96	174	141	98	123	201	140	185	97	1,255

24　Haldey, *Savva Mamontov and the Moscow Private Opera*, 298-301.

表3 　　各シーズンにおけるオペラ上演のシェア

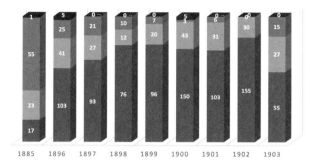

2.2.2　作曲家別および作品別の経過年数

　さらに今度はより細かく、個々の作曲家および作品を見ていきたい。まずは当時現役あるいは没後間もない作曲家であり、私立マーモントフ・オペラで複数の演目を上演されていた者に注目しよう。彼らの創作が、その初演から平均してどれほどの年月を経て私立マーモントフ・オペラで上演されているのかを分析した（表4）。アントン・ルビンシュテイン（Антон Рубинштейн, 1829-1894）、ツエーザリ・キュイ（Цезарь Кюи, 1835-1918）、ムソルグスキー、ピョートル・チャイコフスキー（Пётр Чайковский, 1840-1893）らは、初演から私立マーモントフ・オペラでの上演までの経過年数が平均して15-17年なのに対し、リムスキー＝コルサコフは新作を多く扱われていることから平均2年と最短である。フランス・オペラでは個々の作品で見ると《ラクメ Lakmé》が2年（1883/1885）、《カルメン》が11年（1875/1886）であり、複数の演目を上演されている作曲家の中ではシャルル・グノー（Charles Gounod,1818-1893）が平均で19年と短い。さらにイタリア・オペラは、複数の演目を上演されている作曲家群の平均の経過年数が多く47年である。個々の作品で短いのは《ラ・ボエーム La Bohème》で1年（1896/1897）、《道化師》で4年（1892/1896）、《アンドレ・シェニエ》で7年（1896/1903）、《アイーダ》で14年（1871/1885）、《ル

表4　作曲家別初演から私立マーモントフ・オペラ上演までの平均経過年数

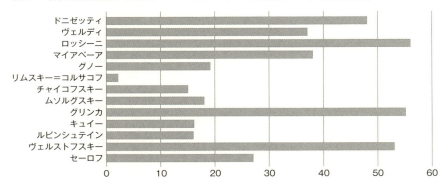

イ・ブラス Ruy Blas》で17年（1869/1886）だが、このうち特に注目したいのは《ラ・ボエーム》である。なぜならジャコモ・プッチーニ（Giacomo Puccini, 1858-1924）は、マーモントフにとってイタリア・オペラの中でも格別な作曲家だったからであり、この作品は当時ロシアの聴衆や批評家たちからそれまでのイタリア・オペラの伝統から逸脱したデカダンと受け止められていたからだ[25]。また《道化師》と《アンドレ・シェニエ》は前述のようにヴェリズモ・オペラであり、マーモントフがイタリア・オペラの新ジャンルに素早く反応していたことがわかる。さらにドイツ・オペラは複数の演目を上演されている作曲家はいないものの、個別に見れば《ヘンゼルとグレーテル Hänsel und Gretel》がフランクフルトでの初演からわずか3年で上演されている。作曲家エンゲルベルト・フンパーディンク（Engelbert Humperdinck, 1854-1921）はヴァーグナーから示導動機 Leitmotiv の使用や無限旋律の展開など多くの点で影響を受けており[26]、ドイツにおけるメルヘン・オペラの代表として知られる。マーモントフが私立オペラ再開時のシーズンにロシア・オペラだけではなく、こうしたポスト・ヴァーグナーのドイツ・オペラも取り上げていたことは重要な点であろう。

25　Haldey, *Savva Mamontov and the Moscow Private Opera*, 295-296.
26　井上博子「オペラ《ヘンゼルとグレーテル》に見るグリム童話の音楽化」『熊本大学社会文化研究』第8号（熊本大学、2010年）、78頁。

2.2.3 作品別および作曲家別の上演数

さらに表5と表6にて、作品別および作曲家別の上演数の推移を見ていきたい。ロシア・オペラのうち、総じて個別に上演回数が多いのは《悪魔》の76回だが、1899-1900年シーズンまでの平均上演が7.5回に対し、1900-1901年シーズン以降で平均11.5回と多い。次いで《エフゲニー・オネーギン Евгений Онегин》が総じて61回であり、1900年を境とする平均上演回数は《悪魔》と同じく、前半が平均7回に対し後半が13.3回と、1900年以降のシーズンで増している。反対に《サトコ Садко》は総じて60回だが、《悪魔》や《エフゲニー・オネーギン》とは真逆の傾向で、1899-1900年シーズンまでの平均上演が11.3回に対し、1900-1901年シーズン以降は平均8.6回となる（表5）。ロシア・オペラが1900年以降のシーズンで全体上演数が非常に多くなっていることに鑑みると、マーモントフが1896-1899年の間に実施していた上演改革が実をなし、その成果が1900年以降に定着して上演回数を伸ばしていったことが考えられるが、このように作品別に上演数の推移を見ていくと、それまで人気かつロングランであったオペラが減少している事例があるなど、反転現象が見られる。

表5

作品名	85-86	96-97	97-98	98-99	99-00	00-01	01-02	02-03	03-04	計
悪魔		12	9	1	8	15	10	10	11	76
エフゲニー・オネーギン		7		6	8	12	8	20		61
サトコ			15	12	7	9	8	9		60

また作曲家で注目したいのはリムスキー＝コルサコフとチャイコフスキーの2人である（表6）。前者が上演総数215回に対し、後者は218回とほぼ大差ないが、各シーズンにおける演目数の推移を見ると、前者のピークは1898-1899年（5演目）、1899-1900年（4演目）であるのに対し、後者のそれは1901-1902年（5演目）、1902-1903年（7演目）より後の時期に集中している。以上のような作品別、作曲家別における傾向の違いは、シャリアピンが1899年に私立オペラを去ったことにより、彼が十八番とし

表6

作曲家	作品名	85-86	96-97	97-98	98-99	99-00	00-01	01-02	02-03	03-04	計
リムスキー＝コルサコフ	雪娘	11	13						9		33
	プスコフの娘		15	11	3	1					30
	サトコ			15	12	7	9	8	9		60
	五月の夜			5	7	1					13
	モーツァルトとサリエリ				6						6
	貴族婦人ヴェラ・シェロガ				3						3
	皇帝の花嫁					19	9	1	4		33
	サルタン皇帝						24	3			27
	不死身のカシチェイ								10		10
	上演総数	11	28	31	31	28	42	12	32	0	215

作曲家	作品名	85-86	96-97	97-98	98-99	99-00	00-01	01-02	02-03	03-04	計
チャイコフスキー	エフゲニー・オネーギン		7		6	8	12	8	20		61
	オプリチニク		6	5					5		16
	オルレアンの少女				1	6	6				13
	チャロデイカ						20	11	2		33
	マゼッパ						10	4	2		16
	スペードの女王							16	15	10	41
	チェレヴィチキ							13	13		26
	イオランタ								12		12
	上演総数	0	13	5	7	14	48	52	69	10	218

ていた《サトコ Садко》や《プスコフの娘》(1901年以降のシーズンにいたっては皆無)などのオペラを上演しにくくなり、シャリアピンが去った後に書かれたリムスキー＝コルサコフの新作に集中するようになったこと、またトップのマーモントフとイッポリトフ＝イワノフの交代による方針の転換が背景として考えられよう。つまりチャイコフスキーの集中的な扱いに関しては、マーモントフ自身の意向が反映されたものとは言い難く、マーモントフとイッポリトフ＝イワノフの管理・運営下では、同じロシア・オペラであっても重きを置く作曲家が異なっていたのである。これは歌劇場幹部の趣向や人間関

係が、直接的に上演レパートリーの傾向に影響する一つの事例とも捉えられるだろう。ちなみにチャイコフスキーについては、マーモントフ指導下の私立オペラで主に1870年代から1880年代初期のオペラを集中的に取り上げているのに対し、イッポリトフ＝イワノフ指導下では1880年代後半から1890年代初期のオペラに重きを置いているのも傾向の差として表れている。

2.2.4　シーズン数とチケット収益のバランス

次に、当時の聴衆側のオペラ受容の実態を明らかにするため、作品ごとのシーズン数とチケット収益[27]を照らし合わせていきたい（表7）。参考にした資料は同じくバフルーシン国立中央演劇博物館の私立マーモントフ・オペラ上演に関するもう一つの一次資料（以後チケット収益録と記述）[28]で、1896年10月から1897年2月の各演目の公演日時とチケット収益、集客人数（断片的）が記載されている。こちらはチケット収益の断片的記録であるものの、レパートリー数、上演数、シーズン数のみでは割り出すことのできない演目の重要性が確認できる。表には作品名、公演日時、チケット収益（通貨単位ルーブル、コペイカ以後四捨五入）、平均チケット収益（通貨単位ルーブル、コペイカ以後四捨五入）、集客数、シーズン数を記載した。

まず注目したいのは、シーズン数が多いにもかかわらず、チケット収益録での平均収益が少額である場合、およびその逆である。前者には《ルサルカ Русалка》（8シーズン、359ルーブル）、《悪魔》（8シーズン、464

---

[27] 私立マーモントフ・オペラの通常のチケット料金は 13 コペイカ（バルコニー席の 4-8 列）から 10 ルーブル（2 階のボックス席）で、5 名分のボックス席が 20 ルーブル、それを時には一人が買い占めるケースもあった。演目によってチケット料金は変動し、たいていは安いチケットからよく売れ、補助席が追加されることもあった。しかしザントのようなスター歌手が出演する場合、チケット代は 1 ルーブルから 70 ルーブルまで跳ね上がり、高いチケットから売れていく傾向にあった。復活祭の時期はロシア人だけでなく外国人歌手も多く招かれていた。ГЦТМ им. А.А. Бахрушина. Ф. 155. Ед. хр. № 296839. Театр Солодовникова. Частная Русская опера. Ведомость сбора за спектакли за сезон 1896/1897. Листы не указаны.

[28] ГЦТМ им. А.А. Бахрушина. Ф. 155. Ед. хр. № 296839.

表7

作品名	公演日時	チケット収益	平均チケット収益	集客数	シーズン数
悪魔	1896/10/25	366			
	1896/11/3	507			
	1896/11/17	460			
	1896/12/15	330			
	1896/12/29	658	464		8
雪娘	1896/10/27	446			
	1896/11/26	228			
	1896/12/10	287	320		3
皇帝に捧げた命	1896/11/10	592			
	1896/11/14	297			
	1896/12/6	353			
	1896/12/22	137			
	1896/12/25	498			
	1896/12/31	227			
	1897/2/9	529			
	1897/2/12	235			
	1897/2/19	343	357		9
ルサルカ	1896/10/29	279			
	1896/11/14	416			
	1896/12/1	376			
	1896/12/28	363			
	1897/1/12	242			
	1897/1/21	479	359		8
エフゲニー・オネーギン	1896/10/30	356			
	1896/11/12	192			
	1896/12/8	285		754	
	1896/12/30	453	321		6
ログネダ	1896/10/31	1,249			
	1896/11/3	2,122			
	1896/11/8	1,487			
	1896/11/13	1,131			
	1896/11/21	1,622			
	1896/12/1	2,008			
	1896/12/6	1,628			
	1896/12/13	495			
	1896/12/27	2,185			
	1897/1/2	1,241			

第5章 私立マーモントフ・オペラの上演分析
――上演数、チケット収益などから見出される受容傾向

作品名	公演日時	チケット収益	平均チケット収益	集客数	シーズン数
	1897/1/9	352			
	1897/1/20	300			
	1897/2/21	689	1,270		3
プスコフの娘	1896/12/12	1,912			
	1896/12/15	2,306			
	1896/12/20	1,247			
	1896/12/22	1,049			
	1896/12/25	2,738			
	1896/12/30	1,922			
	1897/1/6	2,725		1,809	
	1897/1/8	941			
	1897/1/13	866			
	1897/1/19	2,226			
	1897/1/30	914			
	1897/2/4	423			
	1897/2/9	1,695			
	1897/2/21	2,331		1,664	
	1897/2/23	1,138	1,629	1,563	4
イーゴリ公	1896/11/15	1,667			
	1896/11/22	1,339			
	1896/11/24	1,633			
	1896/11/26	1,121			
	1896/12/3	825			
	1896/12/5	275			
	1896/12/17	805			
	1896/12/29	2,490			
	1897/1/3	573			
	1897/1/10	662			
	1897/1/17	816			
	1897/1/26	433			
	1897/2/6	537			
	1897/2/14	971	1,011		7
オプリチニク	1897/1/23	2,266			
	1897/1/26	1,857			
	1897/1/31	1,102			
	1897/2/5	641			
	1897/2/13	872			
	1897/2/16	711		1,246	

作品名	公演日時	チケット収益	平均チケット収益	集客数	シーズン数
(Marie van Zandt)	1897/2/16	3,190	1,520	1,062	3
アイーダ	1896/10/27	1,052	1,052		7
リゴレット	1896/11/1	288		418	
	1896/11/19	325	307	414	4
イル・トロヴァトーレ	1896/12/4	369			
	1896/12/18	384	376		4
仮面舞踏会	1897/1/7	756			
	1897/2/7	405	581		3
ラ・ボエーム	1897/1/12	1,849			
	1897/1/14	573			
	1897/1/16	776			
	1897/1/24	545			
	1897/1/29	532			
	1897/2/2	1,253			
	1897/2/11	230			
	1897/2/17	552			
	1897/2/22	788	788		2
道化師（アレクサンドル・セローフの《悪魔の力》とセット）	1897/2/3	383	383		3
ラクメ	1896/11/5	639			
	1896/11/10	1,178			
	1896/11/28	320		391	
(Marie van Zandt)	1897/2/18	6,241	2,095	1,713	4
サムソンとデリラ	1896/11/6	392			
	1896/11/27	275			
	1896/12/31	469			
	1897/2/19	715	463		4
ファウスト	1896/11/7	378			
	1896/11/29	535		754	
	1897/1/1	2,253		1,710	
	1897/1/15	1,037			
	1897/1/27	625			
	1897/2/10	631			
(Marie van Zandt)	1897/2/20	7,367	1,832	1,902	9
カルメン	1896/11/17	1,322			
	1896/11/21	447			
	1896/12/2	337			

第5章 私立マーモントフ・オペラの上演分析
——上演数、チケット収益などから見出される受容傾向

作品名	公演日時	チケット収益	平均チケット収益	集客数	シーズン数
	1896/12/11	366			
	1897/1/4	233	541		7
ミニョン	1896/11/25	421		526	
	1896/12/8	862		1,020	
	1897/1/3	732		746	
	1897/2/2	475			
(Marie van Zandt)	1897/2/22	6,042	1,706	1,710	4
ヘンゼルとグレーテル	1896/11/24	333			
	1896/12/27	382			
(《道化師》とセット)	1897/1/28	662			
	1897/2/20	255	408		1
Marie van Zandtのガラコンサート (ラ・ボエーム、ディノーラ、ラクメ、雪娘)	1897/2/23	3,566	3,566		

ルーブル)、《カルメン》(7シーズン、541ルーブル)、後者には《ログネダ Рогнеда》(3シーズン、1,270ルーブル)、《プスコフの娘》(4シーズン、1,629ルーブル)、《オプリチニク Опричник》(3シーズン、1,520ルーブル)、《ラクメ》(4シーズン、2,095ルーブル)、《ミニョン Mignon》(4シーズン、1,706ルーブル)、《ラ・ボエーム》(2シーズン、788ルーブル)が当てはまる。《ログネダ》は1896-1897年シーズンに13回上演され、収益が1,000ルーブルを超すのが9公演、2,000ルーブルを超すのが3公演となっている。《プスコフの娘》は4シーズンのスパンで30回上演された程度だが、1896-1897年のシーズンではロシア・オペラの中で最も収益が高く、1897年の1、2月の上演で集客1,500人以上、特に1月6日の上演ではホールの最大人数に近い1,809人に迫り、収益は安価のチケットがほぼ完売で2,725ルーブルであった。同オペラはリムスキー＝コルサコフが1871-1872年に作曲し、1873年にマリインスキー劇場でエドゥアルド・ナプラヴニク (Эдуард Направник, 1839-1916) の指揮により初演されたものだが、1894年にリムスキー＝コルサコフが改訂したものを私立マーモントフ・オペラが上演する運びとなったのである。

また《オプリチニク》は、チャイコフスキーの代表オペラである《エフゲ

ニー・オネーギン》よりむしろ高い収益となっており、その主たる理由としては同オペラが私立マーモントフ・オペラで初演されたことが第一に考えられる。しかし、何より注目したいのは1897年2月16日の公演である。昼の部が集客人数1,246人で収益711ルーブル、夜の部が1,062人の集客で3,190ルーブルの収益となっている。いずれも1,000人以上の集客がある時点で聴衆側からの需要が極めて高いことがうかがえるが、夜の部の収益が4倍以上も跳ね上がっている。表7にあるように、この回には「ヴァン・ザント」(ван Зандт)という名前がチケット収益録で記載されており、その人物とは当時フランスのオペラ・コミック界で一世を風靡していたオランダ系アメリカ人のドラマティック・ソプラノ歌手マリー・ヴァン・ザント (Marie van Zandt, 1858-1919) を指す。この名前が記載されているということは彼女のゲスト出演を意味し、まさにそれによって収益が大幅に伸びているということが言えるのである。これは《ラクメ》と《ミニョン》[29]についても同様であり、ザントが出演する前回の収益と比較すると、《ラクメ》の場合は19.5倍、《ミニョン》は12.7倍にも増しており、シーズン数がいずれも4シーズンしかない中で、彼女が歌手として大いに注目を集めていることが明らかである。なお両作品とも1901年以降のシーズンでは上演されていないのだが、これは後述するようにザントのキャリアに関係するためであろう。反対に《ファウスト》や《カルメン》などのフランス・オペラは定番化して1901年以降に上演数が増しており、興味深い反転現象と言える。

さらに、シーズン数が多くなおかつチケット収益率が高いのは《イーゴリ

---

29 ロシアでの初演は1871年12月26日にサンクトペテルブルクでイタリア・オペラ団が行った。ロシア語での初演は1896年9月15日の私立マーモントフ・オペラにおいてであり、ミニョン役をリュバートヴィチ、ヴィルヘルム・マイスター役をワシーリイ・オシポフ (Василий Осипов, 1879-1942)、フィリナ役をアレクサンドラ・ロストフツェヴァ (Александра Ростовцева, 1872-1941後) が演じた。1912年にはモスクワのボリショイ劇場、1918年11月27日にミハイロフスキイ劇場 (マールイ劇場) で上演された。1918年にはダリヤ・レオノヴァ (Дарья Леонова, 1835-1896) がミニョン役を演じている。ロシア語の歌詞は1889年にモスクワのユルゲンソン社から刊行された。*Театральная энциклопедия* (М.: Советская энциклопедия, 1964), 1086.

公 Князь Игорь》（7シーズン、1,011ルーブル）、《ファウスト》（9シーズン、1,832ルーブル）、《アイーダ》（7シーズン、1,052ルーブル）であり、この3作品はロングセラーの看板オペラであったと言える。特に《ファウスト》についてはザントの出演があり、前回（1897/2/10）に比べて11.6倍のチケット収益となっている（1897/2/20）。

　以上のようにシーズン数、集客数、チケット収益において注目すべき作品を見てきたが、この中でロシア・オペラについては興味深い共通点が見受けられることがわかった。すなわちジャンルが歴史ものであり、舞台設定がロシアあるいはウクライナ、かつ時代設定が16世紀以前の作品ほど需要が高く、人気となっているのである。《ログネダ》の舞台は10世紀のロシア、《プスコフの娘》は16世紀のロシア、《イーゴリ公》は12世紀のロシア、《オプリチニク》は16世紀のロシアである。おそらくこれには、19世紀後半以降のロシアにおける社会情勢や自己認識の変化が影響しているのだろう。具体的には、当時のロシアにおいてクリミア戦争（1853-6年）や露土戦争（1877-8年）、また農奴解放令など帝政による一連の改革でインテリゲンチャなる中産的部分が台頭し、それまでの貴族的な価値体系に対抗し得る新しい社会認識をもたらしたことが背景として考えられるのである。高田によれば、ピョートル一世以降の近代ロシアにおいては、「官の」サンクトペテルブルクと「平民の」モスクワの緊張関係が続いており、サンクトペテルブルクの官僚制にピョートル一世（Пётр I, 在位1682-1725）以降のロシア近代化の歪みを象徴的にみた一群のモスクワ商人たち、中でも古儀式派商人たちが、ピョートル一世以前のロシアを理想化しこれに立ち返ろうとしていたという。彼らは、西欧に対する警戒心からスラヴ派が提唱したロシアの独自性の象徴としての大ロシア文化擁護に賛同し、「近代的」サンクトペテルブルク官僚制の支配を脱して伝統的ロシアへの回帰を志向していた[30]。その上重要なことに、マーモントフを含む古儀式派由

30　高田和夫「近代ロシアにおける資本家の社会的位置――1905年のモスクワ資本改革派をめぐって」『スラヴ研究』第39号（北海道大学スラブ研究センター、1992）、47-48頁。

来の資本家の多くはこのようなコミュニティーに参加していたのである。その例としてサッヴァ・モロゾフ（Савва Морозов、1862-1905）、兄弟のパーヴェル・リャブシンスキー（Павел Рябушинский、1820-1899）とワーシーリイ・リャブシンスキー（Василий Рябушинский、1826-1885）、アレクサンドル・コノヴァーロフ（Александр Коновалов、1875-1949）、コジマ・ソルダチョンコフ（Козьма Солдатёнков、1818-1901）、ニコライ・グチコフ（Николай Гучков、1860-1935）などが挙げられるが、このうちサッヴァ・モロゾフは、マーモントフと同様に経済活動の傍ら芸術メセナにも力をそそぎ、モスクワ芸術座の設立に出資したし[31]、パーヴェル・トレチャコフはロシア美術の保護に奔走し、兄セルゲイとともにトレチャコフ美術館を創立し、1890年代には古いイコンの収集を行っていた。このように19世紀末のモスクワにおいては、サンクトペテルブルク官僚制に対抗して「前近代」、すなわちピョートル一世が17世紀末に西欧化改革を推し進める前の伝統的ロシア社会を復活させようとする動きがあったのであり（原点回帰）、マーモントフを含めたモスクワの古儀式派資本家たちはその中心的役割を担っていたのである。さらに彼らが前近代を目指すもう一つの理由となった、1653年から始まるニーコン総主教の奉神礼改革[32]も重要である。この典礼改革によって古儀式派信徒が主流の教会組織から離反し、帝政ロシアにおいて「分離派」と呼ばれ迫害を受ける運命となったからだ。彼らにとって、16世紀以前というのはまさにロシアが西欧の影響を受ける奉神礼改革および西欧化改革の前の極めて重要な「境界」なのであり、伝統的ロシア社会のユートピアの時代だったのである。

　以上に鑑み、前近代のロシアを志向するモスクワの資本家の一人であ

31　モスクワ芸術座を設立したスタニスラフスキーも古儀式派であり、モロゾフとは同窓生だった。下斗米伸夫『ロシアとソ連 歴史に消された者たち - 古儀式派が変えた超大国の歴史』（河出書房新社、2013年）、151頁を参照。俳優の教育法スタニスラフスキー・システムで知られ、日本の演劇にも多大な影響を及ぼしている。
32　それまでのロシア正教の奉神礼をギリシャ風に修正する改革であったが、伝統を重んじる多くの聖職者たちはこれをロシア正教の信仰の破壊だとし、ニーコンをラテン派（カトリック）の手先だとし離反した。

るマーモントフが、自らの私立オペラの上演においても16世紀以前の前近代ロシアを舞台とした歴史ものを重視していることがうかがえ、聴衆側においてもこうしたロシア・オペラに対する需要が高まっていたことが考えられる。そのことは、1896年10月17日付の『日報』紙、11月26日付の『ロシアの言葉』紙で「ロシア・オペラである《ログネダ》と《イーゴリ公》がソロドヴニコフ劇場［訳注：私立マーモントフ歌劇場］で完売しており、ヴェルディの《リゴレット Rigoletto》と《仮面舞踏会 Un ballo in maschera》はロシア・オペラほどには観客を惹きつけていない。これは大衆の趣向や願望を如実に表す事実である」[33]と報じられていること、また1897年1月6日付の同紙では「《ログネダ》の上演が10回で19,800人、《イーゴリ公》が9回で11,900人、《プスコフの娘》が6回で12,700人を動員し、これら3つのオペラで総計44,400人が訪れた。この数は、モスクワの人々がいかにロシア・オペラに関心を持ち、惹かれているかを示す確固たる証明である」[34]との記載があることからも明らかである。

3. 知られざるマリー・ヴァン・ザントのキャリア ── 90年代のロシアにおける活躍

　前述のように先行研究においては、マーモントフが当時のロシア音楽メディアや聴衆からのロシア・オペラ上演に対する需要によって、外国オペラをも積極的に取り上げようとする自身の意向を阻まれてしまっていたとされている。例えばハルディーは「マーモントフが好んで取り上げたクリストフ・グルック (Christoph Gluck, 1714-1787) の《オルフェオとエウリディーチェ Orfeo ed Euridice》は早くも3回目の上演でホールが空となり出演者をがっかりさせた。聴衆は《ファウスト》以外にほとんど外国作品に関心を持たず、シャルル・グノーの《ロミオとジュリエット Roméo et Juliette》やカミーユ・サン＝サーンス (Camille Saint-Saëns, 1835-1921) の《サムソンと

33　Новости дня, 1896/10/17, № 4800, 2; Русское слово, 1896/11/26, № 318, 3.
34　Haldey, *Savva Mamontov and the Moscow Private Opera*, 297, 299.

デリラ Samson et Dalila》はホールの半分も満たさなかった」[35] としている。

しかし表7からもわかるように、実際にはたとえ外国オペラでもザントの出演によって多額の収益を上げているのであり、聴衆の需要はロシア・オペラに一極集中していたわけではない。また《ファウスト》以外にほとんど外国作品に関心を持たなかったというのも事実と異なる。特にザントによって《ミニョン》や《ラクメ》が注目を浴びていたということは、ザントの純粋なファンが多かったことを考慮するにしても、ロシアの聴衆の間にこうしたフランスのオペラ・コミック作品が普及しつつあったことを示しているのである。

それではザントという歌手は具体的にどのような人物だったのか。ここで彼女の経歴について簡潔に触れておこう。彼女は前述のようにオランダ系アメリカ人で、かつてスカラ座で活躍したジェニー・ヴァン・ザントの娘であった。ミラノでフランチェスコ・ランペルティ（Francesco Lamperiti, 1811/1813-1892）の指導のもと研鑽を積んだ後、1879年にトリノにおける《ドン・ジョヴァンニ》の上演でツェルリーナ役を務めデビューを果たし、その後弱冠21歳にして1880年にパリのオペラ・コミック座と契約、《ミニョン》でデビューした[36]。これに感心したレオ・ドリーブ（Léo Delibes, 1836-1891）が彼女のために《ラクメ》を作曲し、1883年にオペラ・コミック座で初演が行われる[37]。《ラクメ》によって知名度が上がり、大変な人気となっ

35　Haldey, *Savva Mamontov and the Moscow Private Opera*, 297, 299.
36　ヒギンスは、フランス第三共和政期におけるメゾ・ソプラノ歌手の役割に関する研究の中で次のように述べている。「オペラ・コミックのメゾ・ソプラノのレパートリーはより多く、配役のヴァリエーションも豊富だった。《カルメン》や《ミニョン》のヒロインは、より高いソプラノを歌えるキャストにもあてがわれるなど人気があった。このようなレパートリーの配分は1880年代以降の新しいタイプの歌手、つまりメゾ・ソプラノやソプラノの役を選択的にレパートリーとして持つソプラノの強みを生かしたものであった。この傾向は、1880年代初頭に《ミニョン》を演じたマリー・ヴァン・ザントのようなソプラノ歌手から始まり、1890年代から1900年代にかけてのエマ・カルヴェ（Emma Calvé, 1858-1942）、ジョルジェット・ルブラン（Georgette Leblanc, 1869-1941）、ジーナ・デ・ヌオヴィーナ（Zina de Nuovina, 1865-1936）のキャリアで頂点に達した。彼らはメゾ・ソプラノとソプラノのレパートリーのエキスパートとなり、プッチーニのヒロインたちと並んでカルメンやサントゥッツァを演じることで、成功を収めた」。Higgins, E., *The Mezzo-soprano Onstage and Offstage: A Cultural History of the Voice-type, Singers and Roles in the French Third Republic (1870-1918)* (Maynooth University, 2015), 63. Higgins, *The Mezzo-soprano Onstage and Offstage*, 63.
37　Dingman, L. and Dingman, J., *Marie Van Zandt: The Turbulent Career of a Brilliant American Diva in Europe, 1879-1898* (Createspace Independent Publishing, 2017), 1-2, 7, 13-14.

た彼女はヨーロッパ公演ツアーを開始し、1884-1885年のシーズン後半にはロシアも訪れ、1884年12月6日にマリインスキー劇場で《ラクメ》をオリジナルのフランス語ではなく、イタリア語で歌い、ロシアデビューを果たした。なおこの上演には皇帝をはじめ帝室メンバー全員が出席し、ザントは30回もカーテンコールに呼ばれたようである[38]。そのシーズンの千秋楽は1885年3月7日で、やはりザントが主役を歌い30回カーテンコールされ、帝室メンバー全員が出席し、舞台上に高価なプレゼントが用意され、米国の国旗が掲げられた[39]。その後またザントは1885-1886年シーズンの冬にロシアを訪れ、サンクトペテルブルクの公演に出演し、続いて《ラクメ》、《セビリアの理髪師 Il barbiere di Siviglia》、《ミニョン》、マイアベーアの《ディノーラ Dinorah》、同じくマイアベーア新作の《北極星 L'étoile du nord》を歌うためモスクワに移動している[40]。この際彼女は私立マーモントフ・オペラにも出演し、1886年にはマーモントフのアブラームツェヴォの領地を訪れ、同地でヴァレンチン・セローフ（Валентин Серов, 1865-1911）に肖像画を描かれており、マーモントフ・サークルとかなり交流を深めていたことがわかる[41]。

　当時私立マーモントフ・オペラでマーモントフの右腕として活躍していたテノール歌手兼演出家のワシーリイ・シュカファー（Василий Шкафер, 1867-1937）によれば、ザントは次のように回想されている。

> 「マリー・ヴァン・ザント。ドリーブのオペラでラクメを演じたこの魅力的な人物を忘れる人はいないだろう！作曲家はまさに彼女のためにこのオペラを書いたのだ。彼女の優美な才能、魅力的で優しい声の音色、流派によって鍛錬された技術、魅力的な容姿など、あらゆる芸

38　Dingman, *Marie Van Zandt*, 41-43.
39　Dingman, *Marie Van Zandt*, 43.
40　Dingman, *Marie Van Zandt*, 62-63, 65.
41　*Валентин Серов в воспоминаниях, дневниках и переписке современников* (Л.: Художник РСФСР, 1971), 114. 肖像画はクイビシェフ芸術博物館に収蔵されている。*Валентин Серов в воспоминаниях,* 126.

術的要素を兼ね備えた様は、この歌手を見聞きした人々を虜にした。トマのオペラのミニョン、《ファウスト》のマルガリータ、《ロミオとジュリエット》のジュリエット——これらすべての役を彼女は稀に見る完璧な技術で演じた。彼女の公演には満員の観客が駆けつけ、大成功を収めた。その成果に対し、彼女は当時としては破格である2千ルーブルを受け取っていた」[42]

またマーモントフ自身は自著『私立マーモントフ・オペラ』の執筆にあたる中で、次のようにザントを記述している。

「この歌手は間違いなく、その完璧な歌唱と卓越した演技的才能によって、他の芸術家の中で傑出していた。彼女の魅惑的で優美な声、それを自在に操る素晴らしい能力、魅力的な容姿、そして役柄に完全に生まれ変わるという稀有な能力は、その場に居合わせた人々を一目見たその時から魅了した。彼女は、過去のオペラと未来のオペラを鮮やかな芸術的形態で融合させ、前者からはメロディーを、後者からはドラマを取り入れ、これらの要素をかけがえのない芸術的直感が示唆する均整と機転の感覚とで融合させた。彼女は身振りやドラマチックな動きで魅せるのと同時に、音楽的にフレーズを歌い、芸術的な可塑性の地平から片時も外れることなく、ドリーブの《ラクメ》、トマの《ミニョン》、マイアベーアの《ディノーラ》、モーツァルトの《ドン・ジョヴァンニ》、ロッシーニの《セビリアの理髪師》を歌い上げたのだ」[43]

さらにマーモントフと同様に古儀式派家系であり、マーモントフと『芸術世界』誌の創刊に携わったロシア美術のパトロン、マリヤ・テーニシェヴァ

---

42 Шкафер, В. П., *Сорок лет на сцене русской оперы. Воспоминания* (Л.: Театр оперы и балета им. С. М. Кирова, 1936), 145.
43 *Валентин Серов в воспоминаниях*, 125.

公爵夫人（Мария Тенишева, 1858-1928）によれば、厳格なアントン・ルビンシュテインですら「ヴァン・ザントの大ファンとなり、彼女が参加した公演を一度も見逃さなかった」[44]という。このように、ザントは世界的なソプラノ歌手として当時のロシアの聴衆を大いに魅了し、その出演が公演のインパクトに多大な影響を与えていたことは明白である。

先行研究において、このザントがロシアで具体的にどのように活躍したのかについては、1884-1885年のシーズンにサンクトペテルブルクでロシアデビューを果たしたこと、その後に創設されて間もない私立マーモントフ・オペラでも歌ったこと、1890-1891年シーズンにまたロシアの地を踏み、シェラプーチン劇場（Театр Шелапутина）などで《ハムレット Hamlet》、《ロミオとジュリエット》、《ファウスト》を歌ったこと、1896年にパリのオペラ・コミック座に復帰した後、1898年にミハイル・チェリノフ伯爵（Михаил Черинов, 1838-1905）に嫁いで歌手としては引退したことなどが記述されている[45]。一方、ロシアでは彼女に特化した先行研究がまだなく、事典には「1885年にロシアでデビューし、ロシアで最後に出演したのは1891年だった」[46]とさえ書かれており[47]、これが事実として広く認識されている。

ところが実際には、今回取り上げたバフルーシン国立中央演劇博物館に保管されていた一資料にもあるように、彼女は1896-1897年シーズンも私立マーモントフ・オペラに出演していたのであり、こうした彼女の晩年のロシアにおける具体的な活躍については、西欧はおろかロシアでも知られていない。特に90年代、それも私立マーモントフ・オペラが最盛期に

44　Тенишева, М.К., *Впечатления моей жизни* (Париж: Издание русского историкогенеалогического общества во Франции, 1933), 55.
45　Dingman, *Marie Van Zandt*, 111.
46　ロシアのオンライン学術辞書・事典（https://dic.academic.ru/dic.nsf/ruwiki/1556498）やウィキペディアのロシア語版において「ロシアでの最後の出演は1891年だった」と記載されており、その出典は *Энциклопедический словарь Брокгауза и Ефрона* (СПб: 1892), T. Va., 499. となっている。
47　1891年といえば、マーモントフがイタリア・オペラ団を率いて最大のライバルであるアンジェロ・マシーニのイタリア・オペラ団との競争を熾烈化させていた時期である。ザントはマーモントフのもとでグノーの《ロミオとジュリエット》にフィグネルとともに出演した。マーモントフはマシーニに対応するため、世界的なスター歌手を招待する必要性に追われていたのである。Бахревский, *Савва Мамонтов*, 304-307.

あった1896-1897年シーズンにザントが出演していたことは、これまで明らかにされてこなかった。キャリア終盤に差し掛かっていた彼女が、私立マーモントフ・オペラにおける特に《ミニョン》や《ラクメ》といったオペラ・コミック作品の上演に貢献したことはチケット収益の上でも明白で、その当時の聴衆がただひたすらに愛国主義に染まっていたわけではないことがわかるのである。ハルディーは、当時ロシアのオペラ上演の際に外国人ゲスト歌手を招待することは国に対する背信であったとしているが[48]、このようにザントという外国人歌手がロシアで絶大な人気を誇っていたことから、そうした見方はいささか一面的であると言わざるを得ないのである。

おわりに

　以上のように私立マーモントフ・オペラにおけるオペラ上演の実態を数的データによって様々な観点から分析を試みたが、その結論として次のような3点を挙げたい。まず、上演数だけでは見極めることのできない重要な演目が存在するという点である。長期スパンでしかも上演数が多い演目が、必ずしもロングセラーの看板オペラであるとは言いきれないのである。例えば、同じ条件でも《悪魔》のように収益が少ない場合と、《イーゴリ公》のように収益が倍も大きい事例があるからである。また上演数やシーズン数が少なくても、《プスコフの娘》のようにホールがほぼ満席になるなど聴衆側からの需要が高い例もあれば、《オプリチニク》のように外国人歌手がゲスト公演し大きな収益を上げている例もある。そしてそこには、16世紀以前のロシアないしウクライナというオペラ作品としての特定の設定が、興行側また聴衆側の需要に影響を及ぼしているのである。さらには、外国人ゲストを呼ぶことは国に対する背信行為であったという従来の研究に反して、私立マーモントフ・オペラではマリー・ヴァン・ザントというフランスのオペラ・コミックの第一線で活躍するオランダ系アメリカ人歌手をゲス

48　Haldey, *Savva Mamontov and the Moscow Private Opera*, 290-291.

ト公演に呼び、それによって《ミニョン》や《ラクメ》を普及させたほか、《オプリチニク》というロシア・オペラ公演にも参加させていたということが明らかになった。これは同オペラ団の高い国際性と、西欧のオペラ文化の最新の動向にいち早く反応するアンテナの鋭さを示していると言える。加えて、本稿ではザントの知られざるキャリア終盤でのロシア・オペラ界における活躍が明らかになった。

第二に、オペラ上演の方針はやはり国の政治事情に左右されるという点である。これは私立マーモントフ・オペラに限ったことではないが、19世紀末において海外オペラとしては露仏同盟があったことからフランス・オペラが最も人気になり、反対にドイツの独露再保障条約の拒否による敵対関係からドイツ・オペラが極端に少ない、ということに如実に現れている。最後に、オペラ作品の流行というものは、それを十八番とするオペラ歌手の移動に沿って広がっていくという点である。あるオペラ作品が名作になる瞬間というのは、その作品にとっての名歌手が現れるか否かで決まる。その名歌手が現れたら現れたで、彼ないし彼女に文字通りオペラ作品は「ついて回る」のである。彼らが行く先々の劇場の舞台に姿を現し、拍手喝采を浴びながら名作となっていく。このような傾向は、ムソルグスキーやリムスキー＝コルサコフの作品のように難解で上演困難なオペラほど顕著になっていくのだろう。それを歌いこなすことができる歌手の母数が少なければ少ないほど、限られた名歌手の移動がその作品の普及の生命線となるからだ。反対に、万人に受け入れられやすく親しみがあり、わかりやすいオペラは歌手の母数が大きいため、普及の道はいくつも枝分かれしながら瞬く間に広がっていくのだろう。

以上に導き出された結論から、今後はさらに師弟関係、同僚関係などを考慮に入れつつ、19世紀末以降に活躍した私立オペラ団の活動の展開を見ていく必要があるだろう。その研究成果についてはまた別紙に譲りたい。

19世紀末から20世紀初頭の帝政ロシアにおけるヴァーグナー受容についての覚書

平野　恵美子

はじめに

　19世紀から20世紀への転換期、帝政ロシア末期に於いてオペラとバレエを上演していた主要な場所は、私立オペラ団などを除くと帝室マリインスキー劇場（首都サンクトペテルブルク）と同ボリショイ劇場（モスクワ）である。その他の帝室劇場では主にロシア演劇、フランス演劇、オペレッタなどを上演していた。筆者は以前、これらの劇場における1890-1910年の20シーズンの、上演作品とその上演回数を『帝室劇場年鑑』[1]の記録に基づいて調査したことがある。特にオペラに注目して、1890-1900年、1900-1910年の20年間について10シーズンごとに数えたところ、いずれもロシア・オペラがおよそ半数を占めていたことがわかった[2]。ここで言う「ロシア・オペラ」とは、大まかにロシアの作曲家によるロシア語のオペラとする。残りの半数は、これも広義のフランス・イタリア・ドイツのオペラが占めている[3]。そして特に目を引くのは、1890年代の両劇場と1900年代のボリショイ劇場におけるドイツ・オペラの上演回数の少なさである。

　例えば表1は、マリインスキー劇場とボリショイ劇場におけるオペラの上演回数の合計である。

1　Ежегодник императорских театров. (СПб.: Типография императорских театров, 1892-1915.)（［帝室劇場年鑑］）
2　平野恵美子『帝室劇場とバレエ・リュス』（未知谷、2020年）、428-439頁。
3　例えば同じモーツァルトのオペラでも原曲言語に従い、《フィガロの結婚 Le nozze di Figaro》はイタリア、《魔笛 Die Zauberflöte》はドイツに分類した。ただしこれらのオペラもロシア語による翻訳上演だった。また、露伊仏独以外で上演されていた他の外国オペラは、《ハルカ Halka》（モニューシュコ）、《ダリボール Dalibor》（スメタナ）の2つのみだった。これらは今日、ポーランドとチェコのオペラと見做されるが、当時、前者はロシア帝国、後者はオーストリア＝ハンガリー二重君主国の一部だったため、どこに分類するかは悩ましい。

第6章 19世紀末から20世紀初頭の帝政ロシアにおける
ヴァーグナー受容についての覚書

表1　マリインスキー劇場とボリショイ劇場におけるオペラ上演回数
1890年代

マリインスキー劇場	1890/91	91/92	92/93	93/94	94/95	95/96	96/97	97/98	98/99	99/1900	計
ロシア	70	79	78	51	39	72	67	59	92	68	675
フランス	28	36	35	39	16	30	41	35	51	34	345
イタリア	17	14	24	43	28	41	31	40	18	18	274
ドイツ	6		2	8	4	8	9	18	7	11	**73**
ポーランド											0
チェコ										4	4

ドイツオペラ内訳	1890/91	91/92	92/93	93/94	94/95	95/96	96/97	97/98	98/99	99/1900	計
ローエングリン	6		2	3	4	1		8	1	3	28
タンホイザー				5		7	6			8	26
ヘンゼルとグレーテル								10			10
ウィンザーの陽気な女房達							3		6		9

1890年代

ボリショイ劇場	1890/91	91/92	92/93	93/94	94/95	95/96	96/97	97/98	98/99	99/1900	計
ロシア	40	73	78	65	48	59	69	74	78	61	645
フランス	44	21	25	21	10	8	34	32	29	50	274
イタリア	38	28	22	46	19	25	19	7	29	33	266
ドイツ	3	8	3	5		10	6	2	18	7	**62**
ポーランド									11	5	16
チェコ											0

ドイツオペラ内訳	1890/91	91/92	92/93	93/94	94/95	95/96	96/97	97/98	98/99	99/1900	計
ヘンゼルとグレーテル						8	5	2	2		17
ローエングリン	2	6	3	2		1		3		2	19
タンホイザー									7		7
魔弾の射手									6		6
ジークフリート				3		2				1	6
マカビー									4		4
マルタ			2								2
魔笛	1										1

第2部 レパートリーと上演傾向・155

1900年代

マリインスキー劇場	1900/01	01/02	02/03	03/04	04/05	05/06	06/07	07/08	08/09	09/1910	計
ロシア	66	69	79	66	72	71	74	77	83	82	739
フランス	32	27	35	44	27	30	49	23	34	29	330
イタリア	14	15	12	5	11	21	21	25	10	26	160
ドイツ	25	34	14	24	29	31	15	33	27	26	258
ポーランド											0
チェコ											0

ドイツオペラ内訳	1900/01	01/02	02/03	03/04	04/05	05/06	06/07	07/08	08/09	09/1910	計
ワルキューレ	10	5		9	5	3	3	4	6	9	54
タンホイザー	9	6		4		6	3	12	7	5	52
ローエングリン	6	4	4	5	5	6	3	8	1	3	45
神々の黄昏			3	6	4		3	3	4	3	26
ジークフリート			4	5		3	3	3	3	3	24
ラインの黄金						10	3	3	3	3	22
魔弾の射手		8	2		6						16
ヘンゼルとグレーテル		7									7
アクテア						1					1
フィデリオ						8			3		11

1900年代

ボリショイ劇場	1900/01	01/02	02/03	03/04	04/05	05/06	06/07	07/08	08/09	09/1910	計
ロシア	85	96	80	94	88	73	89	96	89	109	899
フランス	41	49	47	55	54	28	41	43	47	33	438
イタリア	22	14	26	23	24	10	26	15	9	6	175
ドイツ	6	8	21	17	11	3	6		10	16	98
ポーランド	3	5	5	5	5						23
チェコ											0

ドイツオペラ内訳	1900/01	01/02	02/03	03/04	04/05	05/06	06/07	07/08	08/09	09/1910	計
ローエングリン	3	4	4	3					5	6	25
さまよえるオランダ人			8	4	3						15
マルタ			6	4	5						15
ワルキューレ		4	3	2						5	14
冬の物語									5	5	10
魔笛						3	6				9
タンホイザー	3				3						6
ジークフリート					4						4

表2 ロシア・オペラの内訳

マリインスキー劇場	1890/91	91/92	92/93	93/94	94/95	95/96	96/97	97/98	98/99	99/1900	計
エフゲニー・オネーギン	9	9	11	15	9	18	15	12	20	10	128
皇帝に捧げた命	11	9	9	6	6	5	6	9	7	6	74
悪魔	6	7	12	7			12	9	5	3	61
スペードの女王	12	18	3	5	3	4		5	3	7	60
(以下略)											

ボリショイ劇場	1890/91	91/92	92/93	93/94	94/95	95/96	96/97	97/98	98/99	99/1900	計
エフゲニー・オネーギン	2	15	10	8	5	12	13	11	10	12	98
悪魔	9	10	11	3	7	11	11	10	6	8	86
スペードの女王		22	14	8	4	10	7	5	6	3	79
皇帝に捧げた命	7	6	13	10	8	5	7	5	8	8	77
(以下略)											

マリインスキー劇場	1900/01	01/02	02/03	03/04	04/05	05/06	06/07	07/08	08/09	09/1910	計
エフゲニー・オネーギン	16	12	11	8	7	8	8	8	9	14	101
スペードの女王	14	8	14	9	10	10	9	8	8	7	97
ルスランとリュドミラ	4	6	5		10	10	7	9	9	6	66
皇帝に捧げた命	7	8	6	7	4	3	4	9	12	5	65
ドゥブロフスキー	8	4	2	5	6	7	6	5	5	5	53
悪魔		1	11	3	9	8	5	4		3	51
(以下略)											

ボリショイ劇場	1900/01	01/02	02/03	03/04	04/05	05/06	06/07	07/08	08/09	09/1910	計
エフゲニー・オネーギン	12	15	11	10	13	10	16	12	12	14	125
ルサルカ	14	9	9	9	8	10	10	8	9	10	96
皇帝に捧げた命	10	10	8	11	8	4	3	8	13	11	86
悪魔	9	6	6	6	6	5	9	9	12	7	75
(以下略)											

1. 上演回数

◆ 1890年代（1890-1900年の10シーズン）：

マリインスキー劇場

　　ロシア・オペラ　675回

　　フランス・オペラ　345回

　　イタリア・オペラ　274回

　　ドイツ・オペラ　73回（4演目中2作品がヴァーグナー、計54回）

　　チェコ・オペラ（《ダリボル》）　4回

ボリショイ劇場

　　ロシア・オペラ　645回

　　フランス・オペラ　274回

　　イタリア・オペラ　266回

　　ドイツ・オペラ　62回（8演目中3作品がヴァーグナー、計32回）

　　ポーランド・オペラ（《ハルカ》）　16回

◆ 1900年代（1900-1910年の10シーズン）：

マリインスキー劇場

　　ロシア・オペラ　739回

　　フランス・オペラ　330回

　　イタリア・オペラ　160回

　　ドイツ・オペラ　258回（10演目中6作品がヴァーグナー、計223回）

ボリショイ劇場

　　ロシア・オペラ　899回

　　フランス・オペラ　438回

　　イタリア・オペラ　175回

　　ドイツ・オペラ　98回（8演目中5作品がヴァーグナー、計64回）

　　ポーランド・オペラ（《ハルカ》）　23回

このように外国オペラの中で、1890年代の両劇場に於けるドイツ・オペラの占める割合は明らかに少ない。だが1900年代に入ると、ボリショイ劇場では相変わらずドイツ・オペラの上演回数は少ないが、マリインスキー劇場では飛躍的に伸び、イタリア・オペラを大きく凌いでいる。またドイツ・オペラの演目をよく見ると、ヴァーグナーが作品数・上演回数ともに半数近くかそれ以上を占めている。1900年代のマリインスキー劇場では《ローエンリン Lohengrin》《タンホイザー Tannhäuser》に加えて、《ニーベルングの指環 Der Ring des Nibelungen》四部作の盛んな上演が見て取れる。たとえば《ワルキューレ Walküre》(54回)、《タンホイザー》(52回)は、ロシア・オペラの内、5、6番目に多く上演されていた《ドゥブロフスキー Дубровский》(53回)、《悪魔 Демон》(51回)を回数で上回っている(表2)。

　19世紀後半のヨーロッパにおけるヴァーグナーの影響については、ここで改めて論じるまでもないだろう。「楽劇」の創始者であり、その思想や理論は作曲家だけではなく、多くの芸術家や文化人を感化した。ロシアとドイツの難しい外交関係をよそに、ロシアにおいても作曲家のアレクサンドル・セローフ(1820-1871)を始めとして、「ヴァグネリアン」とされる文化人や芸術家がヴァーグナーの音楽を賞賛し、国内での上演を推進した[4]。またその「総合芸術」という概念はバレエなど他の分野にも大きな影響を及ぼした[5]。

　以前、筆者が帝室劇場のレパートリーと上演回数を調査した時、個々の事象について詳しく調べ論じるまでには至らなかった。本論においても全てを網羅することは不可能である。だが今回は、帝室劇場に於ける上演実態に基づいて、世紀転換期のロシアにおけるヴァーグナーの受容とその上演史に着目して整理・考察したい。

4　1859年、セローフはヨーロッパでヴァーグナーと知り合い、ヴァーグナーの最初の紹介者となった。
5　ヴァーグナーの「総合芸術論」はロシアのモダニズム芸術と結びついた。ロシア人貴族のセルゲイ・ディアギレフ(1872-1929)もまたヴァーグナーに心酔した。ディアギレフが率いた「バレエ・リュス」は舞踊だけではなく、音楽や美術にも一流の芸術家を起用し、「総合芸術」としてのバレエを確立した。

2. 背景

　1890年代のロシアとドイツの関係は、対ロシア外交を重視していた宰相ビスマルクが1890年に辞任し、ドイツが独露再保障条約の更新を拒絶したことや、露仏同盟の締結などにより、非常に悪化していた。このことは、とりわけ1890年代の帝室劇場におけるオペラの作品選定や上演回数にも影響を及ぼしている。

　フランス・オペラの上演回数の多さに関しては、露仏関係の強化という政治的な理由、上流階級の人々のフランス文化への親和性、パリ発祥で19世紀欧州の歌劇場を席巻した「グランド・オペラ」[6]の人気の高まりなど、様々な要因を考慮しなければならない。イタリア・オペラはかつて皇帝の庇護を受け、首都サンクトペテルブルクに帝室イタリア・オペラ団が常駐していたことを考えると、1890年代にはフランス・オペラに上演回数で下回っていたという事実に時代の変化を感じる。

　ロシア・オペラの上演回数の圧倒的な多さについては、五人組よりもチャイコフスキーの存在感が目立っている。事実、《エフゲニー・オネーギン Евгений Онегин》はいずれの年代、いずれの劇場においても圧倒的な上演回数を誇っている。チャイコフスキーは1880年代に《エフゲニー・オネーギン》や《マゼッパ Мазепа》などのオペラで成功を収め、評価も実力も安定期に入った頃である。オペラ《スペードの女王》や、有名な三大バレエのうち《眠れる森の美女 Спящая красавица》《くるみ割り人形 Щелкунчик》はいずれも1890年代に初演された[7]。ミハイル・グリンカ（1804-1857）の《皇帝に捧げた命 Жизнь за царя》はその愛国的な主題により[8]、帝室劇場の開幕シーズンや皇帝の戴冠式など国家的行事には必ず上演される定番のオペラである。だが、

---

[6] 「グランド・オペラ」はパリ・オペラ座で発祥し、19世紀前半に大流行したオペラの一ジャンル。四幕または五幕から成り、バレエを含む。大掛かりで悲劇的な結末を迎えることが多い。（丸本隆他編『パリ・オペラ座とグランド・オペラ』森話社、2022年）

[7] もう一つの《白鳥の湖 Лебединое озеро》は1877年にボリショイ劇場で世界初演されたが、1880年代にはほとんど上演されなくなっていた。1895年にマリインスキー劇場でマリウス・プティパとレフ・イワーノフの振付による蘇演版が全幕初演されて大きな成功を収め、今日上演される《白鳥の湖》の基礎となった。

[8] 《皇帝に捧げた命》は17世紀初頭のロシア・ポーランド戦争を主題にしたオペラ。主人公で、皇帝に忠実な農民イヴァン・スサーニンがポーランド軍を森に迷わせ、ロシア帝国の危機を救う。

いわゆる「ロシア五人組」すなわち国民楽派よりもその次の世代、すなわちセローフ（《ログネダ　Рогнеда》《ユディト Юдифь》《悪魔の力 Вражья сила》）、アントン・ルビンシュテイン（1829-1894）（《悪魔》）、エドゥアルド・ナプラヴニク（1839-1916）（《ドゥブロフスキー Дчбровский》）、アレクサンドル・ダルゴムィシュスキー（1813-1869）（《ルサルカ Русалка》）らの活躍が目に入る。

19世紀以前のロシア音楽史

　ここで背景をよりよく理解するために、19世紀以前のロシア音楽史を概観しておきたい。正教会の力が強いロシアでは宗教音楽と世俗音楽は区別され、1648年にはモスクワ大公アレクセイ・ミハイロヴィチ（在位1645-1676）による事実上の世俗音楽禁止令が出された。なお、アレクセイ・ミハイロヴィチは有名なピョートル大帝（在位1682-1725）の父である。正教会の典礼音楽では楽器は用いられず、祈祷と組み鐘の演奏が重視された。ロシアの伝統的な楽器は禁止され、バラライカなど一部を除き今日ほとんど残っていない。一方、高度な合唱の技術が発達し、宮廷楽長は合唱団の指揮を担った。宮廷ではイタリア音楽が偏重され、ロシア独自の西洋式音楽の発展は妨げられてきた。しかし19世紀になると民族意識の高まりとともに、芸術の様々な分野でロシア人としてのアイデンティティを模索する人々が現れるようになる。当時、ロシアはこのまま西欧的発展の道程を歩み続けるのか、それともスラヴ民族の伝統に立ち返るのか、という議論が盛んになった。「ロシア国民音楽の父」とされるグリンカもその一人である。グリンカはイタリアに留学して作曲理論を学んだ後、ロシア的な主題のオペラ創作に取り組んだ最初の音楽家となった。

　グリンカの代表作である《皇帝に捧げた命》（1836）とロシアの国民的詩人アレクサンドル・プーシキン（1799-1837）が書いた物語詩を原作とする《ルスランとリュドミラ　Руслан и Людмила》（1842）は、サンクトペテルブルクの石の大劇場で初演された。これはエカテリーナ二世（在位1762-1796）の命により1783年に、現在のマリインスキー劇場の向かい、サンク

トペテルブルク音楽院の建つ場所に建造され、1886年に老朽化により閉鎖するまで最も格式の高い劇場だった。

　グリンカとその後継者のロシア五人組[9]の橋渡し的存在であるダルゴムィシュスキーのオペラ《ルサルカ》(1856)は、サーカス劇場で初演された。現代のロシア音楽史において、グリンカや五人組の扱いは非常に大きい。だがそれは「国民楽派」と呼ばれる彼らの志向が、西欧化を目指した皇帝を廃した共産党のイデオロギーと親和性があり、ソ連時代に「正当な音楽」とみなされたからであることは否めない。だが実際には1880年頃まで、ロシアの国民音楽的なオペラは、イタリア・オペラやフランス・オペラに圧倒されていたのである。

　グリンカ、ダルゴムィシュスキー、五人組の作曲家たちは、ロシアの民族的な主題を取り上げ、ロシア民謡の旋律を活用するなど、それまでの高尚な音楽では積極的に用いられなかった要素を取り入れ、オペラや交響詩を書いた。一方、宮廷の外で「音楽家」という独立した職業が確立されていなかったロシアでは、彼らの多くが軍人や化学者など「本職」を持っていた。彼らは正規の音楽教育を受けていなかったとされる。ダルゴムィシュスキー、キュイー、ムソルグスキーらは、高度な作曲知識を要する交響曲を完成させていない[10]。

　ロシアに西欧式のアカデミックな音楽教育を導入したのは、アントン(1829-1894)とニコライ(1835-1881)のルビンシュテイン兄弟である。アントンは1859年にロシア音楽協会[11]を設立し、これは62年にようやくサンクトペテルブルク音楽院に発展した。またモスクワ音楽院は1866年にニコライによって創立された。ピョートル・チャイコフスキー(1840-1893)はロシア音楽協会とサンクトペテルブルク音楽院で学び、高度な作曲技法を

9　アレクサンドル・ボロディン(1833-1887)、ツェーザリ・キュイー(1835-1918)、ミーリイ・バラキレフ(1837-1910)、モデスト・ムソルグスキー(1839-1881)、ニコライ・リムスキー＝コルサコフ(1844-1908)。
10　ただしムソルグスキーには未完の交響曲が一つある。
11　ロシア音楽協会は、専門的な音楽教育の普及に尽力するとともに、定期演奏会を催すなど、ロシアにおける高尚な音楽文化発展の基礎を築いた。

身につけて、のちにモスクワに活動拠点を移し、同地の音楽院で教えた。

3. ヴァーグナーのロシア滞在

　ヴァーグナー自身は、1863年にサンクトペテルブルクとモスクワを訪れ、演奏会を行ったことがある。ここで少し時代を遡って、作曲家のただ一度のロシア滞在時の模様をまとめておく。

　なお、ヴァーグナーの最初の「ロシア」滞在は、1837-1839年、ラトヴィアの首都リガでドイツ劇場における指揮者としての仕事である。当時のラトヴィアはロシア帝国の一部だった。だが一般的には、1863年の客演のことを「ロシア初訪問」と言ってよいだろう。

　以下第3節から7節の記述は主として、バートレットに依拠する[12]。

　1860年代までに、ヴァーグナーの名声は高まりつつあり、1862年、作曲家はサンクトペテルブルク・フィルハーモニー協会から演奏会開催を依頼する招待状を受け取った。数回の手紙のやり取りを経て、1863年2月12日、サンクトペテルブルクに到着する。だがドイツで革命運動に参加し、ロシア人革命家バクーニンと交流のあったヴァーグナーは、「革命的」な人物と見做され、滞在中、常に帝政の秘密警察から監視を受けていた。

　初めてのリハーサルは2月14日に行われ、130名の演奏家からなる大オーケストラを指揮した。2月19日、最初のコンサートが貴族会館で催された。サンクトペテルブルクの聴衆は、当時まだ完成前だった、《ワルキューレ》、《ジークフリート Siegfried》、《マイスタージンガー Die Meistersinger von Nürnberg》序曲、《ローエングリン》序曲の断片を世界に先駆けて聴いた。農奴解放から2年、アレクサンドル二世（在位1855-1881）の戴冠記念日の祝賀式典でロシア国歌演奏の指揮もした。2月26日に2回目のコンサート、3月6日に3回目のコンサートが、格の高い

12　Rosamund Bartlett, *Wagner & Russia*（Cambridge UP, 1995）, 18-29, 36-49.

石の大劇場で行われた。ヴァーグナーはオーケストラのレベルに満足し、彼自身の言葉によればコンサートは大成功だった。

これらのコンサートは、当初はヴァーグナーの音楽に懐疑的だった、20歳の若きチャイコフスキーに大きな感動を与えた。また、ロシア音楽界のパトロンだったエレーナ・パヴロヴナ大公妃[13]の知遇を得て、当時、まだ困窮していたヴァーグナーは経済的支援を求めるようになる。

モスクワでは当初3月10日に予定していた演奏会を、インフルエンザに罹患したため延期し、3月13、15、17日に行った。モスクワでの反応はサンクトペテルブルクよりも冷たかった。当時のボリショイ劇場の総裁レオニード・リヴォフの関心はイタリア・オペラにしか無かったからである。《運命の力 La Forza del Destino》を作曲したヴェルディが数ヶ月前に帝室劇場幹部の熱心なプロモートで華々しく歓待されたのとは対照的に[14]、対応は非常に冷たかった。ヴァーグナーもまた、モスクワの帝室オーケストラのレベルには失望していた。ヴァグネリアンでもあったニコライ・ルビンシュテインはこうした状況を見かねて、ロシア音楽協会のメンバーや批評家らを中心とした晩餐会にヴァーグナーを招待した。

だが西欧的な街であるサンクトペテルブルクと異なり、古いロシアの面影を色濃く残すモスクワの風景をヴァーグナーは気に入った。「アジアにいるかのよう」と述べ、赤の広場にあるクレムリンを「千夜一夜物語の世界」と描写している。これは同広場にある色彩豊かな聖ワシーリー大聖堂のことかもしれない。

モスクワでは《ジークフリート》の「鍛冶の歌」がドイツ語からロシア語に翻訳されて、歌手ミハイル・ウラディスラヴレフによって歌われた。

3月19日にサンクトペテルブルクに戻り、3つの演奏会が行われた。こ

---

13 ロシア皇帝パーヴェル一世の四男であるミハイル・パヴロヴィチ大公の妃。夫の死後、慈善団体や芸術家たちのパトロンとなった。ロシア音楽協会およびサンクトペテルブルク音楽院の設立者の一人でもある。
14 1862年11月8日、ボリショイ劇場で《仮面舞踏会 Un ballo in maschera》(ヴェルディ)が上演された。

の時の3回目、すなわち4月5日の演奏会がヴァーグナーのロシアにおける最後の舞台であった。エレーナ・パヴロヴナ大公妃からの支援などにより、経済的に成功し気を良くしたヴァーグナーは、翌年以降もロシアに戻って継続的に演奏することを望んだ。しかし作曲家の申し出はあまりにも厚かましく無礼過ぎたため、皇室と帝室劇場幹部はその願いを受け入れなかった。その後、サンクトペテルブルク・フィルハーモニー協会は、1866年に再びヴァーグナーを招聘しようとするが、その頃にはバイエルン国王ルードウィヒ二世が作曲家のパトロンになっていて経済的な安定を得ており、ヴァーグナーが再びロシアを訪れることはなかった。

ヴァーグナーの演奏会についての批評

ロシアでは、ヴァーグナー以前の指揮者は観客の方を向いていて、メトロノームのように正しいリズムを刻むだけだった。これに対して観客に背を向け、情感たっぷりに緩急をつけて指揮棒を振るヴァーグナーの姿は、そのような指揮の仕方に慣れていないロシアの観客や批評家を困惑させた。また、「未来の音楽」という言葉がしばしば用いられた。これは未だ理解できない、という意味だが、どちらかというと批判的な意味合いで使われる表現である[15]。一方、セローフや音楽評論家のウラジーミル・オドエフスキー（1803-1869）らは、賞賛的批評を書いた。後述するように、イタリア・オペラに圧倒されていた当時のロシアにおいて、ヴァーグナーはロシア音楽の地平線を広げる存在としての可能性を見出されたのである。

4. ロシアにおけるイタリア・オペラ

19世紀後半のボリショイ劇場

強権的な専制君主として知られるニコライ一世（在位1825-1855）は、帝室劇場にその後も長く続く厳しい検閲システムを導入した。作品中で「自

---

[15] 三大バレエを創った偉大な振付家マリウス・プティパの最後の上演作品となった《魔法の鏡》（1903）が「失敗」に終わった時、アルセニー・コレシチェンコ作曲の音楽が批判され、「未来の音楽」と揶揄された。

由主義」を描くことは許されず、これにより外国のオペラはしばしば改題され、内容が原作から大きくかけ離れることも珍しくなかった。フランスのグランド・オペラはロシアにも導入されたが、ロッシーニの《ギヨーム・テル Guillaume Tell》やオベールの《フェネッラ（ポルティチの唖娘）La Muette de Portici》は長い間、ドイツ語かイタリア語による上演のみしか許されなかった。後者はニコライ一世の逝去後（1857年）、初めてロシア語で上演されたが、その時もまた《パレルモのならずもの》という、原題を想起させるものは何もないタイトルに改変された。それでもイタリア・オペラが優勢だった1840年代のロシアで、これに対抗できたのはグランド・オペラの《フェネッラ》《悪魔ロベール Robert le Diable》のみだったという[16]。

「イタリア・オペラ団」について

　ニコライ一世はイタリア・オペラを偏重し、1843年以降、サンクトペテルブルクの中心的な歌劇場だった「石の大劇場」に帝室イタリア・オペラ団を常駐させた[17]。ヴェルディの《運命の力》は1862年にこの帝室イタリア・オペラ団によって世界初演された[18]。このため、ロシア・オペラ団は居場所を転々とし、モスクワに活動の場を移すようになる。石の大劇場はイタリア・オペラ団が独占使用権を持ち、ロシア・オペラ団はサンクトペテルブルクに戻ってからはやや格下のサーカス劇場で公演した[19]。帝室イタリア・オペラ団については、マースの『ロシア音楽史』にも記述がある。

　だがモスクワの「イタリア・オペラ」についてはよくわからない。帝室劇場幹部は「宮廷劇場」としての豪華さを保つために、レパートリーを外国のオペラで埋め尽くしていた。フョードロフによると、1860年代と1870年代のボリショイ劇場では、イタリア・オペラに特権的な地位が与えられ、ミ

16　Marina Frolova Walker, "Grand opera in Russia: fragments of an unwritten history," *The Cambridge Companion to Grand Opera*, edited by Charlton, David (Cambridge UP, 2003), 347.
17　日本ロシア音楽家協会『ロシア音楽事典』（カワイ出版、2006年）、340頁。
18　フランシス・マース『ロシア音楽史《カマーリンスカヤ》から《バービイ・ヤール》まで』（春秋社、2006年）、340頁。
19　マース『ロシア音楽史』、53,55-56頁他。

ラノ・スカラ座の支配人を務めた（在職：1829-1850）イタリア人興行主バルトロメオ・メレッリ（1793-1879）の斡旋によるイタリア・オペラ団の公演が、1週間のうち4-5日を占めていた。ロシア・オペラ団は1日しか与えられなかった[20]。1862年、1863年、1874年、1877年、1878年のボリショイ劇場では、ロシア・オペラ団による新作上演は一つも無かったという[21]。

モスクワにおける「イタリア・オペラ団」が、海外からのツアー・カンパニーなのか、サンクトペテルブルクのように常設のイタリア・オペラ団があったのか、筆者は確定出来ていない。バートレットはresident Italian Opera、フョードロフはpermanent Italian Operaという言葉を用いている。しかしマースや『ロシア音楽事典』（マースを参考にしていると思われる）[22]の記述からは、モスクワにも帝室イタリア・オペラ団があったという事実が確認できない。

いずれにしても、イタリア・オペラが、ロシア宮廷において特権的な地位にあり、サンクトペテルブルクでもモスクワでも他のオペラを圧倒していたことは相違ない。しかし1860年代半ば、帝室劇場幹部によって半ば強権的にプログラムに組み込まれたイタリア・オペラは、必ずしも経済的に成功していなかったという。たとえば1865年2月、帝室劇場幹部はボリショイ劇場で貼紙により以下のような告知を行った。

> 1865-66年シーズンのイタリア・オペラの定期購買客から50,000ルーブル集める予定が、累積購買料金が12,000ルーブルにしか達しなかったので、定期購買料金を返金する[23]

20　Frolova-Walker, "Grand opera in Russia," 347.
21　Vasilii Vasilevich Fedrov, *Repertoire of the Bolshoi Theater 1776-1955*（Ross Publishing LLC, 2022; c2001），15.
22　日本ロシア音楽家協会『ロシア音楽事典』。
23　Fedrov, *Repertoire of the Bolshoi Theater*, 226.

1881年、アレクサンドル二世が亡くなると、イタリア・オペラ団はアレクサンドル三世（在位：1881-1894）によって廃止された。

5. 五人組、チャイコフスキーらロシアの作曲家によるヴァーグナーの評価

ロシアで優勢を誇るイタリア・オペラに対抗する音楽として、1860年代にはヴァーグナーに期待が高まった。一方で、1868年にロシアで初めてヴァーグナーのオペラ《ローエングリン》が上演された時、五人組とその庇護者で著名な評論家のウラジーミル・スターソフ（1824-1906）、グリンカと五人組をつなぐ世代の作曲家ダルゴムィシュスキーらは、19世紀になってようやく発展を遂げたロシア国民音楽への脅威と感じた。彼らはヴァーグナーを、長い間ロシア音楽の成長を阻害してきたイタリア・オペラに代わるものとして危険視した。

キュイーは《ローエングリン》の前奏曲を理解出来なかったか、あえて理解せず、「音楽的観念を欠いた、いつまでも続く甲高いヴァイオリンの不快で長ったらしい単調な音」と批判した。

これに対して、ヴァーグナーの常に変わらぬ擁護者だったセローフは、「ロシア・オペラは究極のリアリズムであり、（ヴァーグナーの）神話性や神秘的要素とは相容れないもの」だと反論した。演劇評論家のマヴリキー・ラッパポールは「ロシアにおけるイタリア・オペラの圧勝がついに終焉を迎える兆し」だと述べ、『ソヴレメンナヤ・レトピシ（現代の年代記）』紙は「音楽面では見事にリハーサルを重ね、何もかも非常に素晴らしく、迫真性を持って行われた。我々のグランド・オペラ作品にはほとんど見られないことだ」と評した。

他方、伝統的なイタリア・オペラ風と、リアリズム的なロシア流の歌い方のミックスにより、あまり成功していない、という批判もあった。

1876年、第1回バイロイト音楽祭が開かれると、ロシアからチャイコフスキー（『ロシア通信』）、キュイーらが特派員として派遣され、新聞に報告

記事が載った。

　チャイコフスキーは、《ラインの黄金 Das Rheingold》に感動しながらも、《神々の黄昏 Götterdämmerung》は冗長でつまらないと感じた。そして決定的な評価は明言しないながらも、「(ヴァーグナーは)オペラ作曲家というよりシンフォニスト(交響楽作曲家)である」と述べた。

　五人組の中でも辛辣な批評家として知られるキュイー[24]は、ロシア国民楽派の論客らしく、ヴァーグナーよりロシアのオペラの作曲の方があらゆる点で優れていると断言している。

　ヴァーグナーに対する、「五人組」の他の作曲家たちの態度はどうだったか？

　ボロディンは初期にはヴァーグナーを批判していたが、次第に傾倒して行き、1881年にはライプツィヒに《ニーベルングの指環》を聴きに赴くほどだった。ムソルグスキー（1881年死去）は異質なものと感じながら、その力量を認めていた。スターソフの、ダルゴムィシュスキーの方が優れているという考えは変わらなかったが、《マイスタージンガー》を賞賛しており、特にその交響楽的音楽性を評価した。キュイーとバラキレフは生涯、ヴァーグナーに対する敵対的な態度を変えなかった。

　リムスキー＝コルサコフについては後で述べる。

　ヴァーグナー人気の高まりは衰えを見せず、1878年、「リヒャルト・ヴァーグナー協会モスクワ支部」が設立された。この時の会員に名を連ねていたのは、カルル・クリンドヴォルト、ゲルマン・ラローシュ、カルル・アルブレヒト、アントン・アレンスキー、パーヴェル・パプスト、ヴァシリー・サフォーノフらである。また、59人のメンバーのうち、23人が女性だった。

　アレクサンドル三世は即位ともにイタリア・オペラ団を廃止した（1881年）。同時期に帝室劇場総裁に就任したイヴァン・フセヴォロシスキー（総

24　ラフマニノフやチャイコフスキーを酷評したことは有名。キュイーはラフマニノフの交響曲第一番（1897）を「もし地獄に音楽学校があったなら、その住人を大いに喜ばせただろう」と貶した。

裁：1881-1899）は、チャイコフスキーのバレエ《眠れる森の美女》や《白鳥の湖》（蘇演版）の成功に導いた。フセヴォロシスキーはロシア音楽の推進者であり、ヴァーグナーのオペラ上演に積極的ではなかった。

6. バイロイト・リヒャルト・ヴァーグナー劇場のロシア客演

1889年3月、アンジェロ・ノイマン（プラハのドイツ・オペラの監督）率いるバイロイト・リヒャルト・ヴァーグナー劇場がロシアに客演し、《ニーベルングの指環》をドイツ語で上演した。これは画家のアレクサンドル・ベヌア（ブノワ）、文芸評論家のニコライ・ストラホーフといった文化人たちに感銘を与えた。

リムスキー＝コルサコフとグラズノフは可能な限り、リハーサルにも見学に行った。リムスキー＝コルサコフはサンクトペテルブルク音楽院の教授だったが、皇帝ニコライ二世（在位 1894-1917）の覚えがめでたくなく、1890年代は帝室劇場との折り合いも悪かった。しかし大商人サッヴァ・マーモントフが率いた「私立オペラ団」で作品が上演され評判を呼ぶと、1900年代の帝室劇場に返り咲く。だが帝政批判を匂わせるなど「反体制的」で、1905年には教授職を解雇される。

リムスキー＝コルサコフは、《ニーベルングの指環》の上演から大きな刺激を受けて、ヴァーグナーの管弦楽法を研究し、《ムラーダ Млада》の作曲に着手した。以降、ほとんどの作品はオペラとなる。

7. ロシアにおけるヴァーグナーのオペラ作品上演史

次に『ボリショイ劇場のレパートリー 1776-1955』(a)、マリインスキー劇場の公式サイト(b)[25]、バートレット(c)らの記述に基づき、ヴァーグナーのオペラ作品のロシアにおける上演史について述べる。これらの3つのソースは一致しなかったり、一つの資料に記録があっても別の資料に無かった

25　マリインスキー劇場公式サイト　https://www.mariinsky.ru（2025年3月4日閲覧）

りすることがある。現時点でロシアに行って事実関係を調査することが困難であるため、ここではこれらの記述と疑問点を可能な限り列挙することにした[26]。

《ローエングリン》(ロシアで最初に上演されたヴァーグナーのオペラ)
1868年：ロシア初演於マリインスキー劇場(ロシア語上演)(b)
1880年：サンクトペテルブルク(石の大劇場またはマリインスキー劇場？、イタリア・オペラ団による上演)(c)
1881年：ボリショイ劇場(イタリア語による上演)(b、cには記載無し)
1887年：マーモントフの私立オペラ(モスクワ)による上演(c)
1889年：ボリショイ劇場に於けるロシア語での初演(b)(c)

《タンホイザー》
1874年：ロシア初演於マリインスキー劇場(ロシア語上演)(b)
1877年：モスクワ(ボリショイ劇場？、イタリア・オペラ団による上演)(b)(c)
1878/79年シーズン：サンクトペテルブルク(イタリア・オペラ団による上演)(c)
1881年：ボリショイ劇場に於けるロシア語での初演(b) ＊バートレットは「1898年」としている。(b)には1881年と1898年の両方のロシア語上演記録がある。

マリインスキー劇場とボリショイ劇場における《ローエングリン》と《タンホイザー》の上演回数
- 1890年代のマリインスキー劇場《ローエングリン》28回、《タンホイザー》26回
- 1890年代のボリショイ劇場《ローエングリン》19回、《タンホイザー》7回
- 1900年代のマリインスキー劇場《ローエングリン》45回、《タンホイザー》

---

26 2024年6月18日付で、ロシア国立バフルーシン演劇中央博物館宛に事実関係を確認するための質問をメールで送った。返信はあったが、質問に対する回答はまだ待っている最中である(2024年7月5日現在)。

52回
- 1900年代のボリショイ劇場《ローエングリン》25回（もっとも多く上演されたドイツ・オペラ）、《タンホイザー》6回

　ボリショイ劇場では《ローエングリン》に比べると、《タンホイザー》はあまり上演されなかった。マリインスキー劇場では大きな差異は見られない。

バイロイト・リヒャルト・ヴァーグナー劇場による《指環》のドイツ語上演
　先述のように、ボリショイ劇場付のオペラ団がロシア語による《ローエングリン》を初演し、レパートリーとする前シーズンの1889年3月、アンジェロ・ノイマン（プラハのドイツ・オペラの監督）率いるバイロイト・リヒャルト・ヴァーグナー劇場がロシアに客演し、《ニーベルングの指環》をドイツ語で上演した。

首都サンクトペテルブルク
2月28日〜3月22日（現時点で筆者は詳細記録にあたれていない。）

モスクワ
《ラインの黄金》：3月25日。休憩無しの上演。
《ワルキューレ》：3月26日。サンクトペテルブルク・オペラ・オーケストラが参加した。
《ジークフリート》：3月28日
《神々の黄昏》：3月29日

　宗教的に厳格なロシアでは、復活祭前の四旬節は娯楽を慎み、帝室劇場では公演が行われなかった。普段は敬虔なロシア正教徒としてこの時期、観劇を控えるアレクサンドル三世と皇后も、斎期にもかかわらず臨席した。そして皇帝のリクエストにより、首都の後、モスクワにも巡演した。公演は両方の都市で大きな成功を収めた。

同バイロイト劇場オペラ団は、1890、1891年も客演が期待されたが、1890年代は未だ、露仏同盟、反独感情が大きかったことが影響し、公演は行われなかった。一方、ロシア国内外でヴァーグナーの名声は高まりつつあった。だが両首都以外ではヴァーグナーは知られていなかった。作品よりもネリー・メルバ（1861-1931）やレシュケ兄弟[27]らソリストの方に注目が集まったという[28]。

　以上、《ローエングリン》《タンホイザー》《ニーベルングの指環》客演のロシアにおける上演史を見てきた。これ以外のヴァーグナー・オペラのロシアの劇場による初演記録は以下である。

《ジークフリート》：1894年於ボリショイ劇場、1902年於マリインスキー劇場（ロシア語上演）

《ワルキューレ》：1902年於ボリショイ劇場、1900年於マリインスキー劇場（ロシア語上演）

《神々の黄昏》：1903年於マリインスキー劇場（ロシア語上演）

《ラインの黄金》：1905年於マリインスキー劇場（ロシア語上演）

《さまよえるオランダ人　Der fliegende Holländer》（=《枷をかけられた船乗り》）：1902年於ボリショイ劇場、1911年於マリインスキー劇場（ロシア語上演）

《パルジファル Parsifal》：1913年於国民劇場（サンクトペテルブルク、ロシア語上演）＊シェレメテフ公爵の音楽歴史協会の協力による、1997年マリインスキー劇場

《トリスタンとイゾルデ Tristan und Isolde》：1899年於マリインスキー劇場（ロシア語上演）、短縮版1909年於同劇場

27　ポーランド出身のオペラ歌手。ジャン・ド・レシュケ（1850-1925）とエドゥアール・ド・レシュケ（1853-1917）。妹のジョゼフィーヌ（1855-1891）も歌手。
28　Bartlett, *Wagner & Russia*, 48-49.

《ニュルンベルクのマイスタージンガー》：／2023年於マリインスキー劇場（ロシア語上演）

おわりに

　1880年代と1890年代のロシア社会に蔓延していた「ドイツ嫌い」は文化・芸術面にも影響を落としていた。本稿は、ドイツ・オペラの上演が明らかに少なかった1890年代と1900年代から遡って、特別な地位を占めていたヴァーグナーの、ロシアにおける受容を概観する覚書である。

　国民音楽の発展を圧迫していたイタリア・オペラがまだ優勢だった1860年代のロシアで、ヴァーグナーは、グランド・オペラ以外でこれに対抗し得る作曲家として期待された。一方、キュイーなど国民楽派の音楽家やその理論的擁護者のスターソフらは、ヴァーグナーをイタリア・オペラに代わってロシア音楽の成長を阻害する危険なものとして懸念した。しかしヴァーグナーの人気は衰えることなく、特に1889年のバイロイト・リヒャルト・ヴァーグナー劇場による《ニーベルングの指環》四部作のドイツ語上演以降、とりわけサンクトペテルブルクではヴァーグナー・オペラの上演回数が飛躍的に伸びた。

　今回は、サンクトペテルブルクに比べて、なぜモスクワでのヴァーグナー受容が芳しくなかったのか、またモスクワにおけるイタリア・オペラ団の実態など解明できない問題が残った。また、1913年のヴァーグナー生誕100周年の際に盛んに行われた再評価まで紹介出来なかった。これらは今後の課題としたい。

第三部 デジタルアーカイブの活用

上演演目データの整理・分類における諸課題
―― 18〜20世紀のオペラ公演を例に

岡本佳子　坂部裕美子　神竹喜重子　荒又雄介
辻昌宏　大河内文恵　平野恵美子　小石かつら

はじめに

　演劇や音楽は美術等の造形芸術と比較して作品自体が「残らない」ため、その上演の実態を知る手がかりは限られる。古代ギリシア劇の復興を目的に16世紀末のフィレンツェで誕生し、こんにちなお世界各地で上演されているオペラもその一つである。その誕生から、いつ・どこで・どのような形態で上演されてきたのか。上演に際して台本作家、作曲家、興行師、演出家、指揮者、美術家、演奏者、ダンサー、技術者等の大人数が関わっているゆえに、上演形態やその内容、頻度を決定づける諸条件や要素は無数にある。「本書の射程」でも述べたように、近年のオペラ研究においては、オペラを作曲家による有機的な単体の「作品」として扱うよりは、劇場内での興行や上演も含めた一連の「イベント」としてみなし、それら諸要素を様々な研究分野からアプローチすることが主流となっている[1]。

　これらの無数の要素を整理し、上演傾向における言語・地域間の影響関係や、歌手や指揮者の移動の実態、そして近代に発達していったメディアや民族主義との関連、さらにはそれらの結節点としての劇場の役割を明らかにできないだろうか――このような課題意識のもとに、筆者らは18〜20世紀初頭のヨーロッパの主要音楽劇の興行データの蓄積と分析を行っている。具体的には、①世界各地の歌劇場／歌劇団の上演データベースの公開状況の調査、②フィールドワークと文献調査によるヨーロッパ主要歌劇場の資料調査と上演演目調査、③上演演目を含む、収集した

---

[1] Nicholas Till, "The Operatic Event: Opera Houses and Opera Audiences," *The Cambridge Companion to Opera Studies*, ed. Nicholas Till (Cambridge University Press, 2012), 70.

興行データを整理する分類方法の案出に取り組んでいる。最終的には、個別の調査データを作品分析や成立史の単なる補助的手段としてではなく、能動的ツールとして使用する音楽劇研究の方法論を提示することで、広く文化の言語間・地域間の影響関係を可視化するのが本研究のねらいである。

本稿は②と③の過程で得られた、データ化と蓄積にあたっての諸問題を提示することで、データベース作成に向けた実践論文とするものである[2]。

1. データ化する対象

上演作品の記録は、主に各国の図書館、劇場資料館や文書館などに保管されている。年代や地域によって失われた資料も数多くあるものの（例えばキエフのオペラ上演史については、1896年の市立歌劇場の大火災によってそれ以前の上演記録の大半が焼失してしまった[3]）、2000年頃からはそれら資料群を収録した上演データベースがCD-ROM形式やウェブサイト上で急速に公開されるようになった。

例えば、スタンフォード大学図書館が公開している*Opening Night! Opera and Oratorio Premieres*[4]は、オペラとオラトリオの初演データを集めたデータベースであるが、この原型は*From Don to Giovanni : opera database ; oratorio database*[5]というCD-ROM版として刊行されたデータベースである。その後、改訂版刊行ののち（2010年）、スタンフォード大学図書館に引き継がれて2013年からインターネット上で公開された。以降

---

[2] 本稿は岡本佳子、坂部裕美子、神竹喜重子ほか「上演演目データの整理・分類における諸課題——18〜20世紀のオペラ公演を例に」『デジタルアーカイブ学会誌』7巻4号（2023年）e39-e44（https://doi.org/10.24506/jsda.7.4_e25）を加筆修正したものである。

[3] 2019年11月16日にウクライナ国立歌劇場文芸資料館長のラリーサ・タラセンコ氏に神竹喜重子が取材している。神竹喜重子「《ホヴァーンシチナ》が日の目を見るまで：1892年のキエフにおける舞台初演」佐藤英、大西由紀、岡本佳子編『オペラ／音楽劇研究の現在：創造と伝播のダイナミズム』（水声社、2021年）, 63–87.

[4] Opening Night! Opera and Oratorio Premieres (https://exhibits.stanford.edu/operadata)（参照2023-6-24）.

[5] Richard Parrillo, *From Don to Giovanni : opera database ; oratorio database* (Bellevue, Wash.: Sibylline Books, 1997).

も更なるサーバ移行（2019 年）や改訂を重ねて現在のような形になっており、上演データベースの発展がよくわかる例だと言えよう。他にも主要な公演データベースとしては、1996 年からプロジェクトが開始され 2000-2001 年に公開された、ブロードウェイの公演データベース Internet Broadway Database (IBDB)[6]や、2012 年からの *Spielplanarchiv der Wiener Staatsoper*［ウィーン国立歌劇場 上演演目アーカイブ］[7]などがある。（なお大矢未来「近年の音楽劇データベースの公開状況」[8]は 2016 年時点での主要データベースについて詳しい。本書第 3 部ではその改訂版を収録した。）これらにより、それまで各地に分散していた資料を統合し、包括的な比較研究を行う土壌が整いつつあるのが現在の状況である。

　これら上演記録の資料形態は複数あり、大きく分けると下記のような 5 種類に分けられるだろう。

① 　劇場の内部資料としての上演記録
② 　公演ごとに発行された当時のポスターやチラシ
③ 　当時の新聞や雑誌に掲載された告知や批評
④ 　①②をもとに劇場が周期的に発行する年鑑や年報等
⑤ 　①②③④をもとに後代の研究者がまとめた資料集

これらのうち①②③については主に各劇場や文書館、図書館等で保管されていることが多い。④は現代でも「劇場開場 200 年記念」などの記念年に発行されることがあるため、一部は⑤と重複する。さらに、①〜⑤を利用した研究書において、付録や表の形で上演データを掲載している

6　Internet Broadway Database (IBDB) (https://www.ibdb.com/)（参照 2023-6-24）.
7　Spielplanarchiv der Wiener Staatsoper［ウィーン国立歌劇場 上演演目アーカイブ］(https://db-staatsoper.die-antwort.eu/)（参照 2023-6-24）.
8　大矢未来「近年の音楽劇データベースの公開状況」早稲田大学オペラ／音楽劇研究所発行『早稲田大学オペラ／音楽劇研究所主催 公開シンポジウム　歌劇場のプログラム分析から見えるもの　— 音楽劇データベースの構築と利用法 —　報告書』（2016 年）31-35 頁.

ものもある。

2. データ化にあたっての課題と検討すべき事項

本節では、前節の資料種類の②、③、④、⑤を用いた、筆者らの調査によって現れた検討課題を提示する。これらは実際にオペラの興行情報をデータベース化していく際に出た課題であり、留意して今後検討していく必要のある事項だったと思われる。

2.1 どの資料を選択するか

前節で示した通り資料の種類は複数あり、一つの公演情報をデータ化する際にどの資料をもとにデータベースを作成するかは第一の検討課題となる。資料によらず同じ情報が掲載されていれば理想的だが、資料によって事実誤認が含まれていたり、公演が何らかの事情により予告通りに上演されないこともある。以下で例を見てみよう。

例えば、レヴァシェワ編の『ロシア音楽史』全10巻（2011年）の第10巻第2分冊は、19世紀ロシアにおける地方都市の上演データ集である（資料種類⑤）。ここでは1892年のムソルグスキー（Modest Mussorgsky, 1839-1881）《ホヴァーンシチナ》キエフ公演の興行師はプリャニーシニコフ（Ippolit Pryanishnikov, 1847-1921）との記載があるが[9]、当時の新聞『キエフの言葉』（資料種類③）を確認するとセートフ（Josif Setov, 1835-1894）の興行であることがわかる[10]。作曲家や作品上演研究の場合、これらの情報の正誤は研究の根幹を左右する場合もある。

さらに、公演が何らかの事情により予告通りに上演されないこともある。オーストリア国立図書館デジタルアーカイブに収録されているウィーン宮

---

9 История русской музыки. Т. 10B: 1890–1917. ［ロシア音楽史 第10巻 1890–1917］Хронограф. Кн. II. Под ред. Е. М. Левашева. М.: Языки славянских культур, 2011, 15.

10 神竹喜重子「《ホヴァーンシチナ》が日の目を見るまで」、Киевское слово［『キエフの言葉』］no. 1718, 26 October 1892, 2.

廷歌劇場（現ウィーン国立歌劇場）の公演ポスター（資料種類②）[11]では、予定されていた公演に急遽変更が発生した際の差し替え用のポスターが刷られている。図1、図2はその例である。図1は1898年8月1日の公演ポスターで、ヴァーグナー（Richard Wagner, 1813-1883）による《ローエングリン》が予定されていることがわかる。図2が変更後の差し替えポスターであり、ポスター上部には「シュメーデス氏の突然の声のかすれにより、《ローエングリン》に代わって《さまよえるオランダ人》」（Wegen plötzlich eingetretener Heiserkeit des Herrn Schmedes statt „Lohengrin": Der

図1 《ローエングリン》ポスター（1898年8月1日）[12]

図2 《さまよえるオランダ人》ポスター（差し替え版）[13]

11　オーストリア国立図書館デジタルアーカイブ（AustriaN Newspapers Online, ANNO）. https://anno.onb.ac.at（参照 2022-11-02）.

12　ANNO, Theaterzettel der beiden k.k. Hoftheater und des k.k. priv. Theaters an der Wien und ihrer Nachfolgerinstitutionen (tit. fict.), 1898-08-01, Seite 1. ［オーストリア国立図書館デジタルアーカイブ、両宮廷劇場、テアター・アン・デア・ウィーンおよび後続組織の公演ポスター、1898年8月1日、1ページ］ https://anno.onb.ac.at/cgi-content/anno?aid=wtz&datum=18980801&seite=1&zoom=33（参照 2022-11-02）. オーストリア国立図書館蔵.

13　ANNO, Theaterzettel der beiden k.k. Hoftheater und des k.k. priv. Theaters an der Wien und ihrer Nachfolgerinstitutionen (tit. fict.), 1898-08-01, Seite 2 (onb.ac.at). ［オーストリア国立図書館デジタルアーカイブ、両宮廷劇場、テアター・アン・デア・ウィーンおよび後続組織の公演ポスター、1898年8月1日、2ページ］ https://anno.onb.ac.at/cgi-content/anno?aid=wtz&datum=18980801&seite=2&zoom=33（参照 2022-11-02）. オーストリア国立図書館蔵.

fliegende Holländer)」という変更理由も書かれている。

このように差し替えポスターが出ている場合は変更されたことが明白であるものの、変更後の情報が事前には刷られていない場合もある。その場合は裏付け調査として、資料種類③である新聞や雑誌に掲載される、後日発表された情報を辿る必要があるだろう。

2.2 ポスターやチラシの視覚的側面

資料種類②の公演ポスターやチラシ等をもとにデータ化する際、資料には単なる上演情報だけではなく、文字の大きさや配置等の視覚的な要素が含まれており、それが当時の価値観や世相を反映していることがある。

例えば、図3はシエナ（イタリア）のアッカデーミア・デッリ・イントロナーティ（「アッカデーミア」とはイタリアの各都市で16世紀頃から複数結成されていた知識人グループで、その一部のグループはオペラ復興上演の担い手にもなっていた）の劇場（現テアトロ・リノヴァーティ）における、1790年夏の上演告知である。資料はシエナ市立図書館が所蔵する、同時代の蒐集家バンディーニ（Antonio Francesco Bandini, 1759-1839）によるコレクション「シエナ日記」（1785-1838年）の膨大な資料の一片である。

ここでは、一段目に"Primo Soprano"（第一ソプラノ、ここではカストラート歌手）と"Prima Donna"（第一女

図3　アッカデーミア・デッリ・イントロナーティの新劇場（シエナ）の1790年夏上演告知 14

14　In Siena nel nuovo teatro della nobilissima accademia degl' Intronati. L'estate dell' anno MDCCLXXXX. Antonio Francesco Bandini, Diario sanese (1785-1838). Biblioteca Comunale degli Intronati, Istituzione del Comune di Siena.［シエナ、アッカデーミア・デッリ・イントロナーティの新劇場1790年夏上演告知．アントニオ・フランチェスコ・バンディーニ，シエナ日記1785-1838年．イタリア、シエナ市立図書館所蔵コレクション］

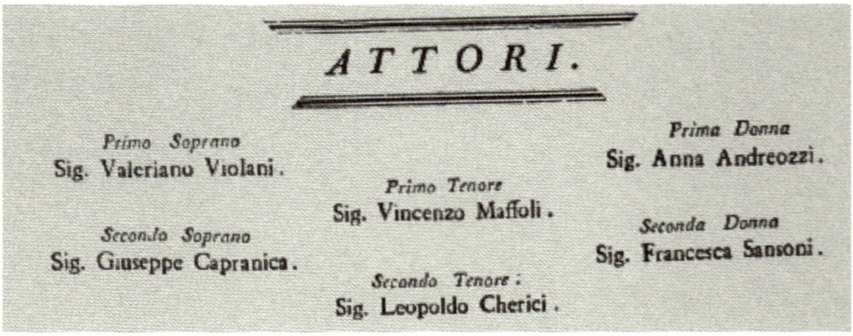

ATTORI.

Primo Soprano
Sig. Valeriano Violani.

Primo Tenore
Sig. Vincenzo Maffoli.

Prima Donna
Sig. Anna Andreozzi.

Secondo Soprano
Sig. Giuseppe Capranica.

Secondo Tenore:
Sig. Leopoldo Cherici.

Seconda Donna
Sig. Francesca Sansoni.

図４　図３の拡大図（出演歌手の欄）

性歌手、ここではソプラノ歌手）が歌手名とともに記され、一段下がったところに “Primo Tenore”（第一テノール歌手）が記されている。つまり、主役級の歌手らは上段にまず書かれ、テノール歌手は第一歌手でもそのやや下に置かれており（図４）、ソプラノ歌手と比較してテノール歌手が「二番手」であること、つまり声域による歌手の「格付け」を示している。当時、声域が作品内の役の重要度に直結していたためである。文字情報のみでデータベース化するとこのような視覚的情報は失われることとなり、単なる公演記録としてだけではすくいきれない情報が存在する例であろう。

2.3　時代の変遷による項目の出現や消失

公演ポスター等には、現代では自明のように記録されている項目が、時代や地域においては記録されない、あるいは名称自体が異なっている場合もある。例えば、作曲者や指揮者、台本作家等がそれにあたる。

先ほどの図3においては、作曲家であるアンドレオッジ（Gaetano Andreozzi, 1755-1826）の記載はあるものの、台本作家がメタスタージオ（Pietro Metastasio, 1698-1782）であることは記されていない。さらに歌手は “Attori”（俳優、演者）とされており、歌手や音楽家というよりも「劇を演じる者」であるという意識が透けて見える。

別の例として、ドイツのライプツィヒ・ゲヴァントハウス管弦楽団における「オペラの抜粋上演」の例を見てみたい。ゲヴァントハウス管弦楽団は

1781年から年間20回程度の予約演奏会（定期演奏会）を現在まで継続している団体である。ライプツィヒ市資料館に所蔵されているポスターを調査すると、1825年頃まではほぼすべての演奏会で、それ以降19世紀末頃までは約半数の演奏会で、オペラ作品の抜粋がプログラムに組み込まれている。

その際、作曲者名、オペラ名、演奏者名と歌詞全文がプログラムに記載されたが、個別の作品名は記載されなかった。歌詞全文の記載があるので、作品特定は可能である。データ作成上の問題は、演奏者名の記載がない場合の対応である。独唱の場合は、ほとんどの例で記載があるが（9割程度）、二重唱以上の人数になると、記載の有無に幅が出る。記載がなくとも演奏者が明らかな場合、記載自体を尊重するあり方と、事実を尊重するあり方の判断が、データベース作成者に問われるだろう[15]。

2つの事例では、長いスパンで記録をデータ化する際、これらの項目の有無や見出しも一つの情報としてデータベースに含むのか、それともそのデータの不在を「データ欠損」としてみなし、研究者が補うべきなのか検討が求められる。

2.4 備考欄の情報の取捨選択

先ほど2.1において歌手の変更理由について述べたところであるが、資料には様々な「備考」が書かれており、それらも当時の価値観を反映していると考えられる。ハンガリー王立歌劇場（現ハンガリー国立歌劇場）を例に取ると、開場25周年記念資料集（資料種類④）の上演演目一覧には、日付・会員券種・作品名・客演・備考が記載されている。そして備考欄には、チケットの価格設定のランク・王や王妃の臨席・王や王妃の聖名祝日・特別公演情報などが記されているほか、「国民劇場年金機

---

15 ゲヴァントハウス管弦楽団の演奏会プログラムに関する本記述は、以下の論考を出典としている。小石かつら「「書かれていないこと」は何を意味するのか——ライプツィヒ・ゲヴァントハウス管弦楽団のプログラムをさぐる——」『美学論究』（関西学院大学美学芸術学会）36 (2020): 67-71.

構のため」といった文言が見られる[16]。年金基金のための公演だったことが推察されるが、これらがどの程度重要性を持っていたのかも含め、データ化する際にどの範囲まで網羅するべきか検討が必要だろう。実際、ハンガリー国立歌劇場によるデジタルアーカイブ[17]にはチケットの価格設定の情報は収録されていない。

2.5 上演言語

オペラの上演言語は様々であり、どの言語で上演されたか（歌唱されたか）が作品受容の文脈において非常に重要な意味を持っている。例えば、オーストリアでは18世紀から、マリア＝テレジアの劇場政策やヨーゼフ二世の劇場改革以降、上演言語が政治によって左右された。宮廷文化としてのイタリア語やフランス語に対して、さらに国家言語としてのドイツ語という様々な言語が併存、時に拮抗しながら音楽劇上演が行われてきた歴史がある[18]。上演言語はポスター等に記載されている場合もあるが、逆にポスターのみではわからない場合ももちろんある。具体的に見てみよう。ウィーン宮廷歌劇場でのモーツァルト（Wolfgang Amadeus Mozart, 1756-1791）《ドン・ファン》（《ドン・ジョヴァンニ》）（1897年8月22日）には、台本が原語でないことを示す1行が入っている。演目名である"Don Juan"の下に「ドイツ語上演のためのマックス・カルベック（Max Kalbeck, 1850-1921）による自由翻案」とあり、イタリア語の原語上演でないことを示しているのだ[19]。

一方で、ビゼー（Georges Bizet, 1838-1875）《カルメン》（1897年10

---

[16] A M. Kir. Operaház Igazgatósága, *A Magy. Kir. Operaház 1884–1909: adatok a szinház huszonötéves történetéhez* ［ハンガリー王立歌劇場統括部『ハンガリー王立歌劇場 1884–1909年：劇場25年史の記録』］. (Budapest: Markovits és Garai, 1909), 35 など多数.

[17] ハンガリー国立歌劇場オペラ・デジタルアーカイブ Opera Digitár. https://digitar.opera.hu（参照 2022-11-02）.

[18] 大河内文恵「1760年代から1830年までのヴィーンにおけるオペラ上演についての試論―ドレスデン・ベルリンとの比較から―」『東京芸術大学音楽学部附属音楽高等学校研究紀要』17, 51–57.

月8日）の上演ポスターには、翻訳・翻案の記載がない[20]。他のポスターと比較するとこれは極めて例外的であることから、記載がないことだけでドイツ語上演ではなかったと判断することはできない。ポスター「のみ」を通した分析の限界を示しているだろう。

2.6　作品の改変

先ほどの《ドン・ファン》のように「翻案」という記載がある場合、どの程度の改変がなされていたのか——つまり名前のみを現地化した程度だったのか、ストーリー等も変わっているのか——を考えると、上演演目を翻案前の作品と同一視してよいかどうかという問題も浮上する。

例えばロシア帝室劇場には厳しい検閲があったことから、宗教的制約（神、悪魔を描くことを忌避）や、革命や共和政を肯定するような事件を扱うことが制限された。そのためオペラの内容（タイトル、時代や場所、登場人物の名前等）も大幅に変えられることがあった。フランスのグランド・オペラの例を見ると、オベール（François Auber, 1782-1871）《ポルティチの唖娘》（1828年世界初演）は《パレルモのならずもの》（1857年）、アレヴィ（Jacques Halévy, 1799-1862）《ユダヤの女》（1835年世界初演）は《枢機卿の娘》（1837年）、マイアベーア（Giacomo Meyerbeer, 1791-1864）《預言者》（1849年世界初演）は《ヤン・ファン・ライデン》（1869年）等に変えられている[21]。これらの場合、演目名だけでなく、内容も鑑みて判断する必要が求められるだろう。

19　ANNO, Theaterzettel der beiden k.k. Hoftheater und des k.k. priv. Theaters an der Wien und ihrer Nachfolgeinstitutionen (tit. fict.), 1897-8-22, Seite 1 (onb.ac.at).［オーストリア国立図書館デジタルアーカイブ、両宮廷劇場、テアター・アン・デア・ウィーンおよび後続組織の公演ポスター、1897年8月22日、1ページ］https://anno.onb.ac.at/cgi-content/anno?aid=wtz&datum=18970822&seite=1&zoom=33（参照 2023-06-25）. オーストリア国立図書館蔵。

20　ANNO, Theaterzettel der beiden k.k. Hoftheater und des k.k. priv. Theaters an der Wien und ihrer Nachfolgeinstitutionen (tit. fict.), 1897-10-08, Seite 1 (onb.ac.at).［オーストリア国立図書館デジタルアーカイブ、両宮廷劇場、テアター・アン・デア・ウィーンおよび後続組織の公演ポスター、1897年10月8日、1ページ］https://anno.onb.ac.at/cgi-content/anno?aid=wtz&datum=18971008&seite=1&zoom=33（参照 2023-06-25）. オーストリア国立図書館蔵。

おわりに　上演データベース構築と利用に向けて

　本稿では、上演演目データの整理・分類における諸課題を提示してきた。オペラ公演については、演奏会と比較してレパートリー研究がそれほど進展していないことが指摘されており[22]、近年研究の数は増えてきているものの、その数は多くはない。そのような状況下で興行データを蓄積していくことは、社会史や経済史などの文脈で劇場を取り巻く環境を考察したり、さらに芸術史においても作品の「正典化」を解明したりする上で不可欠な作業である。

　しかしながら現在公開されているデータベースの利用を実際にしてみようとすると問題点も多い。具体的に言えば、1) 地域・国によってその公開状況に大幅な差異があり、また古い資料には誤りが散見される。2) 各国言語による各地域独自の分類方法で出版・公開されているため比較研究が容易ではない。3) それらの膨大な上演作品データを用いた分析方法および考察方法に発展の余地がある。これらの理由から、公開データを用いて大規模な比較研究を行うことのできる可能性がありながらも、各々のデータは作曲家史や音楽史概説における補助的な資料としてのみ用いられるのが主流であった。

　このような状況下で、筆者らは当初、様々な劇場のすべてのデータを網羅した「統合」作業を行うことを目指していた。しかし本論で見てきたように、時代や地域によってそれぞれの資料自体に特性や価値観が反映されているため、全部を統合しようとするには2通りのデータベース構築が考えられる。すなわち、資料にある項目すべてを網羅して項目立てした、最小

21　Ежегодник императорских театров [『帝室劇場年鑑』] (СПб., 1890–1915), Marina Frolova-Walker. "Grand opera in Russia: fragments of an unwritten history," ed. David Charlton, *The Cambridge Companion to Grand Opera* (Cambridge University Press, 2003). 平野恵美子「ロシアのグランド・オペラとバレエ」『パリ・オペラ座とグランド・オペラ』丸本隆ほか編（森話社、2022）, 420–424.

22　Nicholas Till, "The operatic work: texts, performances, receptions and repertories," *The Cambridge Companion to Opera Studies*, ed. Nicholas Till (Cambridge University Press, 2012), 236. William Weber, "Art, Business, Canon and Opera: Two New Studies," *The Opera Quarterly*, 25/1-2(2009), 157-64.

第7章 上演演目データの整理・分類における諸課題
——18〜20世紀のオペラ公演を例に

公倍数的なデータベースの構築か、日付と演目名だけといった共通の項目立てのみを行う最大公約数的なデータベースの構築である。

　前者については、項目数が無限でもデータベース化できるというデジタルアーカイブの長所を生かす方法である。時代・地域による項目立て時代の変遷等、あらゆる変化が可視化される可能性があり、利用者の便宜を考えれば——例えば利用者の目的や興味関心によってカスタマイズできる機能などが備われば大変便利なものになると思われる——将来的に実現が目指されるべきものであろう。その一方で、注記も含めたデータ量が膨大になる、また、各レコードにおいて使われない項目が無数に存在し無駄が多くなる、地域・時代によって意味内容の異なる同一項目内を検索する際に混乱が起こりうる、さらに2.2で述べたような視覚情報までを網羅するのが困難なことなど、現時点で実現するには限界があるように思われる。

　後者については、おそらくそれ自体は価値あるものではあるだろうが、そもそも日付と演目名のデータすらも判然としないものも多く、そして実際に比較研究でそのデータベースを利用しても発見の少ないものになる可能性がある。項目の見出しにすら変遷が見られるように、興行データにおける「発見」は、どの切り口から見るかという抽出の仕方、変数に負うところが大きい。そのため、研究の目的に沿った形でデータベースを作成しようとすると、データを削ぎ落とさざる得えず、汎用性とのジレンマに陥ることとなる。

　「公演データベース」と聞くと、上演劇場、主催者、公演日、演目および作者、演奏者、入場料、配役、そしていくばくかの「備考」、といった情報を記載順にデータ入力すればよいような印象を持つが、実際の記録は単なるテキスト情報以外にこれほどに豊かな周辺情報を有しており、記載内容を無機的にデジタル化するだけでは、これらを十分に活用しきれない。

　以上を踏まえて、研究に活用できるデータベースはどのような形がふさわしいだろうか。周辺情報を含めすべてを網羅したものを一度に作ろうとするよりは、多くの研究者の興味を惹きつけることが見込める個別のテーマ

(例えば共通に上演されている演目、有名な歌手に特化するなど)を設定した上で、多少の周辺情報を盛り込みながら統合するのが現実的だろう。すでにそのような試みは作品研究や作曲家研究においていくつか存在しているため(例えば、ヘルベルト・フォン・カラヤンの録音や出演コンサート情報を網羅したデータベースなど[23])、例えば今後は一劇場・一団体ではなく都市全体や、同じ原作を持つ作品群、特定のリブレッティストを中心としたデータベースなどが考えられる。

　上記の課題と提案はそのまま本研究の方針の再検討の必要性や今後の課題に直結する一方で、これまで述べてきた知見は、横断比較用のために集まったデータのバラエティの広さがあってこそ得られたものである。各時代・各地域の資料を横並びにすることによって初めて、どのデータ(項目)を大事にするのかという地域や時代の価値観が可視化されたとも言える。その点で本稿は新たな視座を提供しており、今後の歌劇場データベース作成に資する一つの成果であろう。

　さらにオペラや音楽劇研究、劇場史研究の方法論に関しても、とりわけ質的な検証に重きを置く人文科学系分野においては「データベース」を利用すること自体に懐疑的な意見(収録されたデータ自体の正確さの担保、文化的事象の量的な検証に対する軽視)がしばしば聞かれる[24]。しかしながら、手元にある公開された一定量のデータを積極的に活用すること、すなわち地道に様々な切り口から当時の音楽劇文化の側面を切り取り、歴史研究や従来の音楽学研究、演劇研究との学際交流との組み合わせを行い、複数言語・地域の横断的比較による多層的な分析を目指していく姿勢も重要だろう。何より現時点ではやはり、個別の調査データや公開され

23　*Discover Karajan: Recording & Concert Catalog.* https://discoverkarajan.com/ (参照 2023-6-24).

24　筆者のうち、岡本佳子による下記の発表などでの質疑応答時での実際の体験に基づく。Yoshiko Okamoto, "Utilizing Databases for Music Theatre Research: Repertoire Comparison between Budapest and Prague in the Late 19th Century," The East Asian Regional Association of the International Musicological Society (IMS-EA) 3rd Biennial Conference, The University of Hong Kong, Hong Kong, 2015 年 12 月 4 日.

たデータベースの収録データを組み合わせても研究に活用しづらい現実が厳然としてある。この状況を変えていくことを目指しながら、今後の研究を展開していきたい。

日本におけるオペラ公演の演目選定の現状

坂部　裕美子

　筆者は主に、日本における各種実演興行の公演データ(「いつ、どこで、誰が、どんな演目を上演したのか」についての時系列リスト)の分析に興味を持っている。しかし、そもそもこれらの情報をまとめたデータベースが公開されている分野は大変少ないため、Web公開されている今後の公演情報などから自分で集計用データを作成するところから始めなければならないケースも多い。

　これまでに分析対象としてきた分野は演劇、特に伝統芸能とその近接分野が中心で、具体的には歌舞伎、落語(寄席定席)、宝塚、吉本新喜劇の公演分析を行ってきている[1]。筆者自身は、これらのジャンルについては相応の鑑賞歴を持つという自負があるのだが、公演データの分析結果が、自らの鑑賞歴から推測される「直観的な傾向」と一致することもあれば、逆に予想したような結果が出ないこともある、というのがこれまで分析を行ってきての印象である。そして、特に後者の場合に感じるのが、客観的で信頼できる実証データに基づいた分析を行うこと、そして、分析の基盤となる公演データをきちんと整備することの重要性である。

　今回は、これまで筆者が行ってきた公演データ分析について簡単に紹介した後、その経験を踏まえての日本におけるオペラ公演の現状分析を試みる。

　なお、「公演関連データ」として筆者がこれまで活用してきたものには、上演演目に関するデータと出演者に関するデータがあるが、今回は、この

---

[1] 坂部裕美子「東京における寄席定席興行の顔付け傾向分析―芸術活動評価への統計的解析手法導入の序として―」アート・リサーチ11号(立命館大学アート・リサーチセンター、2011年)、坂部裕美子「SASを用いた吉本新喜劇(本公演)の現状分析」(SASユーザー総会　論文集、2018年)など。

うち演目に関するデータを用いた分析結果、つまり各分野における上演演目の選定傾向について述べることとする。

1. 歌舞伎公演データの分析

　最初に取り上げるのは歌舞伎である。歌舞伎の著名な演目としてまず挙げられるのは《仮名手本忠臣蔵》であろう。「忠臣蔵」はそのストーリー性や人物描写の巧みさもさることながら、興行が不入りになってもこれをやれば当たる、とされていた時期があり、興行界を救う妙薬「独参湯」としても語られることがある。さらに、年末の風物詩としての評価も相まって、歌舞伎愛好家の間では「上演頻度の高い演目」としての認知度が高い。

　筆者は（公社）日本俳優協会の「歌舞伎公演データベース～戦後から現代まで～」の新規公開に際し、データ整備に協力した経験がある[2]。そこで、若干古いデータになるが、この整備作業当時に作成した1946～2010年の上演演目に関する集計結果を紹介する。

1.1　演目別上演回数

　歌舞伎公演データベースは、基本的に1幕1データで構成されており、ある月の公演が昼の部3幕、夜の部3幕なら1公演で6データ分になる、という形式で収録されている。

　歌舞伎の場合、演目の一部だけを上演する「見取り」形式の公演が多いため、上演回数をどの単位で集計するかには検討の余地がある（例：単独で上演されることの多い《弁天娘女男白浪》は、本来は《青砥稿花紅彩画》という長い話の一部だが、集計は演目単位とするのか幕単位とするのか）が、今回は最上位階層の演目単位での集計とした。この過程で、主役が誰になるかで全く別の演目名になる《助六》の統合や、部分上演の際に演目名の変わる《落人》（忠臣蔵三段目）や《道行初音旅》（千本桜

---

2 「歌舞伎公演データベース～戦後から現代まで～」の「制作・協力」https://kabukidb.net/static/cooperates.html に氏名が掲載されている。（2025年1月6日閲覧）

四段目)は本来の『仮名手本忠臣蔵』『義経千本桜』とするなどの「名寄せ」の作業も行った。さらに、もとのデータベースの定義では「日本俳優協会所属の歌舞伎俳優が出演している公演」はすべて歌舞伎公演と見なして収録しているので、歌舞伎公演とするには違和感のある公演も含まれている(例:『ラ・マンチャの男』)ため、個々の公演の配役データを使用して、「歌舞伎」と見なせる公演のみに絞り込んだうえで回数を集計した。

　結果は表1-1のとおりである。事前の想定通り「忠臣蔵」が最多となり、これと併せて「歌舞伎三大狂言」と称される『義経千本桜』『菅原伝授手習鑑』が回数最上位演目となっている。そして、口上の次に回数の多い「勧進帳」も、「またかの関」と揶揄されるほど上演頻度が高い演目として知られている。

表1-1　演目別上演回数(歌舞伎)

	演目名	回数
1	仮名手本忠臣蔵	674
2	義経千本桜	383
3	菅原伝授手習鑑	257
4	口上	201
5	勧進帳	187
6	京鹿子娘道成寺(「二人道成寺」等含む)	162
7	春興鏡獅子	123
8	藤娘	114
9	天衣粉上野初花(「直侍」も含む)	113
9	青砥稿花紅彩画	113

　この集計結果は、長年の歌舞伎鑑賞者として見ても、上演が決まると「これまたやるの?」と思うことの多い演目が並んでいる、という印象はある。だが逆に、鑑賞者各々が確たる根拠もなく漠然とイメージしているであろう「上演頻度の高い演目」が、実際の公演記録を集めてデータ化し、数々の前提を設定して集計した結果とほぼ合致していることに、データ集計の専門家としては驚きを感じる。

　しかし、当然の帰結として、この結果を歌舞伎愛好家に見せると「そうだろうと思った」という反応しか返ってこない。この妙味はどうすれば伝わるのか、模索中である。

1.2 上演頻度別演目数

さらにこの集計結果を、演目ごとの上演頻度別に集計し直したものが表1-2である。

そもそも歌舞伎で「何度もくり返し上演される演目」は一部に限られており、1,700を超える演目のうち半数以上が、戦後興行史上たった一度しか上演されていない。しかし、上演回数が10回を超えるような「頻出演目」の上演が、全上演データの74.1%にも上るため、「歌舞伎は再演演目ばかり」というイメージを持たせてしまうのであろう。

実は、戦後の総上演回数別で見た年間上演演目の構成比を時系列で見ると、総上演回数1回の演目構成比が上がる期間（新作上演が盛んになる期間）と、再演演目の構成比が上がる期間（古典回帰の風潮が強くなる期間）があるなど、興行史料として見ても大変興味深いのだが、ここでは紙幅の都合上割愛する。

表1-2
上演回数別度数分布（歌舞伎）

上演回数	演目数
1	914
2	239
～5	225
～10	130
～30	135
～50	40
それ以上	50

2. 宝塚歌劇団公演データの分析

続いて、宝塚歌劇団公演の演目に関する集計結果について述べる。宝塚歌劇団は、過去の公演資料の保存・公開に関しては現代日本演劇ではトップクラスで、劇団創設100周年に当たる2014年には『虹の橋　渡たりつづけて＜人物編＞＜舞台編＞』という、それまでの過去の全在籍者と全公演についての記録を網羅した書籍が発売されている[3]。これをデジタル化したデータ（ただし現時点では1965年以降のみデータ化が完了している）に加え、2014年までの公演記録を公式HPから追加し、集計用データとした。

3　2024年には、さらにその後10年分の記録を掲載した『宝塚歌劇110年史』が発売された。

2.1 演目別上演回数

宝塚の本公演は基本的には1公演につき芝居1演目、ショー1演目の2幕構成だが、時折「1本もの」として1演目が前後半の2幕になったり、ごく稀に3演目の構成になったりする。また、全国ツアーは本公演と同形式で、宝塚バウホール公演や外部劇場での公演は「1本もの」が基本である。この集計では、これらはすべて演目単位で1データとする。

そして、集計に際しては、ここでも演目の「名寄せ」に関しての問題が発生する。実は『ベルサイユのばら』は上演のたびに「微妙に異なる副題」がつき、さらにその「微妙な差」相応に上演内容にも若干の違いがあるのだが、ここではこの差に着目する必要はないと考え、「外伝」も含めて『ベルサイユのばら』に集約した。また、初演から年数が経ってからの再演で、再演時の暦年数がタイトルに付加されたものも合算することにした。

上演回数上位10演目は、表2-1のとおりである。

『ベルサイユのばら』が最上位というのは、想像の範囲内と思われる。また、『エリザベート』もかつては定期的に公演されていた印象があり、ここでも「上演頻度が高い」という認識のある演目が実際にその通りになっている、と言えそうである。

表2-1 演目別上演回数（宝塚）

	演目名	回数
1	ベルサイユのばら	50
2	風と共に去りぬ	32
3	ノバ・ボサ・ノバ	17
4	エリザベート	16
5	ザ・レビュー	14
6	ME AND MY GIRL	13
7	うたかたの恋	11
7	春ふたたび	11
9	小さな花がひらいた	10
9	我が愛は山の彼方に	10

そして、100周年の前後などは記念碑的な意味もあって往年の演目の再演が増え、実際に「最近は宝塚も伝統芸能のように再演ばかり」などと囁かれていたこともあった。しかし、宝塚は圧倒的にトップに当て書きされた新作の上演が多く、歌舞伎ほど上演演目に偏りがあるわけ

表2-2 上演回数別度数分布（宝塚）

上演回数	演目数
1	321
2	498
～5	241
～10	25
それ以上	8

ではない。参考として、宝塚の上演回数別度数分布を集計すると表2-2のとおりで、「6回以上上演されている演目」の上演が全体に占める比率は13.7％に過ぎない。

2.2　演出家別上演回数

ところで、表2-1で最上位の『ベルサイユのばら』と『風と共に去りぬ』は、どちらも演出を植田紳爾が担当（ただし「ベルサイユのばら」の初演だけは長谷川一夫）している。そこで、1989〜2018年の30年分の、宝塚の基幹公演と言える宝塚大劇場公演に限定し、演出家別演出担当公演数を集計してみる。宝塚では複数の演出家が1つの公演を担当することがあるが、その場合は「筆頭演出家」のみを集計対象とする。

上位10位までは、表2-3のとおりとなった。やはり1位は植田紳爾だが、このうち「ベルサイユのばら」が12、「風と共に去りぬ」が9となっており、この2作の上演頻度の高さが順位に大きく影響していると思われる。

そして、ここでは2位となっている柴田侑宏は、近年その脚本作品の上演頻度が非常に高くなっている。彼自身は2019年に没しているが、その後も彼の作品を若手の演出家が演出する、という形式の

表2-3
宝塚大劇場公演での演出担当公演数

	演出家名	公演数
1	植田紳爾	79
2	柴田侑宏	57
3	酒井澄夫	45
4	小池修一郎	43
5	岡田敬二	39
6	草野旦	38
7	三木章雄	32
8	小原弘稔	30
9	横澤英雄	28
10	石田昌也	24
10	藤井大介	24

公演が今日まで続いている。このような場合、公演記録としては筆頭演出家より前に「作　柴田侑宏」と特記事項のような形で記載されるが、この形式での上演は、晩年は体力に衰えの見られた彼自身の筆頭演出公演以外に13公演分ある。柴田作品中には植田作品ほどの突出演目があるわけではなく、柴田の作風そのものに堅実な支持が集まっているようである。

ちなみに宝塚歌劇団関連のデータ分析としては、これまでの全在籍者

のデータを用いた現役活動期間に関する集計でも興味深い結果が出ているが、こちらの詳細な内容については別稿[4]に譲る。

3. 日本におけるオペラ公演の演目選定状況

では、本題である日本でのオペラ公演について見ていく。集計対象とするのは、昭和音楽大学オペラ研究所のオペラ情報センターHP（https://opera.tosei-showa-music.ac.jp）に掲載されている「公演記録」データである。

以下ではここに収録されているデータのうち1995〜2022年の公演（トップページに「1995年以降については『日本のオペラ年鑑』所収の公演データが採録されています。1994年以前は現時点では一部の公演データのみとなっています」との断り書きがあるため）の全データを集計しており、「ハイライト公演」か否か、「コンサート形式」か否かでは絞り込んでいない。

3.1 演目別上演回数

集計対象となったのは17,376公演分で、総上演演目数は「名寄せ」を行って重複分を削除すると1,800となった。

これを単純集計した回数上位20演目は、表3-1のとおりである。

表3-1 演目別上演回数（日本のオペラ）

	演目名	回数
1	カルメン	988
2	フィガロの結婚	810
3	椿姫	704
4	魔笛	701
5	森は生きている	597
6	ヘンゼルとグレーテル	531
7	こうもり	526
8	コジ・ファン・トゥッテ	484
9	ラ・ボエーム	481
10	蝶々夫人	466
11	愛の妙薬	387
12	ロはロボットのロ	336
13	ドン・ジョヴァンニ	319
14	ネズミの涙	267
15	トスカ	266
16	ピノッキオ	248
17	メリー・ウィドー	228
18	カヴァレリア・ルスティカーナ	205
19	どんぐりと山猫	201
20	電話	200

---

4 坂部裕美子「第10章 宝塚歌劇団員の現役活動期間についての分析」『感性価値を高める商品開発とブランド戦略-感性商品開発の理論から事例まで-』長沢伸也編著（晃洋書房、2023年4月）。

ここで、歌舞伎、宝塚同様に、上演回数別の度数分布を集計しておくと、表3-2のようになる。ちなみに、全上演に占める上演回数が50回を超える演目の上演比率は63.7％に上り、歌舞伎ほどではないものの、上演演目の偏りはかなり大きい。

さて、表3-1の結果は「日本におけるすべてのオペラの上演回数」には違いないのだが、オペラの研究者がこの結果を見ると、若干の違和感を覚える演目が含まれているのではないかと思われる。実は、17,376公演のうち主催が学校である公演が1,835、おやこ劇場や子ども劇場といった鑑賞団体である公演が441公演含まれている。これらを除いて集計すると、表3-3のように変わる。

表3-3の集計対象には「はじめてのオペラ」「芸術体験劇場」などの文字がタイトルに含まれる公演も入っており、子どもや初心者向け公演が除ききれていない可能性はあるが、表3-1よりは違和感の少ない結果になっているのではないだろうか。

表3-2
上演回数別度数分布
（日本におけるオペラ）

上演回数	演目数
1	960
2	284
～5	275
～10	98
～30	88
～50	23
それ以上	47

表3-3　演目別上演回数
（学校主催、おやこ劇場・子ども劇場主催公演を除く）

	演目名	回数
1	フィガロの結婚	796
2	カルメン	788
3	椿姫	691
4	魔笛	675
5	ヘンゼルとグレーテル	516
6	こうもり	513
7	コジ・ファン・トゥッテ	484
8	ラ・ボエーム	480
9	蝶々夫人	464
10	愛の妙薬	385
11	森は生きている	367
12	ドン・ジョヴァンニ	319
13	トスカ	266
14	メリー・ウィドー	228
15	カヴァレリア・ルスティカーナ	205
16	電話	200
17	リゴレット	193
18	ジャンニ・スキッキ	152
19	夕鶴	149
20	道化師	146

3.2 作曲家別集計

続いて、表3-3のデータを作曲家別に集計してみたい。しかし、全1,800演目データに全作曲家を紐付けるのには過重なコストがかかるため、表3-3に含まれる演目の作者、および「著名と思われる作曲家」についてのみを集計対象とすることにした。「著名と思われる作曲家」の選定にはWindowsのCopilotを使用し、「著名な/有名なオペラ作曲家を20人挙げて」という質問を、日時を変えて5回行い、妥当と考えられた回答（Wikipediaの「オペラ作曲家一覧」ページの上から順に挙げてきた回答は除外した）の中で挙げられた作曲家とした。一部、「オペラ作曲家」とは認識されていない作曲家も含まれるが、回答に近年のミュージカルの作曲家を列挙してきたこともある程度なので、現時点でのCopilotの能力の限界とご理解頂きたい。

結果的に今回集計対象となった作曲家は表3-4のとおりである。

これらの作曲家について、公演情報と同じオペラ情報センターデータベースの項目にある「オペラ作品情

表3-4 集計した作曲家

上演回数上位20位までの演目の作者	著名と思われるオペラ作曲家
モーツァルト	ヴァーグナー
ビゼー	リヒャルト・シュトラウス
ヴェルディ	ロッシーニ
フンパーディンク	ベッリーニ
ヨハン・シュトラウスII世	グルック
プッチーニ	リュリ
ドニゼッティ	ラモー
林光	ドビュッシー
レハール	ラヴェル
マスカーニ	プロコフィエフ
メノッティ	ストラヴィンスキー
團伊玖磨	ブリテン
レオンカヴァッロ	プーランク

表3-5 作曲家別総上演回数
（学校主催、おやこ劇場・子ども劇場主催公演を除く）

	作曲家名	回数
1	モーツァルト	2,463
2	プッチーニ	1,673
3	ヴェルディ	1,384
4	ビゼー	807
5	ドニゼッティ	665
6	林光	581
7	ヨハン・シュトラウスII世	548
8	フンパーディンク	516
9	メノッティ	403
10	ロッシーニ	300

報」データをもとに、上演演目に作曲者を付加した。

これを集計した、作曲家別の作品上演回数の合計は表3-5のとおりとなった。

上位20演目に複数の作品が含まれるモーツァルトが他を圧倒している。しかし、詳細に見ていくと、2.2で述べた宝塚の植田と柴田同様に、いくつもの演目のそれぞれが多数上演される作曲家と、ある演目だけが頻繁に演奏される作曲家に分かれるようである。前者にはプッチーニやヴェルディが挙げられ、同タイプと思われる10位のロッシーニは、上位20演目には作品が含まれていないが、作曲家別では最上位グループに入ってきている（ちなみに最多上演演目は《セビリアの理髪師 Il Barbiere di Siviglia》）。

3.3 「自ら演奏する曲」として人気のある曲

データを見ていくと、音楽大学、および大学の「オペラ研究会」の主催公演や、「市民オペラ」「県民オペラ」などの公演が多数含まれていることに気付く。これらは、一般的な公演主催者の考える「聞かせたい曲」ではなく、オペラ好きの人が「歌いたい曲」であると考えられる。そこで、大学関連公演と「市民オペ

表3-6　演目別上演回数
（主催に「大学」を含むもの）

	演目名	回数
1	フィガロの結婚	173
2	コジ・ファン・トゥッテ	107
3	魔笛	89
4	ドン・ジョヴァンニ	56
5	ヘンゼルとグレーテル	43
6	こうもり	35
7	カルメン	32
8	愛の妙薬	30
9	秘密の結婚	23
10	ラ・ボエーム	22

表3-7　演目別上演回数
（主催に「×民オペラ」を含むもの）

	演目名	回数
1	カルメン	50
2	椿姫	38
3	こうもり	35
4	魔笛	35
5	カヴァレリア・ルスティカーナ	22
6	ラ・ボエーム	22
7	ヘンゼルとグレーテル	21
8	フィガロの結婚	20
9	メリー・ウィドー	16
10	アイーダ	13

ラ」等について集計を行ってみた。表3-6、3-7に上位10位までを示す。

《魔笛 Die Zauberflöte》《こうもり Die Fledermaus》などはどちらでも人気だが、大学公演では圧倒的多数を占める《フィガロの結婚 Le nozze di Figaro》は、市民オペラでは若干順位が下がる。

また、上位曲のほとんどは表3-3にも入っているが、《秘密の結婚 Il matrimonio segreto》《アイーダ Aida》という上位曲以外の曲も入っており、「やりたい曲」の選曲の独自性が垣間見える。

3.4 演目選定の年次推移

さらに、表3-3の集計における上位5曲《フィガロの結婚》《カルメン Carmen》《椿姫 La traviata》《魔笛》《ヘンゼルとグレーテル Hänsel und Gretel》の、各年における上演回数の時系列推移を示したものが図1である。なお、ここでは絞り込みを行わず、全データを対象としている。

図1　演目別年間上演回数（1995〜2022年）

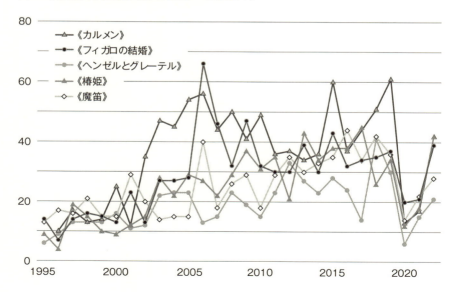

2000年代から上演回数が突出するようになった《カルメン》と、最多上演回数を誇る《フィガロの結婚》が安定した人気のように見える。また近年は、《魔笛》の上演回数が増加傾向にあるようである。

　そして、前後の年に比べ《フィガロの結婚》と《魔笛》の上演回数が跳ね上がる2006年は、モーツァルトの生誕250年に該当し、記念行事も数多く行われた年である。

おわりに

　筆者は高校時代の部活動でマンドリンオーケストラの演奏経験（楽曲によってはティンパニーも兼務）があり、その延長で現在も時折クラシックコンサートを聴きに行くことはあるものの、劇場でのオペラ公演の鑑賞経験は今までに3回しかなく、そんな浅学の身で「オペラ公演データ集計」に携わることになった当初は、多分に荷が勝ちすぎているのでは、という不安があった。

　しかし、これまでの歌舞伎や宝塚のデータ集計経験を思い起こしつつデータの集計をしていくと、仮定の一つひとつが実データで確かめられる楽しさには変わりがなく、また、気がつけば未知の世界であったはずのオペラの知識も一通り得ることができていた。

　そして、オペラ公演データ整備の工程でも歌舞伎と同様に、演目の「名寄せ」作業が必要なこと、全体上演と部分上演の混在に配慮する必要があること、などの共通の問題があることが分かった。ただ、そのような認識はできても、様々な芸術分野に応用できる作業フォーマットの構築や、入力支援プログラムの開発、といった問題解決への道はまだはるかに遠い。これからも様々な分野の研究者と連携しながら、未だ一般的とは言えない公演データベースを用いた定量分析のさらなる発展の一助としていきたい。

近年の音楽劇データベースの公開状況と活用

大矢未来　岡本佳子
大河内文恵　荒又雄介

　本一覧は、中欧・東欧・アメリカ・日本などの歌劇場やコンサートホールでの比較的長期間の上演演目を検索できるデータベースを中心に取り上げたものである。いずれも現時点ではインターネット上で無料公開されており、ほとんどのデータベースで出演者・スタッフ・回数を調べられる。第三部の「上演演目データの整理・分類における諸課題」でも述べたように、CD-ROMなどの形で公開されていたものが2000年代に入ってインターネット上に次々と公開されるようになっている。このようなオンライン・データベースは今後さらに増えていくことだろう。ここでは劇場が公開しているデータベース、他の組織による演目データベース、そのほか劇場に関連する資料データベースに分け、各カテゴリ内で五十音順に並べた。

　オペラ上演に関するデータの質・量ともに高水準にあるのは、ウィーン国立歌劇場、メトロポリタン・オペラ、ロイヤル・オペラなど、劇場が直接運営しているデータベースである。検索条件の細かい指定が可能で膨大なデータ量を有する。以前は歌劇場の公式サイトとは別に公開されている上演演目データベースも多く一見しただけでは公式アーカイブと気付きにくいものも多かったが、近年は歌劇場の公式サイトの中で「アーカイブ」の一部として位置付けられていることが多くなり、アクセスが容易になってきた。メトロポリタン・オペラはウェブのオンデマンド配信情報についても記載があり、ロイヤル・オペラでは現地での資料閲覧案内が掲載されるなど、データベースから他の資料へのアクセスも容易である。サイトは英語あるいはドイツ語で公開されているため汎用性も高い。

　オペラ以外の内容をも含むスウェーデン王立歌劇場、チェコ国民劇場

アーカイブや日本の歌舞伎公演データベースも、以上３つの歌劇場と同レベルの質量があるといえるが、それぞれスウェーデン語、チェコ語、日本語のみの公開である。翻訳ツールの精度が上がっているとはいえ、各国語のタイトルの直訳では実際にどのオペラ作品を指しているのか瞬時にわからない作品も多くある。データベースの国際的な需要を考えるならば、今後は部分的にでも英語表記が期待される。

　上演演目を中心に、様々な周辺の情報にも紐付ける工夫が見られるデータベースもある。批評記事に関しては、メトロポリタン・オペラデータベース、ヘルベルト・フォン・カラヤン アーカイブ、チェコ国民劇場データベースなどで一部公開されている。各国の図書館での新聞や雑誌のオンライン公開が進んでいるため、両者の関連付けは今後も積極的に行われる可能性がある。財務状況に関する統計はザルツブルク音楽祭、ブロードウェイが公開しているが、他の歌劇場に関しても観客動員の推移などが公開されれば、マネジメントや社会学的な観点からの研究に有用であろう。

　なお本稿は、大矢未来「近年の音楽劇データベースの公開状況」早稲田大学オペラ／音楽劇研究所発行『早稲田大学オペラ/音楽劇研究所主催 公開シンポジウム　歌劇場のプログラム分析から見えるもの ── 音楽劇データベースの構築と利用法 ──』（2016年）31-35頁のリストを改訂した一覧である。もちろん下記で紹介する以外にも多数のデータベースが存在し、把握できていないものも多くあるだろう。今後の改訂版はウェブサイト等で公開する予定である。

1. 劇場が運営するデータベース

ウィーン国立歌劇場　上演演目アーカイブ（Spielplanarchiv der Wiener Staatsoper）
Wiener Staatsoper
https://archiv.wiener-staatsoper.at（ドイツ語）
2012年に公開されたウィーン国立歌劇場の上演データベース。1869年

以降の一部の上演と1955年の再開以降の上演データが登録されている。演目・人名（出演者、スタッフ、作者）・期間・役名から検索でき、各プロダクションの上演回数・出演回数も表示される。また、複数の人物を組み合わせて検索することもできる。過去の上演に関する資料の多くは、オーストリア演劇博物館に所蔵されている。

スウェーデン王立歌劇場レパートリーアーカイブ（Repertoararkivet）
Kungliga operan
https://arkivet.operan.se/repertoar/（スウェーデン語）

1773年のスウェーデン王立歌劇場開場から現在までの上演演目（オペラ、バレエ、演劇など）を網羅したデータベース。作品名や人名、役名、場所、日付などの検索画面が、ページ遷移することなく一目で一覧表示され、さらに表示速度も大変速いように感じられる。それぞれの公演にはポスター画像も掲載されており、使い勝手がよい。

チェコ国民劇場オンラインアーカイブ（Online archiv Národního divadla）
Národní Divadlo
http://archiv.narodni-divadlo.cz（チェコ語）

チェコ国民劇場の1883年以降のオペラ、演劇、バレエなどの上演データベース。カテゴリ検索とキーワード検索があり、年代・演目・ジャンル・人名・役名から検索できる。これとは別に写真や批評の検索もできる。登録された情報量は多いが、現時点ではチェコ語のみの対応である。

東京文化会館 アーカイブ
東京文化会館
https://i.t-bunka.jp/（日本語）

1961年の開館以降の公演データベース。ジャンル、期間、キーワードで検

索することができ、検索結果は古い順に表示される。

ハンガリー国立歌劇場 オペラデジタルデータベース（OperaDigitár）
Magyar Állami Operaház
https://digitar.opera.hu（ハンガリー語）

ハンガリー国立歌劇場の1884年以降のオペラ、バレエなどの上演データベース。人名、作品名、役名のカテゴリ検索や日付指定による検索ができるが、キーワード検索はできない。作品名のページには上演日一覧、舞台美術や写真、手稿資料、人名のページには写真など、多くの関連情報が紐付けされている。チェコ国民劇場のアーカイブ同様に登録された情報量は多いが、現時点ではハンガリー語のみの対応である。本書では岡本論文「リストのオラトリオ《聖エリーザベトの伝説》にみる歌劇場の機会上演」で利用した。

メトオペラ・データベース（MetOpera Database）
Metropolitan Opera
https://archives.metopera.org/MetOperaSearch（英語）

メトロポリタン・オペラ・アーカイブ（Metropolitan Opera Archives）内の上演データベース。1883年から現在までのすべての上演が登録される。マルチフィールド検索では演目・期間・人名・演奏形式などを検索でき、ブラウズ検索では各プロダクションや歌手のMETでの経歴などを統計的に調べられる。ウェブの有料動画配信サービスのメトロポリタン・オペラ・オンデマンドやウェブラジオのSirius and XMの配信の有無も調べることができる。また、一部批評や写真も公開されている。

ロイヤル・オペラ・ハウス・コレクション オンライン（Royal Opera House Collections Online）
Royal Opera House
https://www.rohcollections.org.uk（英語）

ロイヤル・オペラ・ハウス・コレクションによる上演データベース。1732年から現在までのすべての上演が登録される。作品・プロダクション・上演の3つのレベルに分けて情報が表示される。衣装・写真・ポスターなど上演に関係ある資料も一部データ化されておりアクセスできる。所蔵資料は一部検索可能で、研究調査のためにアーカイブで詳しい資料を閲覧することもできる。

2. オペラ、コンサート、バレエを含む演目データベース

> 1770〜1830年のイタリアとドイツのオペラ（Die Oper in Italien und Deutschland zwischen 1770 und 1830）
> DFG-Opernprojekt
> https://www.operndb.uni-mainz.de（ドイツ語）

1800年前後のウィーン、ベルリン、ミュンヘン、ドレスデン、ヴァイマルで上演されたオペラのレパートリーのデータベース。2000年にボン大学で開始されたDFGオペラプロジェクトの成果であり、ドイツ研究振興協会Deutsche Forschungsgemeinschaft（DFG）からの出資で、それぞれの都市の主要な図書館の協力を得て進められた。作品名、作曲家、上演都市などで検索することができるが、複数都市で上演された作品を検索するシステムはない。このデータベースは当初ケルン大学で公開されていたが、2018年にヨハネス・グーテンベルク大学マインツに移管された。移管後、数年間このデータベースはインターネット上から削除され、その間にデータベースの改訂が行われた。再び閲覧可能になった時には、データベースの階層の組み方などが変更されていた。本書では第2部の大河内論文「都市を横断するオペラ」で用いている。

> Chronopera
> Institut de recherche sur le patrimoine musical en France
> http://chronopera.free.fr（フランス語）

フランス音楽遺産研究センター（IRPMF）が開発し公開している、パリ・オペラ座のデータベース。オペラ座図書館・博物館の"Journal de l'Opéra"という年鑑など複数の資料をもとに、1749年から1989年のオペラやバレエの演目を収録している。一部で、オペラ座の影響下にあった時代のオペラ・コミック座の演目や招待公演も含み、宮廷や他地域での巡演などのパリ以外での公演は除かれる。日付、タイトル、作曲家、台本作家、振付家から検索が可能である。

| インターネット・ブロードウェイ・データベース（Internet Broadway Database, IBDB）
The Broadway League
https://www.ibdb.com/index.php（英語）

ブロードウェイ・リーグの調査部門によって1996年に始動し2000年に設置された公式の上演データベース。1832年から現在までの上演データを上演・人名・会場・役名・賞・曲名という多様なカテゴリから検索できる。とりわけ上演のカテゴリは、ジャンルや時期だけでなく、ブロードウェイでの公演については上演回数やキャストの人数まで指定して検索できる。またデータベースにはアメリカ、メキシコ、カナダでのツアーも含まれる。1997/98シーズン以降の上演については利益（Grosses）と観客動員数（Attendance）の統計情報も公開されている。

| ウィーン・フィルハーモニー管弦楽団アーカイブ（Wiener Philharmoniker Archive）
Wiener Philharmoniker
https://www.wienerphilharmoniker.at/de/konzert-archiv（英語・ドイツ語・日本語）

ウィーン・フィルハーモニー管弦楽団出演の演奏会のデータベース。1842年の創立以降のすべての演奏会の情報を網羅している。期間・演目・出

演者・作曲家・場所・コンサートのタイトル（シリーズ名）から検索できる。ウィーンでの演奏会のほか、ザルツブルクや海外ツアーも含まれるが、オペラは含まれない。またソート機能がなく、検索結果は公演日降順で表示される。演目の検索はドイツ語のみ対応している。

オープニングナイト！オペラとオラトリオのプレミエ（Opening Night! Opera and Oratorio Premieres）
Stanford University Libraries
https://exhibits.stanford.edu/operadata（英語）

スタンフォード大学図書館によるオペラ・オラトリオの初演データベース。英語、ドイツ語の複数の有力な事典をもとに、1589 年から 1995 年までの 38,000 以上の演目が登録されている。作品名・作曲家・リブレッティストからのキーワード検索と、ジャンル・会場・作曲家・台本の原作・年などからのカテゴリ検索が可能である。掲載されている情報は初演データの概要のみだが、カテゴリ分けが細かく登録演目が多いため、様々なクロスオーバー検索ができる。

歌舞伎公演データベース
日本俳優協会
https://kabukidb.net/（日本語）

1945 年以降、国内の主要劇場で行われた歌舞伎などの本公演の上演データベース。歌舞伎俳優が出演した商業演劇やミュージカル、現代演劇なども含む。

ザルツブルク音楽祭 上演演目アーカイブ（Salzburger Festspiele Spielplanarchiv）
Salzburger Festspiele
https://www.salzburgerfestspiele.at/archiv（英語・ドイツ語）

ザルツブルク音楽祭の 1939 年以降の上演に関するデータベース。期間・カテゴリ（オペラ、演劇、演奏会、ダンス、特別演奏会）・演目・人名（出演者・スタッフ）・会場・役名の条件を組み合わせて検索できる。年代は 1900 年から設定できるものの、実際には 1939 年以降のデータしか登録されていない。別ページの"Daten und Fakten"には 2011 年以降の経済的な統計が公開されている。また、ザルツブルクにあるアーカイブには、過去の公演プログラムや批評記事、舞台画、写真などが収められており、閲覧についてはホームページ内の連絡先から問い合わせることができる。

昭和音楽大学オペラ研究所 オペラ情報センター
昭和音楽大学オペラ研究所
https://opera.tosei-showa-music.ac.jp/search/（日本語）

1932 年以降、日本国内で行われたオペラ公演のデータベース。文部科学省「私立大学戦略的研究基盤形成支援事業」（2012 〜 2016 年度）の補助を受け、昭和音楽大学オペラ研究所が構築、運営している。データベースは作品情報や同研究所の所蔵資料のデータベースと連動している。現時点では各公演のパンフレット、チラシなどの所蔵状況や内容細目を確認できるが、資料は未公開である。目録に関しては写真、映像、音源についても今後掲載される予定。

バレエ総合情報データベース
昭和音楽大学バレエ研究所
https://ballet-archive.tosei-showa-music.ac.jp/（日本語）

1946 年以降の国内で行われたバレエ公演のデータベース。2012 年に昭和音楽大学バレエ研究所が舞踊評論家・山野博大氏より、10,000 点の公演プログラム・コレクションの寄贈を受けたことをきっかけとし、文部科学省「私立大学戦略的研究基盤形成支援事業」（2008 〜 2012 年度）の補助を受け構築された。自由なキーワード検索のほか「イベント・公演」「演

目名」「ダンサー名」のいずれかを指定して検索できる。検索結果は新しい順に表示される。

> ブダペスト コンサートデータベース（Koncertadatbázis budapesti hangversenyek 1900-tól napjainkig）
> Zenetudományi Intézet
> https://db.zti.hu/koncert/koncert_Kereses.asp（ハンガリー語）

ハンガリー国立人文科学研究センター音楽学研究所が運営するブダペストのコンサートに関するデータベース。現時点では 1900 年から1986年までの記録が検索結果として表示されるが、今後も情報は増える予定である。人物・演目・会場・期間・批評本文から検索できる。対象とされる会場・ジャンルが幅広く、外国からの客演も登録されている。

> ヘルベルト・フォン・カラヤン オンラインアーカイブ
> Herbert Von Karajan - Online Archive
> Eliette und Herbert von Karajan Institut
> https://discoverkarajan.com/（ドイツ語・英語）

カラヤン・インスティテュートによるヘルベルト・フォン・カラヤンが出演した演奏会・オペラ公演・録音のデータベース。2008 年公開。1915 年ピアニストとして出演した演奏会から没年までの3345公演・1279 曲の録音が記録される。演目・期間・作曲家・演奏者・会場から検索できる。公演日・出演者に加え、各公演の当時の批評記事も一部スキャンされ合わせて公開されている。ウェブサイトはドイツ語・英語の２カ国語から選択できるが、情報は主にドイツ語で表示される。

3. そのほか劇場に関する資料のデータベース等

> ウィーン演劇博物館オンラインコレクション（Online Sammlung, Theatermuseum）
> https://www.theatermuseum.at/online-sammlung/（ドイツ語）

ウィーン演劇博物館のオンラインコレクション。同博物館が所蔵する、歌劇に関する公演ポスター（Theaterzettel）や舞台画、デザイン画、役者や歌手、作曲家などの人物写真、肖像画などがオンライン公開されている。キーワードによる検索が可能である。

> オーストリア国立図書館デジタルアーカイブ（AustriaN Newspapers Online, ANNO）
> Österreichische Nationalbibliothek
> https://anno.onb.ac.at/（ドイツ語）

オーストリア国立図書館に所蔵されている日刊紙や週刊新聞がデジタルアーカイブ化され公開されている。高級紙から地方紙、絵入り新聞、さらに劇場資料としては宮廷劇場の公演ポスター（Theaterzettel）も収録されており、雑誌名や日付から縦横に検索できる。本書では第1部の荒又論文「グスタフ・マーラー　宮廷歌劇場監督の一年」で特に用いている。図書館や文書館のオンライン・アーカイブで歌劇場ポスターなどの劇場資料が公開されている一例である。

> 劇場データベース（Theatre Database）
> Arts and Theatre Institute, Prague
> https://www.theatre-architecture.eu/db.html（英語・チェコ語ほか11か国語）

プラハのアーツ・アンド・シアター・インスティテュートによる世界のヨーロッパ式の劇場の建築データ。地域や時代のほかに建築家や舞台機構による検索ができる。外観や内装の写真、平面図、歴史などが掲載されて

いるが、情報量は劇場によって差がある。現存しない歴史的な劇場も登録されているため、調査に役立つ。英語をはじめ 11 か国語での公開だが、言語によっては情報量が限定される。なお 2024 年 12 月 4 日現在では位置情報として用いられている Google Maps の表示に不具合が見られる。

> バフルーシン中央演劇博物館（Государственный центральный театральный музей имени А. А. Бахрушина）
> https://www.bakhrushinmuseum.ru/en/main（ロシア語）

アレクサンドル・アレクサンドロヴィチ・バフルーシンのメセナにより、1894 年 10 月 29 日に創設された。役者の写真、肖像画、衣装、上演のポスター、プログラムなど 150 万ほどのコレクションが所蔵される。データベースとしての機能はないものの、チラシやポスターなどの研究資料をウェブ上で閲覧できる。

あとがき｜岡本佳子

　本書の執筆者についてはすでに「まえがき」で述べた通りであるが、研究チームの成り立ちや経緯についてもう少し詳しく述べておきたい。

　第1部所収の拙著論文でも述べた通り、筆者は博士論文研究でハンガリー王立歌劇場でのレパートリーについて調査していたが、上演演目を収録する「データベース」について関心を寄せるようになったのは、京都大学地域研究統合情報センターの共同利用・共同研究ユニット「集合的記憶と中・東欧地域の音楽：比較研究に向けてのデータベース構築」（2013-2014年度、代表者：福田宏）に本書共著者である神竹氏とともに参加してからである。同ユニットの終了に伴い、歌劇場や演奏会の演目に特化した形での研究を続けるべく、今度は早稲田大学総合研究機構オペラ／音楽劇研究所のワーキンググループ「歌劇の上演状況に関する研究：歌劇場プログラムのデータベース化に向けて」（2015年度-、代表者：岡本佳子）を組織し、それを母体に本科研費チームを組むにいたった。

　グループ名からも明らかなようにどちらもデータベースの構築を目指したものであったが、科学研究費を申請するにあたり、それを前面には出さずに若干の方針の変更を行った。第3部所収の共著論文でも述べたように、そもそもデータベースを構築する上で様々な課題が出てくることが見込まれること、さらに元々データベースを通して歌劇場研究を進展させるということを目的としているため、歌劇場研究に主眼を置く方がわかりやすいと考えたためである。公開はしていないもののチーム内ではデータの一部を共有し内輪向けのデータベースを利用してはいるため、「構築」に関してはそれらをサンプルとしながら引き続き検討を進めていくこととしたい。

　主にオンラインによる月1回の研究会においては、加速度的に進展している劇場資料関連のデジタルアーカイブについて勉強や情報共有をしながら、各々の研究進捗を発表しながら進めていった。2020年初頭に始まった新型コロナウイルス感染症のパンデミックは本研究にも大きな影響を与

えた(最終的に、3年予定だった本研究課題は結果として2倍となる6年間まで延長を行うことになった)。しかし参加者はすでに個人で収集していたデータを持ち合わせていたことや、さらに公開されていたデータベース等を積極的に研究利用することにも本研究の主眼があったことから、予定していた海外渡航ができない困難はあったものの、本課題の特性自体に助けられて遂行できた部分も大きかった(余談ではあるが、筆者自身、博士後期課程修了後に非アカデミアに就職して海外渡航がしづらい環境にいたこともこの研究課題に従事する大きな動機になっている)。

　最後に、このチームでは論文共著を試みたことを書き加えておきたい。もともと人文科学の分野においては単著が多く、共著にともなう慣習——データ共有等を含む共同研究および共著論文執筆の方法、論文のオーサーシップの問題、引用や文献書式の作法等——については、音楽・演劇研究者に馴染みのないものであった。この問題意識から、本研究課題遂行に関連して2016年度地域研究コンソーシアム次世代ワークショップ「コンサートとオペラを学際研究する——ヨーロッパ地域研究における共著論文執筆の方法」を実施した。学際研究や共著による研究推進の方法について学び実践していくためのワークショップを開催し、人文科学を主とした共同研究、特に学際研究の際に懸念される具体的な問題について議論し、方法を建設的に探った。その結果として、第3部所収の共著論文のもととなった論文を発表することができた。

　上記の論文を含め、本書の直接的・間接的に元となっている報告書や論文については下記のとおりである。

早稲田大学オペラ／音楽劇研究所『早稲田大学オペラ／音楽劇研究所
　　主催　公開シンポジウム　歌劇場のプログラム分析から見えるもの
　　——音楽劇データベースの構築と利用法——報告書』2016年、3月
2016年度地域研究コンソーシアム次世代ワークショップ『コンサートとオペ
　　ラを学際研究する——ヨーロッパ地域研究における共著論文執筆の

方法──報告書』2017年、3月

岡本佳子、坂部裕美子、神竹喜重子、荒又雄介、辻昌宏、大河内文恵、平野恵美子、小石かつら「上演演目データの整理・分類における諸課題：18〜20世紀のオペラ公演を例に」『デジタルアーカイブ学会誌』7巻4号、e39-e44、https://doi.org/10.24506/jsda.7.4_e25

　本研究は科学研究費課題（19K00150）の成果報告書ではあるが、上述の通りここにいたるまでいくつかの他の助成を受けている。改めてここに記して謝意を示したい。

2015年度　　早稲田大学総合研究機構シンポジウム助成
2016年度　　地域研究コンソーシアム次世代ワークショップ助成（地域研究方法論枠）
2024年度　　神戸大学女性リーダー育成事業研究成果公表支援プログラム「出版支援」

　科学研究費助成による研究については一段落することになるが、引き続きグループとしてゆるやかに研究を継続していく予定である。今後はデータベース構築に関する検討と並行して、演者や指揮者の移動や求心力のある都市との関係性などの研究に重点的に取り組むつもりであり、今後も定期的に成果を出していくこととしたい。これまで解明することが困難であった歌手や演者、指揮者、作曲者の移動による言語間・地域間の影響関係や人的交流の実態、それらの結節点としての劇場の役割を明らかにしていければ幸いである。

　本研究課題実施と本書の作成にあたり、様々な方からのご協力をいただいた。前述した本チームの前身母体となった研究ユニットや研究所ワーキンググループに関しては、京都大学での研究ユニットの代表者であった

福田宏先生（成城大学教授）、早稲田大学総合研究機構オペラ／音楽劇研究所の初代所長であった丸本隆先生（早稲田大学名誉教授）、前所長の荻野静男先生（早稲田大学名誉教授）、現所長の石井道子先生（早稲田大学教授）に御礼申し上げる。

さらに若宮由美先生（帝京大学非常勤講師）や本書の共著者にもなっている大矢未来氏をはじめとする早稲田大学でのワーキンググループのメンバーや、2016年のシンポジウムでのコメンテーターであった佐藤英先生（日本大学准教授）、東晴美先生（日本女子大学学術研究員）、研究会で学術データベースの開発手順について講演いただいた岩崎陽一先生（名古屋大学准教授）、2017年でのワークショップにご登壇いただいた標葉靖子先生（実践女子大学准教授）、河瀬彰宏先生（同志社大学准教授）、堀内彩虹氏（早稲田大学文学学術院 次席研究員（研究院講師）、日本学術振興会特別研究員PD）にもご協力や示唆をいただいた。

この場を借りて感謝申し上げる次第である。

・編者紹介

岡本 佳子（おかもと よしこ）

東京大学大学院総合文化研究科博士課程修了。博士（学術）。現在、神戸大学大学院国際文化学研究科講師。専門は舞台芸術学、中・東欧文化研究。主な著書に、『神秘劇をオペラ座へ』（松籟社、2019年）、『演劇と音楽の創作ワークショップ』（共著、東京大学出版会、2024年）がある。

荒又 雄介（あらまた ゆうすけ）

大東文化大学外国語学部教授。専門は20世紀初頭のドイツ語圏の文学。主な論文として「一回性と循環 ― ホーフマンスタールの『夏の旅』が描く自然享受と芸術創造」『ワセダブレッター第30号』2023年、Erzähltes, reflektiertes und fiktionalisiertes Leben. Zu Schnitzlers Novelle Casanovas Heimfahrt. *Nachleben der Toten. Autofiktion* (IUDICIUM Verlag München, Japanische Gesellschaft für Germanistik) 2017年がある。

神竹 喜重子（かみたけ きえこ）

一橋大学大学院言語社会研究科博士課程修了。博士（学術）。一橋大学経済研究所ロシア研究センター機関研究員。専門は19世紀末から20世紀初期のロシア・オペラ文化史。主な著書に『オペラ／音楽劇研究の現在』（共著、水声社、2021年）、『ロシア正教古儀式派と国家』（共著、明石書店、2024年）がある。

・執筆者紹介

辻 昌宏（つじ まさひろ）

明治大学教授。オペラ・リブレットと並行して英詩・イタリア詩を研究。著書に『オペラは脚本（リブレット）から』（明治大学出版会、2014年）、『イタリア歌曲の詩と音楽の魅力』（共著、全音楽譜出版社、2024年）、『バロック・オペラとギリシア古典』（共著、論創社、2024年）、訳書にカーマン『ドラマとしてのオペラ』（共訳、音楽之友社、1994年）がある。

大河内 文恵（おおこうち ふみえ）

東京芸術大学大学院音楽研究科博士後期課程修了。博士（音楽学）。現在、東京芸術大学音楽学部附属音楽高等学校非常勤講師。専門は西洋音楽史。主な著書に『オペラ／音楽劇研究の現在：創造と伝播のダイナミズム』（共著、水声社、2021年）『バロック・オペラとギリシア古典』（共著、論創社、2024年）がある。

平野 恵美子（ひらの えみこ）

東京大学大学院人文社会系研究科にて博士（文学）の学位を取得。現在、大阪大学招へい研究員、洗足学園音楽大学バレエ・コース非常勤講師。舞踊とバレエを中心とした西欧芸術文化史研究。主な訳書に『ラフマニノフの想い出』（共訳、水声社、2017年）がある。『帝室劇場とバレエ・リュス』（単著、未知谷、2020年）で第71回芸術選奨文部科学大臣新人賞受賞。

坂部 裕美子（さかべ ゆみこ）

早稲田大学大学院経済学研究科応用経済学専攻修士課程修了。立命館大学大学院文学研究科博士課程修了。博士（文学）。現在、公益財団法人 統計情報研究開発センター研究員。専門は統計学、芸術実践論。主な著書に『感性価値を高める商品開発とブランド戦略』（共著、晃洋書房、2023年）がある。

小石 かつら（こいし かつら）

京都市立芸術大学大学院音楽研究科ピアノ専攻修了。大阪大学大学院文学研究科博士課程修了。博士（文学）。現在、関西学院大学文学部教授。専門は19世紀西洋音楽史。訳書に『ギャンブラー・モーツァルト』（共訳、春秋社、2013年）など。著書に『他者との邂逅は何をもたらすのか』（共著、昭和堂、2017年）など。

大矢 未来（おおや みく）

2021年ウィーン大学文献・文化学部演劇・映像・メディア学科博士課程修了。Ph.D.（ウィーン大学、2021年）。専門はドイツ語圏のオペラ演出・舞台芸術史。博士論文のテーマはリヒャルト・シュトラウスの《薔薇の騎士》の演出史。

索引

作品名						
アイーダ Aida	133	135	142	145	199	200
愛の妙薬 L'elisir d'amore	196	197	199			
青砥稿花紅彩画（歌舞伎）	191	192				
赤い靴 Piros cipő	91	96				
悪魔 Демон	127	137	139	140	152	157	159
	161					
アルジア L'Argia	41					
イーゴリ公 Князь Игорь	141	144	145	147	152	
イル・ジレッロ Il Girello	42					
イル・ティート Il Tito	42					
運命の力 La Forza del Destino	164	166				
エクセルシオール Excelsior（バレエ）	90					
エフゲニー・オネーギン Евгений Онегин	137	138	140	143	157	160
エリザベート Elisabeth（ミュージカル）	194					
オプリチニク Опричник	138	141	143	145	152	153
オルフェオ Orfeo	23	95				
カヴァレリア・ルスティカーナ Cavalleria Rusticana	90	91	133	196	197	199
風と共に去りぬ（ミュージカル）	194	195				
神々の黄昏 Götterdämmerung	70	156	169	172	173	
カルメン Carmen	89	90	91	133	135	142	143
	144	148	184	196	197	199	200
	201						
勧進帳（歌舞伎）	192					
ギヨーム・テル Guillaume Tell	118	119	166			
クレモナのヴァイオリン職人 A cremonai hegedűs	91	94	96			

皇帝に捧げた命 Жизнь за царя	127	140	157	160	161		
こうもり Die Fledermaus	196	197	199	200			
国王国歌 Királyhimnusz	90						
コジ・ファン・トゥッテ Così fan tutte	196	197	199				
国歌 Himnusz（ハンガリーの国歌）	89	90	91	98			
サトコ Sadko	137	138					
さまよえるオランダ人 Der fliegende Holländer	156	173	180				
ジークフリート Siegfried	51	60	155	156	163	164	172
	173						
菅原伝授手習鑑（歌舞伎）	192						
聖エリーザベトの伝説（オラトリオ）	74	76	78	82	84	86	87
	89	92	95	96	97	99	100
	205						
セビリアの理髪師 Il Barbiere di Siviglia	117	149	150	199			
ゼッキンゲンのトランペット吹き Der Trompeter von Säckingen	89	90					
太陽と地球 Sonne und Erde	91	93					
タンホイザー Tannhäuser	89	90	91	95	155	156	159
	171	172	173				
チャールダーシュ Csárdás	90	91					
蝶々夫人 Madama Butterfly	196	197					
椿姫 La traviata	196	197	199	200			
電話 The Telephone	196	197					
道化師 Pagliacci	65	133	135	136	142	143	197
トスカ Tosca	196	197					
ドン・ジョヴァンニ Don Giovanni（=ドン・ファン）	126	148	150	184	196	197	199

ドン・ファン Don Juan（＝ドン・ジョヴァンニ）	184	185				
ナヴァラの娘 La Navarraise	91					
ニーベルングの指環 Der Ring des Nibelungen	52	70	159	169	170	172	173
	174					
眠れる森の美女 Спящая красавица（バレエ）	160	170				
バーンク・バーン Bánk bán	91	94	96			
パルジファル Parsifal	62	173				
パレルモのならずもの（＝ポルティチの唖娘）	166	185				
秘密の結婚 Il matrimonio segreto	111	199	200			
昼と夜に A nappal és az éjjel	93	96				
ファウスト Faust	89	90	127	142	144	145	147
	148	150	151			
フィガロの結婚 Le Nozze di Figaro	51	154	196	197	199	200	201
プスコフの娘 Псковитянка	131	138	141	143	145	147	152
フニャディ・ラースロー Hunyadi László	91	93	96			
ベルサイユのばら（ミュージカル）	194	195				
ヘンゼルとグレーテル Hänsel und Gretel	136	143	155	156	196	197	199
	200					
ホヴァーンシチナ Хованщина	131	177	179			
北極星 L'étoile du nord	90	93	149			
魔弾の射手 Der Freischütz	64	90	155	156		
魔笛 Die Zauberflöte	51	154	155	156	196	197	199
	200	201				
ミニョン Mignon	90	95	143	144	148	149	150
	152	153				

メリー・ウィドー Die lustige Witwe	196	197	199			
森は生きている	196	197				
ユグノー教徒 Les Huguenots	90	126				
義経千本桜（歌舞伎）	192					
ラ・ダティーラ La Datila	26	27	28	35	37	38
ラ・ボエーム La Bohème	135	136	142	143	196	197	199
ラインの黄金 Das Rheingold	156	169	172	173		
ラクメ Lakmé	135	142	143	144	148	149	150
	152	153				
リゴレット Rigoletto	142	147	197			
ルサルカ Русалка（ダルゴムィシスキーのオペラ）	139	140	157	161	162	
ローエングリン Lohengrin	50	51	52	64	67	155	156
	163	168	171	172	173	180
ログネダ Рогнеда	140	143	145	147	161	
炉端のこおろぎ Das Heimchen am Herd	91	96				
ロミオとジュリエット Roméo et Juliette	147	150	151			
ロランド・メシュテル Roland mester	95	96				
ワルキューレ Walküre	156	159	163	172	173	

人名

アレクサンドル三世 Александр III, 1845−1895	168	169	172				
アレクサンドル二世 Александр II, 1818−1881	163	168					
イッポリトフ＝イワノフ、ミハイル Михаил Ипполитов-Иванов, 1859−1935	128	133	138	139			
インノチェンツォ（イノケンティウス）十世 Innocentius X, 1574−1655	34	37					
ヴァーグナー、リヒャルト Richard Wagner, 1813−1883	11	13	14	16	49	50	52
	61	62	77	81	89	90	91
	95	124	134	136	158	159	163
	164	165	168	169	170	171	172
	173	174	180	198			
ヴィンテル、クラウディア Клавдия Винтел,1860−1924	127	128	133				
ヴィンター、ペーター Peter Winter, 1754−1825	105	106	110				
ウェーバー、カール・マリア Carl Maria von Weber, 1786−1826	112	115	120	121			
植田紳爾 うえだしんじ 1933−	195	199					
ヴェルディ、ジュゼッペ Giuseppe Verdi, 1813−1901	91	95	126	136	147	164	166
	198	199					
エカテリーナ二世 Екатерина II, 1729−1796	111	161					
エリーザベト（皇后）Elisabeth, 1837−1898	15	75	80	83	88	89	92
	93	94	97	99	100		
エルケル、シャーンドル Erkel Sándor, 1846−1900	90	91					
エルケル、フェレンツ Erkel Ferenc, 1810−1893	90	91	93	94	96		
オベール、ダニエル＝フランソワ Daniel-François Auber, 1782−1871	126	166	185				

キージ、アゴスティーノ Agostino Chigi, 1466–1520	40	41	46			
キージ、フラーヴィオ Flavio Chigi, 1631–1693	39	40	42	43		
キュイー、ツェーザリ Цезарь Кюи, 1835–1918	136	162	168	169	174	
グノー、シャルル Charles Gounod, 1818–1893	89	90	135	136	147	151
グラズノフ、アレクサンドル Александр Глазунов, 1865–1936	170					
グラッセスキ、ミケーレ Michele Grasseschi,	24	25	29	35	36	38
グリンカ、ミハイル Михаил Глинка, 1804–1857	127	136	160	161	162	168
グルック、クリストフ・ヴィリバルト Christoph Willibald Gluck, 1714–1787	95	102	147	198		
グレトリ、アンドレ André Grétry, 1741–1813	105	112	113	115		
サバドシュ、ベーラ Szabados Béla, 1867–1936	91	96				
サリエリ、アントニオ Antonio Salieri, 1750–1825	105	106	107	108	111	121
サルヴェッティ、ピエトロ Pietro Salvetti,	24	25	26	35		
ザント、マリー・ヴァン Marie Van Zandt, 1858–1919	139	144	145	147	148	149	150
	151	152	153				
ジチー、ゲーザ Zichy Géza, 1849–1924	91	93	95	96		
シャリアピン、フョードル Фёдор Шаляпин, 1873–1938	126	127	128	133	134	137	138
シュメーデス、エリック Erik Schmedes, 1868–1931	64	70	180			
スカルラッティ、アレッサンドロ Alessandro Scarlatti, 1660–1725	43	44				
ストヤノヴィチ、イェネー Sztojanovits Jenő, 1864–1919	90	91	96			
聖エリーザベト St. Elisabeth, 1207–1231	15	74	75	76	78	80	81
	82	84	85	86	87	89	92
	95	96	97	98	99	100	205

セローフ、アレクサンドル Александр Серов, 1820–1871	142	159	161	165	168	
ダイク、エルネスト・ファン Ernest van Dyck 1861–1923	56	57	70			
ダルゴムィシュスキー、アレクサンドル Александр Даргомыжский, 1813–1869	161	162	168	169		
ダレラック、ニコラ・マリー、 Nicolas-Marie Dalayrac, 1753–1809	105	112	113	114	115	
チェスティ、アントニオ Antonio Cesti, 1623–1669	38	41	42			
チャイコフスキー、ピョートル・イリイチ Пётр Ильич Чайковский, 1840–1893	135 162	136 164	137 168	138 169	139 170	143 160
ディッタースドルフ、カール・ディッタース Carl Ditters von Dittersdorf, 1739–1799	105	106	108	109	110	121
ドニゼッティ、ガエターノ Gaetano Donizetti, 1797–1848	90	136	198			
ニコライ一世 Николай I, 1796–1855	165	166				
ネスラー、ヴィクトル Victor Nessler,1841–1890	89	90				
ノイマン、アンジェロ Angelo Neumann, 1838–1910	170	172				
バイヤー、ヨーゼフ Josef Bayer,1852–1913	91	93				
パエール、フェルディナンド Ferdinando Paer, 1771–1839	105	106	110	111		
ハッセ、ヨハン・アドルフ Johann Adolph Hasse, 1699–1783	102	103				
ビアンキ、ジョヴァンニ・アントニオ Giovanni Antonio Bianchi, 1686–1768	28	35				
ビゼー、ジョルジュ Georges Bizet, 1838–1875	89	90	91	184	198	
プッチーニ、ジャコモ Giacomo Puccini, 1858–1924	136	148	198	199		
フバイ、イェネー Hubay Jenő, 1858–1937	91	94	96	98		

フリードリヒ=アウグスト二世 Friedrich August II, 1696–1763	102	103				
フリードリヒ二世 Friedrich II, 1712–1786	79	102				
ベートーヴェン、ルートヴィヒ・ヴァン Ludwig van Beethoven, 1770–1827	95	114				
ボロディン、アレクサンドル Александр Бородин, 1833–1887	162	169				
マーデル、レジェー Mader Rezső, 1856–1940	91	96				
マーモントフ、サッヴァ Савва Мамонтов, 1841–1918	124	125	126	127	128	129	130
	131	132	133	134	135	136	137
	138	139	143	144	145	146	147
	149	150	151	152	153	170	171
マーラー、グスタフ Gustav Mahler, 1860–1911	2	11	15	48	49	50	51
	52	53	54	55	56	57	58
	59	60	61	62	63	64	65
	66	67	68	69	70	71	72
	89	90	96	99	211		
マイアベーア、ジャコモ Giacomo Meyerbeer, 1791–1864	90	93	126	136	149	150	185
マザラン、ジュール(マザラン枢機卿) Jules Mazarin, 1602–1661	25	32	33	34			
マスカーニ、ピエトロ Pietro Mascagni, 1863–1945	90	91	198				
マスネ、ジュール Jules Massenet, 1842–1912	56	91					
マレンコ、ロムアルド Romualdo Marenco, 1841–1907	90						
ミハロヴィチ、エデン Mihalovich Ödön, 1842–1929	90						
ミュラー、ヴェンツェル Wenzel Müller, 1767–1835	105	106	108	109	121		

ムソルグスキー、モデスト Модест Мусоргский, 1839–1881	125	135	136	153	162	169	179
メタスタージオ、ピエトロ Pietro Metastasio, 1698–1782	182						
メディチ、マッティアス・デ Mattias de Medici, 1613–1667	15 39	21 43	22	24	31	36	38
メユール、エティエンヌ・ニコラ Etienne Nicolas Méhul, 1763–1817	105	112	114	115	121		
メラーニ、アット Atto Melani, 1626–1714	15	25	29	30	31	32	42
メラーニ、ヤーコポ Jacopo Melani, 1623–1676	29	34	35	42			
モーツァルト、ウォルフガング・アマデウス Wolfgang Amadeus Mozart, 1756–1791	126	150	154	184	198	199	201
モンテヴェルディ、クラウディオ Claudio Monteverdi, 1567–1643	23						
リスト、フランツ Franz Liszt, 1811–1886	15 83 100	74 92	75 94	76 96	80 97	81 98	82 99
リヒター、ハンス Hans Richter, 1843–1916	52	71					
リムスキー＝コルサコフ、ニコライ Николай Римский-Корсаков, 1844–1908	125 143	131 153	133 162	135 169	136 170	137	138
ルートヴィヒ二世 Ludwig II, 1845–1886	81						
ルエーガー、カール Karl Lueger, 1844–1910	58						
ルビンシュテイン、アントン Антон Рубинштейн, 1829–1894	135	136	151	161	162		

ロスピリオージ、ジュリオ（教皇クレメンテ九世） Giulio Rospigliosi, 1600–1669	25	26	27	28	29	30	31
	35	37					
ロッシーニ、ジョアキーノ Gioachino Rossini, 1792–1868	105	111	116	119	120	122	136
	150	166	198	199			

音楽劇の変遷を探る
上演記録からみる言語と地域の横断的研究

2025年3月31日　初版第1刷発行

編者　岡本 佳子　荒又 雄介　神竹 喜重子
発行　神戸大学出版会
　　　〒657-8501　神戸市灘区六甲台町2-1
　　　神戸大学附属図書館社会科学系図書館内
　　　TEL078-803-7315　FAX078-803-7320
　　　URL: https://www.org.kobe-u.ac.jp/kupress/
発売　神戸新聞総合出版センター
　　　〒650-0044　神戸市中央区東川崎町1-5-7
　　　TEL078-362-7140　FAX078-361-7552
　　　URL: https://kobe-yomitai.jp/
印刷　神戸新聞総合印刷

イラスト　井上ミノル

落丁・乱丁本はお取替えいたします
©2025, Printed in Japan
ISBN 978-4-909364-33-3　C3073